최상위 아이는
이렇게 수학 합니다

최상위 아이는 이렇게 수학 합니다
: 개념·심화 모두 잡는 단단한 초등 수학 공부법

초판 발행 2022년 12월 20일

지은이 양영기 / **펴낸이** 김태헌
총괄 임규근 / **책임편집** 권형숙 / **기획편집** 김희정 / **교정교열** 박성숙 / **디자인** 유어텍스트
영업 문윤식, 조유미 / **마케팅** 신우섭, 손희정, 김지선, 박수미, 이해원 / **제작** 박성우, 김정우

펴낸곳 한빛라이프 / **주소** 서울시 서대문구 연희로2길 62
전화 02-336-7129 / **팩스** 02-325-6300
등록 2013년 11월 14일 제25100-2017-000059호
ISBN 979-11-90846-53-0 13590

한빛라이프는 한빛미디어(주)의 실용 브랜드로 우리의 일상을 환히 비추는 책을 펴냅니다.

이 책에 대한 의견이나 오탈자 및 잘못된 내용에 대한 수정 정보는 한빛미디어(주)의 홈페이지나 아래 이메일로 알려주십시오. 잘못된 책은 구입하신 서점에서 교환해 드립니다. 책값은 뒤표지에 표시되어 있습니다.
한빛미디어 홈페이지 www.hanbit.co.kr / **이메일** ask_life@hanbit.co.kr
한빛라이프 페이스북 facebook.com/goodtipstoknow / **포스트** post.naver.com/hanbitstory

---

Published by HANBIT Media, Inc. Printed in Korea
Copyright ⓒ 2022 양영기 & HANBIT Media, Inc.
이 책의 저작권은 양영기와 한빛미디어(주)에 있습니다.
저작권법에 의하여 한국 내에서 보호를 받는 저작물이므로 무단 전재와 복제를 금합니다.

지금 하지 않으면 할 수 없는 일이 있습니다.
책으로 펴내고 싶은 아이디어나 원고를 메일(writer@hanbit.co.kr)로 보내주세요.
한빛라이프는 여러분의 소중한 경험과 지식을 기다리고 있습니다.

최상위 아이는 이렇게 수학 합니다

개념·심화 모두 잡는 단단한 초등 수학 공부법

· 양영기 지음 ·

한빛라이프

◆ 머리말 ◆

아이를 소중히 여긴다는 것은
그 아이의 시간을 기다려줄 수 있는
인내와 용기를 갖는 일입니다

20여 년 전, 정교사로 명예퇴직을 한 후 기간제 교사로 다시 학교로 돌아와 아이들을 가르치는 분을 만났습니다. 그분과의 인연은 그 학교에서 함께 지낸 1년으로 끝났지만 그분이 제게 하신 말씀이 자꾸 떠오릅니다.

"선생님, 제가 학교에 정식 교사로 있을 때는 아이들이 얼마나 소중한지 몰랐어요. 그냥 학교에 온 아이들을 의무적으로 가르친 거죠. 그런데 다시 기간제 교사로 아이들을 가르쳐보니 알겠어요. 한 아이가 그냥 학교에 오는 게 아니라는 걸요. 그래서일까요? 저는 지금 어느 때보다 가르치는 일이 행복해요."

당시 저는 공교육 교사로 첫발을 내딛은 늦깎이 신규 교사였습니다. 대학 등록금을 벌기 위해 시작한 과외가 학원 강사로 이어졌고, 우여곡절 끝에 초등 교사가 되었습니다. 그때 저는 경험이 많이 모자라 그분의 말씀을 온전히 이해하지 못했습니다. 하지만 그 말씀을 잊지 않고 가슴에 담아두었지요. 그러던 제게 그분의 말씀을 온전히 이해할 수 있는 기회가 찾아왔습니다. 바로 부모가 되는 경험입니다.

저는 30년 가까이 아이들을 가르쳤고, 수학 문제집과 자녀 교육서를 여러 권 집필했으며, 교사와 학부모 대상 강의도 꽤 자주 해온 터라 교육에 관해서는 자신 있었습니다. 그런데 정작 제 아이 셋을 키우는 과정은 호락호락하지 않았습니다. 책과 강연으로 세상에 뿌린 제 말들을 빚처럼 떠안은 기분이었습니다.

자녀를 가르치는 일은 지식으로만 되는 것이 아니었습니다. 그것은 인격 전체가 부딪히며 부서지는 일이었습니다. 오히려 지식은 독이 되어 아이들을 괴롭혔습니다. 특히 첫째에게 그랬습니다.

누구보다 수학을 잘 가르칠 자신이 있었습니다. 처음에는 그 기대에 부응하는 아이를 보며 '그럼 그렇지, 역시 내 아들답군!' 싶었습니다. 그러나 아이가 잘 따라오자 욕심이 생겼고 갈수록 더 어렵고 더 많은 수학 공부를 요구했습니다. 지금 생각해보면 아이는 아빠의 기대에 어긋나지 않으려고, 아빠에게 사랑받으려고 무던 애썼던 것입니다.

어느 때부터인지 첫째는 수학을 두려워했습니다. 남들보다 훨씬 앞서갔고 잘하고 있음에도 자신감을 잃었습니다. 남들이 손대기 힘든 문제를 잘 풀다가도 어이없는 실수로 틀리곤 했습니다. 저는 아이에게 화를 내기도 하고 자존감을 떨어뜨리는 말로 상처를 주기도 했습니다. 그것이 아이를 위한 일이라고 믿었기 때문입니다. 후회하고 사과하는 일이 반복됐지만 아이의 교육에 완전히 손을 뗄 때까지 쉽게 멈출 수 없었습니다. 그때를 떠올리면 지금도 아이에게 미안합니다.

그렇게 첫째를 키운 경험을 통해 '아이만의 시간'이 있다는 교훈을 얻었습니다. 저는 제 아이만의 시간을 기다리지 못하고 남들보다 더 잘하고 더 앞서가는 아이로 키우기 위해, 제 자랑거리를 만들기 위해 '제 시간과 욕심'을 강요했습니다. 둘째와 셋째를 키우고서야 아이만의 시간과 속도가 얼마나 중요한지 알았습니다. 그제서야 20여 년 전에 만난 그 선생님의 말씀도 깨달았습니다.

아이들 각자의 시간을 인정하고 기다려주며 그 한 명의 소중함을 느끼며 가르치는 것', '내 욕심을 아이를 위한 것이라고 착각하지 않는 것'이 얼마나 중요한 교육의 열쇠인지 알게 되었습니다. 아이를 소중히 여긴다는 것은, 그 아이의 시간을 기다려줄 수 있는 인내와 용기를 갖는 일이었습니다.

존경하는 선생님이 또 한 분 계십니다. 그분이 언젠가 저에게 "선생님, 왜 우리가 월급 받는 줄 아세요?"라고 물었습니다. 저는 '그거야 당연히 우리가 애들 가르치니까 받는 거죠'라고 생각했지만 차마

입 밖으로 내뱉지 못하고 답을 기다렸습니다.

"참아준 대가로 받는 거야. 가르친 대가가 아니야."

가르칠 때 가장 힘든 것은 가르치는 방법이 아니었습니다. 바로 참아주고 기다려주는 일이었습니다. 제가 이렇게 글을 쓰는 이유는 이 글을 읽는 학부모들께서는 '아이만의 시간'이 있음을 깨닫고 인내하며 '기다릴 수 있는 용기'를 가졌으면 싶어서입니다. 제가 첫째에게 주었던 상처가 이 시대의 가정에서 반복되지 않기를 바라는 마음입니다.

〈맹자와 공손추〉에 나오는 발묘조장(拔苗助長)이라는 고사성어가 있습니다. 송나라에 한 농부가 있었습니다. 자신의 논에 심은 벼가 남들의 벼보다 더디게 자라는 듯 보이자, 벼가 더 빨리 자라게 하고픈 마음에 벼의 순을 당겨 키를 키웠습니다. 그 후 벼들은 어떻게 되었을까요? 당연히 모두 말라 죽었습니다.

멀리 떨어져서 보면 저리 황당하고 어리석은 일을 할까 싶지만, 자식을 가르치다 보면 객관성을 잃고 조급해져 정도를 넘기 쉽습니다. 특히 수학 교육이 그렇습니다. 자식을 소중히 여기는 만큼 누구보다도 '내 아이의 시간과 속도'를 지켜주어야 합니다.

선행학습을 '할 수 있는' 혹은 '해서 도움이 되는' 아이는 백에 몇 명이 되지 않습니다. 그런데 현실은 그 반대입니다. 그렇게 자신만의 시간과 속도를 잃어버린 아이들은 결국 수학에 흥미를 잃고 중고등학교에서는 수포자의 길로 들어섭니다.

대다수 초등 아이에게 선행학습은 발묘조장의 실수를 반복하는 일입니다. 저는 이 책을 통해 현행학습을 제대로 공부하며 수학에 흥미와 성취감을 느끼는 방법을 공유하고자 합니다. '지금' 배우는 것을 제대로 탄탄히 하고, 흥미를 느끼며 수학 공부하는 방법을 익혀 필요한 때 선행학습을 해도 의미 있게 할 수 있기를 바랍니다.

어떤 과목보다 수학을 비효율적으로 가르치는 모습을 수없이 보아왔습니다. 수학 그 한 과목을 잘하기 위해 부모들과 아이들이 쏟는 노력은 눈물겹습니다. 하지만 결과는 실망스러울 때가 더 많습니다. 이 책은 그러한 시행착오를 줄이고 가장 효율적으로 수학 공부를 할 수 있도록 도울 것입니다. 모든 아이가 수학 때문에 힘들지 않기를 바랍니다. 부디 이 책이 그러한 기대에 부응하기를 간절히 희망합니다.

✦ 차례 ✦

| 머리말 | 아이를 소중히 여긴다는 것은 그 아이의 시간을 기다려줄 수 있는 인내와 용기를 갖는 일입니다. | 4 |

1장 누가 끝까지 상위권에 남아 있을까?

진도는 실력과 비례하지 않는다 … 18

수학 점수와 등급을 제대로 알자 … 24
초등학교 단원평가 점수 90점 | 중학교 내신 A등급 | 고등학교 내신 1등급

[칼럼] 문·이과 통합형 수능에 맞는 수학 공부법 … 33

2장 수학 기본기 1 연산력

초등 수학의 반은 연산이다 … 46
1영역: 수와 연산 | 2영역: 도형 | 3영역: 측정
4영역: 자료와 가능성 | 5영역: 규칙성 | 연산은 초등 수학의 기본이다

연산 실수도 반복되면 실력이다   52
연산에서 개념을 무시하면 생기는 일 | 연산 실수를 줄이는 확실한 방법

분수를 잡으면 연산은 탄탄대로다   58
분수를 잡는 가장 효율적인 방법 | 분수의 핵심은 나눗셈이다

> **칼럼** 공부 내공 키우기   68

3장   수학 기본기 2   개념력

수학에서 기초 공사는 개념학습이다   82
상위권은 공부 방법이 다르다 | 문제 풀이보다 수학 개념이 먼저다

개념학습의 출발은 수학 용어다   89
대충 아는 용어는 모르는 용어다 | 안다고 착각하는 아이들
학습 개념어만큼은 확실히 챙기자

개념을 정확히 알면 수학이 쉬워진다   107
개념을 중요시하는 부모의 습관 | 교과서 개념과 문제집 개념의 차이
개념을 심화하는 노트 정리법

문제 풀이보다 개념학습이 먼저다   121
처음 보는 문제를 해결할 수 있어야 한다 | 심화문제 풀이와 심화학습은 다르다
심화문제가 아니라 개념학습이 먼저다

> **칼럼** 수학도 언어능력이다   128

4장 수학 기본기 3 메타인지

무엇을 모르는지 아는 것에서 공부가 시작된다 … 134
안다고 착각하면 공부에서 멀어진다 | 메타인지를 키우면 학습 효율이 오른다
메타인지를 키우면 사교육 활용이 쉬워진다 | 메타인지를 키우면 문제해결력이 높아진다
메타인지는 시행착오로 길러진다

메타인지를 키우는 수학 학습법 … 142
질문하고 답하기 | 오답 노트 작성하기 | 예습하기 | 노트 필기하기

> **칼럼** 전 과목에 적용할 수 있는 메타인지 향상법 … 151

5장 수학 완전학습 로드맵 1 수업

수업의 완성은 예습·복습이다 … 162
수업 안 학습과 수업 밖 학습 | 예습 → 수업 → 복습 사이클을 잡자

수학 수업 제대로 활용하기 … 171
학교 수학 수업 들여다보기 | 수학 수업과 예습, 복습하기
예습은 언제, 얼마나, 어떻게 해야 할까? | 복습은 언제, 얼마나, 어떻게 해야 할까?

1×2원리로 수업 효율 올리기　　　　　　　　　　　　　　186
1×2원리로 학습 효율 올리기

　　칼럼　선행학습 제대로 알고 하기　　　　　　　　　194

6장　수학 완전학습 로드맵 2
교과서

개념학습을 하는 최적의 교재는 교과서다　　　　　　　206
초1·2 교과서를 활용한 개념학습법 | 초3·4 교과서를 활용한 개념학습법
초5·6 교과서를 활용한 개념학습법 | 중1 교과서를 활용한 개념학습법

수학 교과서를 읽으면 수학 실력이 향상된다　　　　　216
교과서를 읽으면 실력이 보인다 | 교과서를 잡으면 개념이 잡힌다
수학 교과서 완전 분석 | 수학 교과서 깊이 들여다보기

효율적인 수학 교과서 활용법　　　　　　　　　　　　230
문제 풀이 중심 학습 과정 | 개념·원리 중심 학습 과정

　　칼럼　수학 실력 제대로 확인하기　　　　　　　　　236

7장 수학 완전학습 로드맵 3 문제집

교과서보다 좋은 문제집은 없다   242

수학 문제집 제대로 활용하기   247
기본 문제집 | 심화 문제집 | 연산 문제집 | 사고력 문제집

수학 사전으로 개념 보완하기   262
수학 사전 제대로 활용하기

칼럼 수학 완전학습 Q&A   268

부록 초등 수학 개념 총정리 문답 56   272

1장

최상위 아이는 이렇게 수학 합니다

누가 끝까지 상위권에
남아 있을까?

리나 엄마는 평소 학부모 모임에 자주 참석하지 못했다. 그래도 한번 참석하면 알지 못했던 아이들과 학교 이야기를 들을 수 있어 새로웠다. 그런데 오늘은 분위기가 사뭇 달랐다. 아직 5학년이지만 중학교에서 어떻게 공부할지 서로 정보를 공유하고 있었다. 화제는 어느새 진도를 어디까지 나갔는지로 넘어갔다. 개중에는 고등학교 수학을 푸는 아이도 있었다. 리나가 학교 수학 수업을 어려움 없이 잘 따라가고 있어 크게 걱정하지 않았는데 우물 안 개구리였나 싶고, 다들 부지런히 움직이는데 나는 이제껏 뭐 했나 싶어 마음이 복잡해졌다.

"리나 엄마, 리나는 요즘 수학 진도 어느 정도 나갔어?"
"어…, 그냥 학교 수업 듣고 집에서 혼자 복습하는 게 전부지. 학교 성적이 나쁘지 않아 별 걱정은 안 하고 있어."
"에이, 농담하지 마. 지금 학교 성적을 믿는 거야? 이미 선행 몇 바퀴 돌리고 이렇게 말하는 거 아냐? 애들이 리나 수학 잘한다고 하던데?"
"잘하긴 그냥 그렇지…."

리나 엄마는 죄지은 사람인 양 말끝을 흐렸다.

선행학습은 수학을 잘하기 위한 필수 코스일까? 그리고 얼마나 앞서가야 우리 아이가 수학을 잘할 수 있을까? 주변에서 들리는 진도 경쟁에 현기증이 날 지경이다. 수능에서 문·이과가 통합된 이후 수학 비중이 더욱 높아졌다는데 어떻게 대비해야 할까? 현행 학습을 충실히 하는 것만으로 부족하다면 학원에 보내 진도를 몇 년씩 뽑아야 할까? 혼란스러운 만큼 우리 아이의 시행착오도 늘어날 것이다. 진도 경쟁이 아닌 탄탄한 실력을 쌓을 수 있는 방법을 알아보자.

진도는 실력과 비례하지 않는다

수학을 배운다는 건 수학 지식을 암기하고, 수학적 사고력을 키우는 것을 말한다. 지식 암기는 누구라도 시간만 들이면 할 수 있다. 하지만 사고력 키우기는 결코 쉬운 일이 아니거니와 가르치기는 더욱 어렵다. 다양한 이유로 아이들은 학년이 올라갈수록 수학과 멀어진다. 이 책은 학년이 올라갈수록 더욱 강해지는 수학 실력 기르는 방법을 제시할 것이다.

수학적 사고력에 대한 관점은 다양하다. 하지만 '2015 개정 수학과 교육과정'에서 말하는 문제 해결력의 관점에서 보면, "해결 방법을 모르는 문제 상황에서 수학의 지식과 기능을 활용해 해결 전략을 탐색하고, 최적의 해결 방안을 선택해 주어진 문제를 해결하는 능력"을 의미한다.

다음은 중학교 1학년에서 배우는 내용이다. 하지만 초등학교 3학년 정도 아이라면 수학을 특별히 잘하지 않아도 같은 수의 곱셈을 거듭제곱으로 표현한다는 사실만 알려주면 큰 어려움 없이 문제를 풀 수 있다.

수학적 지식

같은 수를 여러 번 곱한 수 2×2, $2\times2\times2$를 각각 2^2, 2^3과 같이 나타내고 2의 제곱, 2의 세제곱이라고 읽는다. 이때 2^2, 2^3을 2의 거듭제곱이라 하고 2를 밑, 곱한 횟수를 나타내는 2, 3을 지수라고 한다.

문제

$2\times2\times2\times2\times2$를 거듭제곱을 사용하여 나타내시오.

정답

2^5

여기에서 중요한 점은 '초등학교 3학년 아이가 중학교 1학년 문제를 풀었다고 해서 중1 수학 실력을 갖췄다고 볼 수 없다는 점'이다. 이것이 핵심이다. 하지만 지금과 같은 진도 나가기 경쟁이나 선행학습 경쟁은 이 사실을 애써 외면하고 진행된다. 이러한 오해로 학부모는 많은 시간과 돈을 낭비해야 하고, 아이들은 의미 없는 진도 나가기 경쟁으로 수학과 점차 멀어지고 결국 수포자가 되기도 한다.

같은 맥락으로 오른쪽 문제를 살펴보자. 1~6번 문제는 초6~중3 교육과정에 나오는 문제다. 이것을 6학년생 100명에게 풀게 했다. 3~6번 문제는 소인수분해, 지수, 무리수의 개념을 알아야 하지만 간단한 풀이 방법과 절차를 미리 알려주었다. 예를 들어 "2^3은 '2×2×2'와 같다"라고 간단히 설명하는 식이다.

사실 이러한 식의 설명은 선행 사교육에서 흔히 이루어지는 방식이다. 예를 들어 다양한 분수의 나눗셈을 정확한 수학적 원리에 대한 설명 없이 ÷ 기호는 × 기호로 바꾸고 ÷ 기호 뒤의 분수는 역수로 바꾸어 계산하라는 설명이 대표적이다.

아무리 뛰어난 교사라도 아이들에게 개념에 대해 자세히 설명하고 사고의 과정을 경험하게 하면서 1~2년씩 수학 진도를 앞서가게 하는 것은 불가능하다. 빠른 선행은 그에 비례해 개념에 대한 부실한 이해로 이어진다. 다음 내용을 이해하는 것이 중요한 이유는 우리 아이가 앞으로 겪게 될 선행학습의 실체를 이해하는 실마리가 되기 때문이다.

6학년 아이에게 3~6번 문제는 상위 학년(중 1, 2, 3) 문제지만 간단한 수학 지식과 기초 연산만으로 충분히 풀 수 있다. 반면 2번 문제는 6학년 2학기에 배우는 비례식과 비례배분의 심화문제라 아이들이 자주 틀리는 문제인데, 왜 틀렸는지 물어보면 대다수가 실수라고 대답한다.

대상	초6	시험 범위	초6~중3	난도	상★★★, 중★★, 하★

1 다음 문제를 계산하시오. (범위: 초6, 분수의 나눗셈)-(★★)
$50 \div \frac{1}{2} =$

2 가로와 세로의 비가 5:7이고 둘레가 48cm인 직사각형이 있다. 이 직사각형의 세로가 몇 센티미터지 두 가지 방법으로 구하시오. (범위: 초6, 비례식과 비례배분)-(★★★)
(1) 비례배분하여 해결
(2) 비례식을 세워서 해결

3 다음 수를 소인수분해 하시오. (범위: 중1, 소인수분해)-(★)
52

4 어느 시외버스 터미널에서 대전행 버스는 10분, 서울행 버스는 15분, 부산행 버스는 18분 간격으로 출발한다. 오전 8시에 세 도시로 가는 버스가 동시에 출발했을 때, 그 후에 처음으로 버스가 동시에 출발하는 시간은? (범위: 중1, 최소공배수)-(★)

5 다음 식을 간단히 하시오. (범위: 중2, 식의 계산)-(★)
$2^3 \times 2^4 \times 2^5 =$

6 다음 값을 구하시오. (범위: 중3, 제곱근과 실수)-(★)
$(\sqrt{13})^2 =$

앞에서 본 문제를 학습 시기, 문제 난도, 정답률, 진도로 나눠보면 다음과 같다.

문제 번호	1	2	3	4	5	6
학습 시기	초6		중1		중2	중3
문제 난도	중	상	하	중	하	하
정답률	89%	42%	95%	79%	63%	100%
진도	현행학습		선행학습			

1번 문제는 난도가 낮지만 기본 개념을 정확히 모르거나 주의하지 않으면 틀릴 수 있다. 실제로 오답을 쓴 90% 이상의 아이가 답으로 '25'를 썼다. 2번 문제는 6학년 2학기에 배우는 '비례식과 비례배분' 중에서 가장 어려운 문제에 속하지만 아예 손을 못 댈 정도는 아니다. 수학 익힘책에 나온 문제를 숫자만 바꿔서 그대로 출제한 것이므로 수업 시간에 배운 정도로도 충분히 풀 수 있다. 3~6번 문제는 중학교 교과서에 실린 문제를 숫자만 바꿔서 출제했다.

결과를 보면 2번 문제(초6)의 정답률이 가장 낮다. 초등 수학의 기본 문제인 1번 문제도 상위 학년에서 배우는 난도가 낮은 다른 문제에 비해 정답률이 높은 편이 아니다. 초등학생이 중학교 3학년 진도를 나간다고 해서 중학교 3학년 실력인 것은 아니다. 선행학습이 그 이전의 학습 내용에 대한 이해력을 키우는 것과도 큰 관련이 없다. 물론 문제를 푼 아이들이 한정되어 있다는 한계는 있지만 그것을 감안해도 결과는 자못 실망스럽다.

이런 비슷한 결과를 학부모에게 보여준 적이 있는데, 초등 수학이 너무 쉬워 아이가 실수한 거라고 해석했다. 비록 지금은 이런 결과가 나와도 중학교에 진학하면 지금 배운 선행학습의 효과가 나타날 거라 믿고 있었다. <mark>세상에 그런 수학은 없다. 단순히 진도를 빼는 것이 곧 수학적 사고력으로 이어지지는 않는다.</mark>

현행 수학 공부만으로도 충분히 푸는 아이가 있는 것처럼, <mark>해당 학년 수학을 깊이 있게 공부하는 것이 가장 효율적인 학습 방법이다.</mark> 학원에서 학교 진도의 1학기에 해당하는 진도를 2~3개월 안에 나갈 수 있는 것은, 단순 계산 위주로 가르치기 때문이다. 간단한 연산과 절차적 방법만으로 초등학생에게 중고등학교 수학을 가르치는 것은 그렇게 어려운 일이 아니다.

수학 교육에서 만연한 미신은, 선행학습을 하지 않으면 갈수록 진도를 따라가지 못해 낙오된다는 것이다. 진도가 아니라 개념에 대한 이해의 깊이가 수학 포기자와 수학 실력자를 가른다. 우리 아이의 수학 교육은 여기에서 출발해야 어떤 상황에서도 흔들리지 않는 탄탄한 실력을 쌓을 수 있다. 선행학습도 개념이 탄탄한 아이에게 효과가 있다.

수학 점수와 등급을 제대로 알자

초등학생이 수학 단원평가에서 90점 이상을 받아오면 보통은 그 아이가 수학을 잘한다고 여긴다. 여기에 더해 중학교 혹은 고등학교 수학까지 학습하고 있다면 어떨까? 부모라면 누구나 지금 이 성적을 끝까지 유지해 고등학교 때도 상위 등급을 차지할 거라 기대한다. 하지만 현실에서는 대다수가 기대하는 성적을 받지 못한다. 빠르면 중학교 2학년, 늦어도 고등학교 1학년이 되면 진짜 수학 실력이 드러난다. 이 시기에 성적이 무너지는 아이와 끝까지 유지하는 아이의 차이는 무엇일까?

시험지에 적힌 수학 점수에서는 보이지 않지만 교사의 눈에 보이는 아이의 진짜 성적은 따로 있다. 단순히 점수만이 아니라 아이의 생활 태도, 습관, 정서 등을 통합적으로 볼 수 있어야 한다. 똑같이 100점을 받아도 똑같은 수준이 아닐 수 있다. 점수가 전부가 아니다. 점수에도 질적 차이가 있다는 사실을 기억해야 한다.

거품이 잔뜩 낀 억지 점수인지 아니면 속이 꽉 찬 점수인지에 따라 수학 공부의 로드맵이 달라질 수밖에 없다. 부모의 통찰로 그 차이를 일찍 발견할 수 있다면 우리 아이의 시행착오는 그만큼 줄어든다. 하지만 한두 명의 자녀를 키워본 경험으로 그러한 판단을 하기는 쉽지 않다. 그래서 시행착오를 겪는다. 시행착오를 겪지 않으려면 지금 당장 받아오는 수학 점수만 가지고 판단해서는 안 된다.

초등학교 단원평가 점수 90점

초등학생 자녀의 수학 성적을 객관적으로 알 수 있는 방법은 단원평가가 거의 전부다. 학기말에 받는 통지표의 과목별 교과평가는 수행평가 결과를 입력한 것인데, 대체로 점수가 후해 아이 실력을 짐작하기가 어렵다. 이러한 경향은 교육청의 공식 평가 지침이기도 해서 학교나 교사에 따른 큰 차이는 없다. 바꿔 말하면 통지표의 교과평가 결과가 좋지 않다면 심각하게 받아들여야 한다는 의미이기도 하다.

교사에 따라 다르지만, 교과평가는 미래의 성장 가능성을 고려해

높게 주는 편이다. 이 평가에서 '매우 잘함'이나 '잘함'이 아닌 '보통', '미흡', '노력 요함'이 나온다면 성적뿐만 아니라 수업 태도도 좋지 못할 가능성이 높다. 학교 수업 태도만 문제인 것은 아니다. 안에서 새는 바가지가 밖에서도 새듯, 학교 수업 태도는 학원 수업 태도로 이어진다. 학교 수업 태도를 보면 학원 수업 태도를, 학원 수업 태도를 보면 학교 수업 태도를 짐작할 수 있다.

상담을 통해 자녀의 학교생활이나 수업 태도를 알아보기도 쉽지 않다. 담임교사는 특별히 문제가 있는 아이가 아니라면 긍정적으로 평가하기 마련이다. 이렇게 통지표든 상담이든 자녀의 수업 태도나 성적을 객관적으로 알 수 있는 방법이 제한적이다. 따라서 매 단원이 끝나면 보는 '수학 단원평가' 점수 정도는 정확히 알고 있어야 한다. 간혹 학원에서 받는 레벨이나 점수는 정확히 알고 있지만, 학교 수학 단원평가 점수에는 무관심한 경우가 있다. 학교 시험이 학원 시험보다 쉽다거나 학원에서 더 수준 높은 수업을 듣고 있다는 생각으로 가볍게 여기기도 한다.

학교 수학 단원평가 점수를 무시해서는 안 된다. 단원평가 점수야말로 현재 해당 학년의 수학 실력을 가장 객관적으로 보여주기 때문이다. 학원에서 보는 시험은 그 학원의 진도, 수강생의 수준, 시험 출제 경향 등에 따라 달라 자녀의 수학 실력을 객관적으로 해석하기 어렵다. 학교에서 보는 단원평가는 다양한 상황에 놓인 아이들을 동일한 시점에서 현재의 수학 진도로 평가하는 유일한 시험이다. 따라서 학원 수학 시험 점수 이전에 학교 수학 단원평가 점수를 1차로 고려해 자녀의 수학 실력을 판단하는 것이 좋다.

학원에서는 중학교 선행학습을 잘 따라간다고 하는데, 현행 6학년 수학 단원평가에서 90점을 넘기지 못하는 아이들이 있다. 이런 아이들의 경우 열에 아홉은 선행학습이 독이 된다. 중학교 시험에서도 비슷한 상황이 벌어진다. ==평이한 학교 시험에서는 A등급이 나오지 않는데 학원에서는 이미 고등학교 진도를 나가고 있다면, 그 선행학습은 효과가 없다고 봐야 한다.==

중학교 내신 A등급

초등학교와 중학교 성적은 절대평가다. 절대평가란 일정한 성취기준을 정해놓고 그 기준에 도달한 아이에게 해당 등급을 부여하는 방식이다. 학생 집단에 따라 A등급의 비율은 얼마든지 달라질 수 있다. 중학교에서는 A~E등급(음악, 미술, 체육은 A~C등급 3단계)의 5단계로, 고등학교에서는 1~9등급의 9단계로 등급을 매긴다.

중학교에서 A등급을 받기는 어렵지 않다. 학교마다 차이가 있지만 대략 30~40%의 아이가 A등급을 받는다. 대학교에서 받던 A학점이 연상되어 흐뭇한 미소를 지을 수 있겠지만, 이 성적을 받던 아이들 대다수가 고등학교 진학 후 첫 시험에서 충격을 받는다.

이미 고등학교 1, 2학년 진도를 빼고 온 데다 학원에서도 상위 반에 있고, 가장 어렵다는 심화 문제집 위주로 풀었는데 첫 시험에서 자신의 수준과 실력을 적나라하게 알게 되면서 혼란에 빠진다. 학부모들과 아이들은 성적 하락에 당황하며 원인이 무엇인지 궁금해한다. 그날 컨디션의 문제일까? 학원만 믿었는데 학원의 문제일까? 남녀 공학에 진학한 것이 문제일까? 모두 아니다. 성적이 떨어진 것이 아니라 거품을 걷어낸 진짜 실력을 보게 된 것일 뿐이다.

중학교 A등급 아이 중에서 대략 10% 학생이 1·2등급을 치열하게 다툰다. 한 문제 차이로 등급이 갈린다. 그리고 나머지 90%의 학생은 3·4·5등급 아래로 골고루 재배치된다. 학교의 시험 난이도에 따라 다르지만, 한 문제로 4등급까지도 떨어질 수 있는 치열한 경쟁이다. 현실적으로 4·5등급이라면 서울 소재 4년제 대학은 진학하기 어렵다. 일반고라면 3등급도 어려울 수 있다. 이렇게 등급이 갈리는 이유는 무엇일까?

중학교 성적표에는 등수가 나오지 않는다. 교무실에 찾아가 물어보면 대략 알려주는 경우도 있지만, 요즘은 그마저도 잘 공개하지 않는다. 대신 표준 편차와 평균 점수로 내신 등급과 전교 등수를 간접적으로 추론할 수 있다. 학교마다 차이가 있지만 대체로 시험의 난도도 높지 않다. 절대평가로 등수를 매기지 않아 변별력 높은 문제를 낼 필요가 없기 때문이다.

한편 중학교 1학년은 기존의 '자유학기제'를 확대한 '자유학년제'

로 운영되는데, 국영수의 비중을 줄이고 다양한 진로 활동 등을 체험할 수 있도록 교육과정을 운영한다. 시험 부담도 거의 없다. 사정이 이렇다 보니 입시에 관심이 없거나 학원을 보내지 않는 경우에는 이후 닥칠 난도 높은 수학 시험에 대처하기 어렵다.

중학교에 다니는 자녀가 받은 등급의 비율을 알고 싶다면 '학교알리미' 사이트를 검색하면 된다. 전국 모든 학교의 교과별 학업 성취 사항을 쉽게 알 수 있다. 1학년은 자유학년제로 운영되므로 공시되어 있지 않다. 다음은 학원가가 밀집한 두 중학교 3학년의 2021년 등급별 비율을 나타낸 표이다.

과목	강남 D중학교 2021학년도 3학년 1학기							평촌 K중학교 2021학년도 3학년 1학기						
	평균	표준편차	성취도별 분포 비율					평균	표준편차	성취도별 분포 비율				
			A	B	C	D	E			A	B	C	D	E
역사	81.6	20.5	50.1	18.7	9.5	6.1	15.6	82.2	18.7	50.1	15.6	11.2	9.2	13.9
국어	90.8	10.4	72.9	15.6	6.1	2.9	2.6	86.2	15.0	58.6	19.9	6.7	7.2	7.7
사회	84.1	18.4	56.5	15.9	8.1	7.2	12.4	79.9	17.5	41.4	18.4	15.1	10.2	14.9
수학	87.3	15.5	63.4	17.0	9.2	3.7	6.6	86.4	19.2	67.0	10.9	6.7	4.5	10.9

수학에서 A등급을 받은 아이가 D중학교에서는 63.4%, K중학교에서는 67%다. 30명인 학급에서 B등급을 받았다면 학급에서 20등 정도라는 걸 알 수 있다. 이를 고등학교 내신으로 환산하면 6등급에 해당한다. 물론 학교의 수학 시험 난이도, 아이의 실력, 지역 특성 등에 따라 달라질 수 있다.

고등학교 내신 1등급

고등학교에서는 등수로 내신 성적을 매기는 상대평가를 이용한다. 상대평가 시험의 가장 큰 목적은 '변별력'이다. 목적 자체가 등수를 매기기 위한 시험이어서 난도가 높다. 예를 들어 4%까지만 1등급이므로, 100명 중 5명이 100점인 경우 5명 모두 1등급이 아니라 5명 모두 2등급이 되어 그 학교에는 1등급이 없다. 이런 문제를 예방하기 위해 시험문제를 어렵게 낼 수밖에 없다.

교육열이 뜨거운 지역일수록 최상위 등급의 변별을 위해 난도 높은 문제의 비중을 높인다. 이런 학교에서는 제 시간 안에 모든 문제를 풀기조차 힘들다. 심지어 경쟁이 치열한 곳에서는 시험문제 난이도로 변별하기 어려워 일부러 정해진 시험 시간 안에 풀기 어려운 문제를 낸다. 다 풀었는데 틀리는 것이 아니라 문제를 풀기도 전에 종료 종이 울리도록 출제해 변별력을 높이기도 한다.

사교육걱정없는세상에서 발표한 내용에 따르면 학생 60.5%(중학생 45.1%, 고등학생 76.2%), 학부모 63.4%가 "수업 시간에 배운 내용보다 수학 시험문제가 과도하게 어렵다"라고 응답했다. 중학교까지 난도 높은 문제로 연습을 하지 않았다면 고등학교 시험문제는 50분 안에 풀지도 못하고, 그런 채로 시험지를 내고 나면 그야말로 멘붕이다. 다음은 초등학교에서 90점대 점수를 받는 아이의 중학교, 고등학교 내신 등급 변화의 예시다.

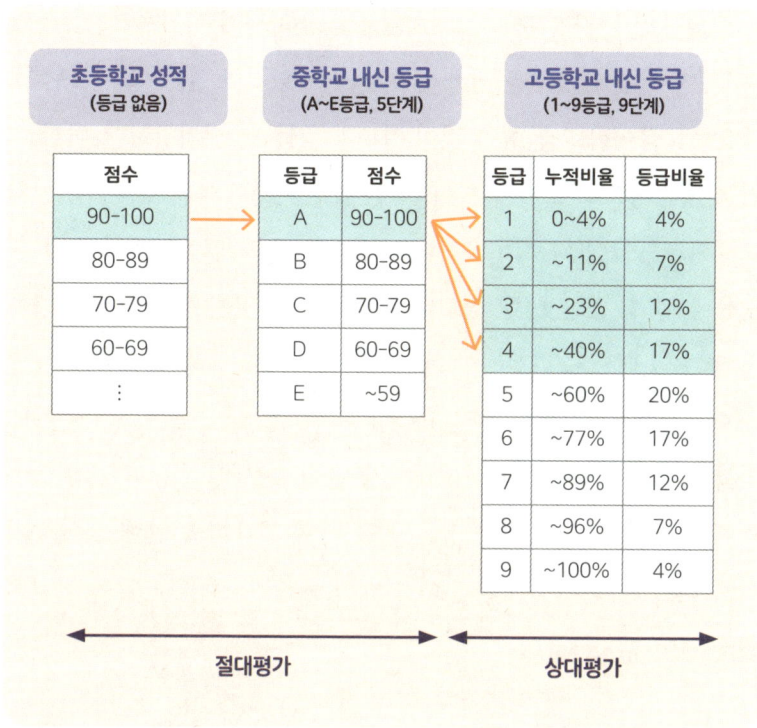

아이가 초등학교에서 90점대 성적을 받아 오면 부모는 누구라도 기대한다. 그러던 아이가 중학교에서도 3년 내내 A등급을 받으면 서울대를 바라본다. 그러나 초등학교 때 90점대는 다 같은 90점대가 아니고, 중학교 때 A등급은 다 같은 A등급이 아니다. 당장은 눈에 보이지 않지만 상위권과 중위권이 그 안에서 뭉뚱그려 잠시 섞여 혼란의 시기를 보내고 있을 뿐이다. 같은 A등급이어도 서울대를 갈 A등급과 서울에 있는 대학에 가기도 어려운 A등급이 섞여 있다.

그렇다면 누가 끝까지 상위 등급을 유지하며 원하는 대학에 갈까? 먼저 지금의 성적을 객관적으로 볼 수 있어야 한다. 그저 90점대 혹은 A등급이라고 안심할 것이 아니라, 거품을 제거하고 자녀의 실력을 객관적으로 보아야 한다. 물론 초등학교에서 90점 이상, 중학교에서 A등급이 나오지 않는다면 전략을 수정해서 현재의 수학 점수를 높일 수 있는 현행 진도나 이전 진도 내용을 반드시 복습해야 하며, 수업 태도도 점검해야 한다.

단순히 "누구누구는 벌써 고등학교 수학을 끝냈대", "중학교 가면 수학 내용이 어려워진대", "고등학생 반이 수포자래" 등의 옆집 엄마 말에 휘둘리며 대책 없이 정답인 양 학원 선행학습 반에 들어가기 위해 레벨 테스트에 목맬 것이 아니라, 우리 아이에게 맞는 실질적인 대책이 필요하다.

문·이과 통합형 수능에 맞는 수학 공부법

여전히 수학 학습은 개념 중심

대학수학능력시험(이하 수능) 수학 문제는 총 30문제다. 1~22번 문제는 고2 때 배우는 공통과목(수학I, 수학II)에서 출제되고, 23~30번 문제는 선택과목(확률과 통계, 미적분, 기하)에서 출제된다.

출제 범위	<공통과목> 수학I, 수학II		<선택과목> 확률과 통계, 미적분, 기하 중 택 1	
문항 번호	1~15번	16~22번	23~28번	29~30번
배점	2, 3점	3, 4점	2~4점	4점
	74점		26점	
문제 유형	5지선다	단답형	5지선다	단답형
학습 시기 (학교별로 다름)	2학년		3학년	

수능 수학 문제의 출제 범위

고1 때 배우는 '수학' 과목은 수능에 직접 출제되지는 않지만 이후에 배울 수학의 기본 개념을 다루므로 소홀히 해서는 안 된다. 고등학교 1학년 때 수학 성적을 보면 이후 고등학교 전체 성적을 예상할 수 있는 이유도 고2 수학 내용이 고1에서 배우는 개념의 심화 내용이기 때문이다.
같은 맥락에서 보면, 고1 수학 성적은 중학교에서 배운 수학 개념의 심화 과정으로 볼 수 있으므로 중학교 수학도 소홀히 할 수 없다. 고등학교 수학 성적은 선행학습을 얼마나 했는지에 따라 결정되는 것이 아니라, 중학교 때 얼마나 수학 공부를 제대로 했는지로 결정된다.

부모들이 진짜 봐야 할 것은 선행학습 진도가 아니라 중학교 3년 과정의 성적이다. 마찬가지로 중학교 수학 실력은 초등학교 수학 공부에 달려 있다. 이 책에서 계속 강조하는 개념 중심 학습을 제대로 한다면 상위 학교 급에서 좋은 성적을 기대할 수 있다. 이전 학년에서 배운 내용이 다음 학년에 영향을 미친다는 것은 '수학 개념'이 심화·확장되어 나타난다는 의미다.

수학의 이러한 특징 때문에 수학은 다른 과목보다 성적을 올리기가 까다롭다. 한번 수학 개념을 잘 이해하고 충분히 공부한 아이의 공든 탑은 쉽게 무너지지 않는다. 반면 어느 한순간 대충 학습하고 넘긴 부분은 반드시 어느 단계에서 발목을 잡는다. 빠른 진도보다 깊이 있게 생각하는 습관이 무엇보다도 중요한 이유다.

유리한 과목은 없다

2022학년도 수능을 본 학생들의 성적을 분석한 결과를 보면 놀라운 점이 발견된다. 과거 이과 학생들이 선택하던 미적분·기하를 선택한 학생들의 1등급 비율이 94.1%, 문과 학생들이 선택하던 확률과 통계는 겨우 5.8%에 불과했다.

출처: 한국교육평가원, 서울중등진학지도연구회(전국 81개 고교, 19,471명 가채점 결과)

	확률과 통계	미적분	기하
전체 응시자	51.6%	39.7%	8.7%
1등급(예상)	5.8%	87.3%	6.8%

2022학년도 수능 수학 선택과목별 응시자 수와 1등급 비율

문·이과 통합형 이전 수능이라면 1등급을 받을 수 있던 학생들의 상당수가 1등급에서 밀려났음을 의미한다. 이는 미적분·기하를 선택한 학생들이 시험에서 유리한 것이 아니라 단지 우수한 학생들이 미적분·기하를 선택한 결과일 뿐이다. 결국 입시에서 수학 과목이 더욱 중요해졌다. 이 말은 입시 전략 이전에 수학 실력 자체를 높이는 것이 더 중요해졌다는 말이기도 한다.

그렇다면 고등학교에 가서 어떤 수학 과목을 선택하는 것이 유리할까? 우수한 학생들이 선택하는 미적분·기하가 나을까, 상대적으로 쉬운 확률과 통계를 선택하는 것이 나을까? 정답은 없다.

원점수가 같다면 미적분을 선택한 학생들에게 유리하지만, 미적분은 난도가 높아 상당한 학습량을 채우지 않으면 낮은 점수를 얻게 되어 오히려 불리할 수 있다. 반대로 확률과 통계를 선택하면 학습 부담이 줄지만 미적분을 선택한 학생과 동일한 등급을 받으려면 더 높은 점수를 얻어야 한다. 이는 앞에서 언급한 표준점수 제도 때문이다.

한편 학생부 종합 전형에서는 어떤 과목을 선택했느냐가 학생의 학습 열의를 판단하는 기준이 되기 때문에 현실적으로 확률과 통계를 선택하는 경우는 많지 않다. 과목 선택 자체가 학생의 대학 전공과목 및 진로와 연결되어야 있어야 유리하기 때문이다. 대학마다 차이는 있지만 대체로 미적분·기하를 선택한 학생은 전공 선택의 제한이 없다. 반면 확률과 통계를 선택한 학생은 이과 계열 전공을 선택할 때 제한이 많다 보니 전공 선택의 폭이 좁아진다. 특히 의대, 치대, 한의대, 약대, 수의대 등 최상위권 학생이 선호하는 전공일수록 미적분·기하를 필수로 정하고 있다.

선택과목은 학생이 가장 잘할 수 있고 적성에 맞는 과목을 선택하는 것이 현명하다. 주변 어른들의 결정에 일방적으로 따르기보다 자기 주도적으로 공부하면서 자신에게 가장 맞는 과목과 진학할 대학을 고려해 스스로 찾아야 한다. 자신에게 맞는 과목을 스스로 찾지 못하면 이미 해당 과목을 제대로 공부했다고 보기 어렵다.

학부모 입장에서도 자녀가 어릴 때부터 지나치게 부모 주도로 결정하기보다는 자녀 스스로 선택할 수 있도록 지원하고 격려하는 분위기 속에서 주도적으로 공부할 수 있는 기회를 주어야 한다. 주변에서 어떤 과목을 선택하든 흔들리지 말고 자신의 소신을 믿고 선택한 후 최선을 다하는 것이 가장 좋은 결과로 이어진다.

부모는 자녀가 시행착오를 겪으며 헤매지 않고 곧장 지름길로 가길 바란다. 그러나 부모가 알고 있고 믿고 있는 정답이 반드시 자녀에게 유익한 것은 아니다. 정답을 얻기까지 스스로 결정하며 시행착오를 겪으면서 얻은 지식과 경험은 자녀의 미래를 바르게 결정지을 값진 기회가 된다. 수학이야말로 가장 느리게, 천천히, 깊게 많이 공부해야 할 도전적인 과목이다.

심화학습의 중요성이 더욱 커졌다

문·이과 통합 이후 수학의 중요성이 더욱 커졌으며 수학이 대입에 더욱 결정적인 역할을 하게 되었다. 제대로 된 전략을 가지고 효율적으로 수학을 공부해야 원하는 결과를 얻을 수 있다. 초등학생 때는 시험에 대한 부담 없이 학교를 다닌다. 학교에서도 단원평가 시험을 보지만 난이도가 교과서 수준과 비슷해 조금만 노력해도 90점 이상을 받을 수 있다. 지역에 따라 다르지만 25명 기준으로 한 반에 5~10명 정도가 90점 이상의 성적을 받는다.

중학교에 가서도 상황은 크게 달라지지 않는다. 조금만 노력해도 A등급 받기가 크게 어렵지 않다 보니 여전히 자녀가 상위권이라고 막연히 생각한다. 게다가 학교 진도보다 1~2년씩 앞서가면 그 기대는 더욱 굳어진다.

이러한 기대는 고등학교에 들어가면 여지없이 무너진다. 당장 시험의 난이도가 확 올라간다. 시험문제를 틀리고 맞고를 떠나 제 시간 안에 푸는 아이가 손에 꼽힐 정도다. 시험 배점도 3점, 4점이 아니라 3.2같이 소수로 구분해서 변별력을 높인다.

이러한 급격한 변화 상황에 올바르게 대비하는 방법은 무엇일까? 가장 일반적인 방법이 선행학습을 통해 진도를 앞당겨 배우는 것이다. 고등학교 수학이 어렵고 경쟁이 치열하니 중학교 때 미리 고등학교 과정을 끝내고 가야 한다는 논리다. 그러면서 중학교 때 고등학교 수학 진도를 끝내기 위해서는 초등학교 때 중학교 과정을 끝내야 한다고 주장한다. 정말일까?

이 책의 다른 곳에서 강조하지만, 문·이과 통합형 수능으로 선행학습의 부담은 줄어든 대신 심화학습의 필요성은 크게 늘었다. 수십 년 동안 아이들을 가르쳐 왔지만 상위권 아이조차 1년 정도 진도를 앞당기기가 현실적으로 쉽지 않다. 상위권조차 1·2년 치 진도를 빼기가 쉽지 않은데 중하위권은 어떨까? 그야말로 수박 겉핥기를 하고 있다고 확신해도 좋다. 중하위권이라면 선행학습보다 상위권이 되는 것이 먼저다. 상위권이 된다는 것은 심화학습을 했다는 의미와 같다. 선행학습과 심화학습 중 무엇이 먼저겠는가?

고등학교 수학 진도를 나가는 초등학생도 있지만 막상 초등학교 수학 교과서 내용에 정확히 답하지 못하는 경우도 있다. 믿기 어렵지만 사실이다. 이러한 일이 일어나는 것은 개념 이해보다는 단순한 연산 문제 풀이 위주로 진도를 나가기 때문이다. 현실적으로 현행 진도를 제대로 이해하기도 벅찬 아이에게 몇 년 치 진도를 나가면서 제대로 개념을 잡고 가기를 기대하는 것은 과욕이다.

진도 빼기식 공부로는 결코 수학을 잘할 수 없다. 이러한 문제를 해결하려면 개념을 제대로 이해하며 단계적으로 충실히 학습해야 한다. 이보다 더 확실한 해결책은 없다. 같은 개념이라고 해도 아이마다 이해의 깊이가 다르다. 고등학교에서는 한 학기 정도의 선행학습이면 충분하다. 아니, 현실적으로는 그것도 쉽지 않다. 물론 진도만 나가는 관광 모드라면 1년이 아니라 2년 이상도 가능하다. 1년도 적다고 주장하는 사람도 있지만 현실적으로 1년 치 선행학습은 절대로 쉽지 않다. 오히려 그러한 선행학습이 수박 겉핥기식 공부가 되어 부실 공사처럼 수학 실력이 무너지는 원인이 된다. 짧은 시간에 그 많은 진도의 내용을 학습하는 것이 가능하다는 논리라면 오히려 선행학습이 필요하지 않다는 반증이 될 것이다.

수학 난도 변화의 의미

변별력을 높이기 위해 학교에서는 학생들이 제시간 안에 풀지 못하도록 극히 어려운 문제를 출제한다. 소위 '킬러' 문제다. 맞히라고 내는 문제가 아니라 틀리라고 내는 고약한 문제다. 수능에서도 가장 난도가 높은 문제를 킬러 문제, 그다음 난도의 문제를 준킬러 문제라고 부른다. 다음은 문·이과 통합 수능 전의 수학 문제 난도다.

문항 번호	1~19	20	21	22~28	29	30
난도	중하	상(준킬러)	극상(킬러)	중하	상(준킬러)	극상(킬러)

문·이과 통합 수능 전 수학 문제 난도

하지만 최근에는 킬러 문제가 줄고 준킬러 문제가 느는 추세다. 킬러 문제는 상위권 학생들 중에서도 극히 일부만 풀 수 있다 보니 대다수 학생이 손도 못 댄다. 그래서 킬러 문제를 모두 틀려도 1등급을 받기도 했다. 하지만 이제는 킬러 문제 대신 준킬러 문제가 많아지면서 상위권 학생의 경우 오히려 수능이 쉬워졌다고 느끼고, 중하위권은 어려워졌다고 느끼기도 한다.

이러한 변화는 무엇을 말할까? 개념을 제대로 이해하고 성실히 공부한 학생들이 풀 수 있는 수준의 문제가 많아졌음을 의미한다. 이전까지는 킬러 문제가 무척 어려워 그날의 컨디션과 운이 어느 정도 작용해 틀려도 상위 등급을 받는 데 문제가 되지 않았다. 하지만 지금은 1등급을 받으려면 준킬러 수준의 문제를 포기하거나 운에 맡겨서는 안 된다. 심화학습이 더욱 중요해진 이유다. 문과 계열 학생들은 상위권 이과 계열 학생과 경쟁해야 하므로 준킬러 문제를 포기하면 등급이 더욱 내려갈 수밖에 없다.

바뀐 수능 수학 유형에 대응하려면 어떻게 해야 할까? 좀 더 많은 학원을 다녀야 할까? 아니다. 오히려 개념 이해를 위해 혼자서 끙끙대는 시간을 늘려야 한다. 사교육은 학생의 실력에 따라 적절히 이용하는 수준에서 그쳐야 한다. 그래야 시간을 효율적으로 활용할 수 있다. 도움을 받아야지 그냥 맡기고 알아서 해주겠지 하는 생각으로는 좋은 결과를 얻기 어렵다.

초등학생 때부터 어려운 문제도 스스로 풀며 해법을 찾아가는 의지와 자신감을 길러주어야 한다. 중위권을 만드는 가장 좋은 방법은 사교육에 의지해 선행학습, 문제 풀이 위주의 수업을 듣게 하는 것이다. 하지만 상위권이 되려면 개념을 깊고 입체적으로 이해하며, 스스로 문제와 씨름하는 시간이 절대적으로 필요하다. 부모 주도 사교육이 어느 정도까지는 도움이 되지만 어느 한계를 넘어서면 오히려 성적에 부정적인 영향을 미친다는 사실을 기억하자.

선행학습의 부담이 줄었다

문·이과 통합형 수능 이후 수학 학습 범위는 어떻게 바뀌었을까? 확률과 통계를 선택한다고 가정했을 때, 문과 학생들의 시험 범위에는 큰 변화가 없다. 반면 이과 계열 학생들의 수학 과목에는 많은 변화가 일어났다.

통합 이전에 필수였던 미적분, 기하, 확률과 통계가 이제는 선택으로 바뀌었다. 각 과목의 학습량과 수준을 고려했을 때, 세 과목 중 한 과목만 선택함으로써 이과 수학 분량이 획기적으로 줄었다.

구분	문·이과 통합 전	문·이과 통합 이후
문과	미적분(일부), 확률과 통계	미적분, 기하, 확률과 통계 중 택 1
이과	미적분, 기하, 확률과 통계	

문·이과 통합 전후의 수능 수학 범위

문·이과 통합형 수능 이전, 이과 계열을 준비했던 학생은 난도 높은 세 과목을 모두 공부해야 했다. 한 과목을 마스터하는 데 많은 시간이 걸려 선행학습을 하지 않고는 진도를 따라가기가 무척이나 어려웠다. 그런데 이제 과목 수가 $\frac{1}{3}$로 줄었다. 따라서 무리한 선행학습으로 각 과목을 피상적으로 학습하는 진도 빼기식 공부는 지양해야 한다.

물론 필수 과목이 선택으로 바뀌었다고 무조건 학습 부담이 줄었다고 보긴 어렵다. 나만 준 것이 아니라 모든 학생의 학습 내용이 줄었고, 성적은 여전히 줄 세우기식 상대평가이며 범위가 줄면 자연스럽게 시험 난이도가 조절되기 때문이다. 따라서 과거 선행학습에 쏟던 역량을 심화학습에 쏟아야 한다.

수학 내용은 계단처럼 위계를 갖는다. 현시점에서의 심화학습은 앞으로 배울 내용에 반드시 도움이 되므로 그 자체로 선행학습의 효과가 있다. 비교하자면 지금 제대로 개념을 이해하지 못하고 선행학습을 하는 아이보다, 선행학습을 하지 않아도 현행을 심화학습한 아이가 절대적으로 유리하다는 의미다.

문·이과 통합형 수능은 새로운 기회다

수능이 문·이과가 통합되고 필수 과목이 선택으로 바뀌면서 긍정적인 변화도 있다. 즉, 많은 과목을 학습하기 위해서 1~2년 이상의 선행학습을 하던 부담에서 조금 벗어났다. 이제는 더욱 심화학습에 매달려야 한다.

남들이 몇 년 치 진도를 뺐는지에 현혹되기보다 얼마나 충실히 현행학습을 하고 있는지 스스로 돌아보아야 한다. 이미 배운 개념에 대한 설명도 제대로 하지 못하면서 선행학습 진도만 걱정한다면, 뜸도 들지 않은 밥으로 볶음밥을 만들겠다는 생각과 다르지 않다.

심화학습을 하려면 사교육 의존도를 낮추고 혼자서 개념 이해와 문제 풀이에 집중해야 한다. 이러한 학습 태도와 습관은 고등학교에 진학하면 갑자기 생겨나는 것이 아니다. 초등학생 때부터 차분히 여유 있게 길러주어야 한다.

2장

최상위 아이는 이렇게 수학 합니다

수학 기본기 1
연산력

"몇 장 풀어야 하는데?"

"8장 풀어놔."

"아, 왜 또 늘어나는데? 원래 6장인데 왜 또 엄마 맘대로 늘리냐고!"

"네 나이가 몇이야? 이렇게 간단한 연산도 자꾸 실수로 틀리는데, 연습도 안 해? 실수엔 반복과 연습밖에 없는 거야. 또 틀리기만 해봐. 10장으로 늘리는 수가 있어"

"아, 왜 내 공분데 엄마가 난리냐고?"

"연산이 안 되면 수학은 다 안 되는 거야. 기초를 탄탄히 해야 수학도 잘하는 거지. 이것 몇 쪽 푸는 게 뭐 대수라고 엄마를 째려봐. 다른 애들은 네 몇 배를 하는지 알려줘? 다른 애들은 시간 절약을 위해 초까지 재가면서 연습해!"

"그건 다른 애들이고, 난 나잖아…."

아이는 씩씩거리며 샤프 연필로 문제집에 구멍을 뚫고 엄마가 보란 듯 문제집을 구겨놓기도 한다.

"그럴 거면 다 때려치워. 하지 마. 엄마도 앞으로는 너한테 어떤 지원도 하지 않을 거야. 네 맘대로 살아."

엄마도 연산 문제집 푸는 쪽수로 시작된 언쟁이 아이의 인생 문제 협박으로까지 이어질 줄은 몰랐다. 아이의 찢어진 문제집을 스카치테이프로 붙이며 한숨만 나오는 이 시간, 이대로 밀어붙이는 게 맞는 건지 헷갈리는 하루다.

초등학교에서 연산은 수학이 아닌 것처럼 여겨질 때가 많다. 연산을 수학을 제대로 하기 위해 빨리 마스터해야 하는 수단으로 생각한다는 말이다. 그렇다 보니 연산 문제집만 반복해서 풀게 하거나, 아파트 앞 빨갛고 파란 파라솔에서 홍보하는 연산 학습지로 우리 아이의 첫 수학을 시작하기도 한다.

초등 수학의 반은 연산이다

초등 수학은 크게 수와 연산, 도형, 측정, 자료와 가능성, 규칙성으로 영역이 나뉘어 있다. 각 연산 영역의 특징과 대처 방안을 살펴보자.

1영역: 수와 연산

수와 연산은 1학년 때 '9 이하의 수를 세기', '읽기', '쓰기' 활동으로 시작된다. 이어서 '덧셈과 뺄셈', '곱셈과 나눗셈', '분수와 소수의 덧셈과 뺄셈', '분수와 소수의 곱셈과 나눗셈'을 배움으로써 사칙연산이 완성된다. 초등 시기에 배우는 사칙연산은 이후 중고등학교에서 배울 모든 연산의 기초가 되므로 어떤 것도 소홀히 해서는 안 된다.

==초등 시기에 잘못 배운 연산 개념은 중고등 시기에 결정적인 계산 실수로 이어진다.== 어려운 수학 개념을 이해하고도 풀이 과정에서 연산 실수를 하면 손해가 이만저만이 아니다. 중고등학교 시험에서 한 문제는 내신 등급을 바꿀 수 있을 만큼 중요하다. 연산 실수가 발목을 잡아서는 곤란하다.

초등 5·6학년 때 배우는 약수와 배수, 최대공약수와 최소공배수 개념은 중학교에서 그대로 활용된다. 기초를 탄탄히 세운 아이라면 앞서 배운 개념 위에 새로 배운 개념을 올리면 돼 쉽지만, 기초가 없는 아이는 새로운 개념을 처음 배우듯 새로 배워야 해서 학습 부담이 더욱 커진다.

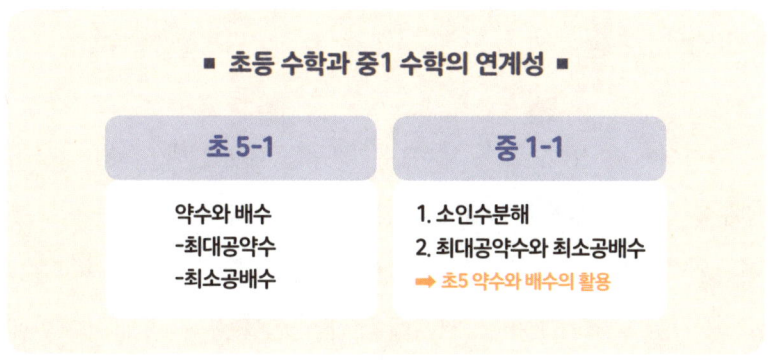

2영역: 도형

초등 수학에서 도형은 연산 다음으로 비중이 크다. 대체로 아이들은 도형을 쉽다고 여긴다. 그리고 간혹 반짝하고 점수가 오르는 영역이기도 하다. 반면에 다른 영역은 잘하는데 도형을 유독 어려워하는 아이도 있다. 도형은 선수학습 요소가 후속학습에 미치는 영향이 적다. 따라서 이전 학년에서 도형을 소홀히 한 아이라도 열심히 한다면 큰 어려움 없이 현행학습을 따라갈 수 있다. 수학 점수는 낮으나 도형에서 높은 점수를 받는 아이가 있다. 이러한 아이는 수학적 사고력은 좋으나 수학 학습량이 부족하고 체계적으로 공부하지 않은 경우가 많다.

3영역: 측정

측정에서는 길이, 무게, 넓이, 부피 등을 재게 된다. 측정 대상이 대부분 도형과 관련이 있다 보니 도형에 대한 이해가 측정 실력으로 연결된다. 측정은 도형과 연산 영역이 혼합된 형태라고 볼 수 있다. 도형(기하)과 연산(대수) 두 영역에 대한 개념을 잘 이해해야 어려움 없이 풀 수 있다.

4영역: 자료와 가능성

중학교에서 배우는 확률과 통계에 해당하는 내용이다. 학습량도 많지 않고 난도도 높지 않아 대다수 아이가 큰 어려움 없이 학습할 수 있다. 초등 수학에서 배우는 '자료와 가능성'은 아이들이 일상에서도 많이 접해본 내용이므로, 평상시 자료 해석 경험이 많은 아이들이 유리하다. 특히 이 영역은 사회 교과에 나오는 다양한 자료와 표, 그래프를 해석하는 데 필요한 개념을 제공하므로 소홀히 해서는 안 된다.

5영역: 규칙성

아이들이 가장 어려워하고 싫어하는 영역 중 하나다. 연산 영역과 직접 관련되어 있어 연산을 어려워하는 아이에게는 무척 어려운 단원이다. 특히 비와 비율은 교사 입장에서도 가르치기 가장 어려운 영역이다. 비와 비율의 설명 방식이 교과서가 개정될 때마다 조금씩 달라졌는데, 이는 교과서 집필자마저도 비와 비율의 개념에 대해 조금씩 다른 방식으로 강조해서 표현하기 때문이다. 비와 비율은 중학교에서 배울 방정식과 함수의 기본 개념을 담고 있으므로 제대로 이해하고 넘어가야 한다.

연산은 초등 수학의 기본이다

영역이 다섯 가지로 나뉘어 있다고 해서 비중이 같은 건 아니다. 다음 표를 보면, 1학년 1학기를 제외하고 학기별로 6단원씩 모두 71단원으로 구성되어 있다. 이 중에서 연산(수 포함)은 33단원으로 47%에 가까운 비중을 차지한다. <mark>초등 수학의 반이 연산이라고 볼 수 있다.</mark> 이건 순수하게 연산 단원만 계산한 결과이며, 도형이나 측정 등 다른 모든 영역에서 연산이 반드시 쓰인다는 점을 고려하면 연산의

`33` 수와 연산 `14` 도형 `12` 측정 `7` 자료와 가능성 `5` 규칙성

	1학년		2학년		3학년		4학년		5학년		6학년	
	1학기	2학기	1학기	2학기	1학기	2학기	1학기	2학기	1학기	2학기	1학기	2학기
1	9까지의 수	100까지의 수	세 자리 수	네 자리 수	덧셈과 뺄셈	곱셈	큰 수	분수의 덧셈과 뺄셈	자연수의 혼합계산	수의 범위와 어림하기	분수의 나눗셈	분수의 나눗셈
2	여러 가지 모양	덧셈과 뺄셈 1	여러 가지 도형	곱셈구구	평면도형	나눗셈	각도	삼각형	약수와 배수	분수의 곱셈	각기둥과 각뿔	소수의 나눗셈
3	덧셈과 뺄셈	여러 가지 모양	덧셈과 뺄셈	길이 재기	나눗셈	원	곱셈과 나눗셈	소수의 덧셈과 뺄셈	규칙과 대응	합동과 대칭	소수의 나눗셈	공간과 입체
4	비교하기	덧셈과 뺄셈 2	길이 재기	시간과 시각	곱셈	분수	평면도형의 이동	사각형	약분과 통분	소수의 곱셈	비와 비율	비례식과 비례배분
5	50까지의 수	시계 보기 규칙 찾기	분류하기	표와 그래프	길이와 시간	들이와 무게	막대 그래프	꺾은선 그래프	분수의 덧셈과 뺄셈	직육면체	여러 가지 그래프	원의 넓이
6		덧셈과 뺄셈 2	곱셈	규칙 찾기	분수와 소수	그림 그래프	규칙 찾기	다각형	다각형의 둘레와 넓이	평균과 가능성	직육면체 부피와 겉넓이	원기둥 원뿔 구

학년별 초등 수학 내용 체계

비중은 절대적이다. ==이러한 이유로 연산을 못하면 다른 영역을 아무리 열심히 공부해도 좋은 결과를 얻기가 어렵다.==

연산은 초등학교에 입학하면 가장 먼저 배우는 수학이라는 점도 주목해야 한다. 특히 저학년 시기에는 연산을 잘하느냐 못하느냐에 따라 수학 자신감이 올라가기도 하고 떨어지기도 한다. 그만큼 더 신경 써야 한다. 학년이 올라갈수록 연산의 비중이 줄어들더라도 연산을 제대로 하지 않고는 어떤 수학 문제도 풀 수 없다.

연산 실수도 반복되면 실력이다

연산은 초등 수학의 꽃이다. 이 꽃이 제대로 열매를 맺게 하려면 연산의 특성에 대해서 정확히 이해해야 한다. 연산 학습에 가장 방해가 되는 것은 연산에 대한 많은 사람의 오해다. 연산에 대한 가장 큰 오해는 연산은 수학 문제를 푸는 데 필요한 단순한 계산 도구라는 생각이다. 이 생각의 반은 맞고 반은 틀리다.

연산에서 개념을 무시하면 생기는 일

연산은 다른 수학 영역을 푸는 데 필요한 계산 기능을 한다. 하지만 연산의 기능을 계산 도구에 한정시키면 연산에도 개념과 원리가 있다는 걸 놓치게 된다. 연산 학습에서 개념과 원리를 무시하고 단순히 계산 기능만 강조하면 몇 가지 심각한 문제가 생긴다.

첫째, 연산 학습을 풀이 절차를 암기하는 것과 동일하게 여기게 된다. 이러한 제한된 생각을 갖고 있는 교사는 연산의 개념과 원리를 보지 못하고 아이들에게 풀이 절차, 즉 알고리즘만 암기시켜서 가르치게 된다.

둘째, 수학적 사고력을 기를 수 있는 기회를 잃는다. 앞에서 언급했듯이 연산의 분량은 초등 수학에서 반에 가깝다. 이 많은 계산 과정을 6년 내내 기계적으로 암기해서 배운다면, 수학을 암기 과목으로 여기며 수학적 사고력을 기를 수 있는 기회를 잃게 된다. 분수를 비롯한 소수, 혼합 계산, 덧셈과 뺄셈, 나눗셈과 곱셈 등 모든 연산은 개념과 원리를 이해한 후 그 과정을 암기해야 문제를 신속히 풀 수 있다. 개념과 원리에 대한 이해 없이 풀이 과정만 암기하면 문제를 이해하고 응용할 수 있는 수학적 사고력을 키우기 어렵다. 예를 들어 분수의 나눗셈 풀이 공식이 유용한 것이 사실이지만, 왜 그렇게 푸는지 이해하는 것이 먼저다. 이것이 개념 중심 학습이다. 자녀가 6년 내내 연산 방법을 지루하게 암기하며 수학 공부를 하길 바라는 부모는 없을 것이다.

셋째, 수학에 대한 흥미를 잃는다. 사람은 본능적으로 어떤 현상의 배후에 있는 원리를 궁금해한다. 어린아이들이 늘 질문을 달고

사는 이유다. 그런데 연산의 원리는 설명해주지 않고 "원래 그렇게 푸는 거야"라는 말을 계속한다면, 아이는 마음을 닫고 수학을 암기 과목으로 여기며 지루하게 유형 문제를 반복해서 푸는 수학 풀이 노동자처럼 행동하게 된다.

연산 실수를 줄이는 확실한 방법

개념과 원리를 배우며 연산 학습을 할 수 있는 좋은 방법이 있을까? 사교육을 알아봐도 연산을 제대로 가르치는 곳을 찾기는 쉽지 않다. 현실적으로 수학 교육을 전공한 강사가 많지 않기 때문이다. 본인이 수학을 잘하는 것과 잘 가르치는 것이 늘 일치하지는 않는다. 한 지인은 6학년 자녀의 수학을 가르치기 위해 서울대 재학생에게 과외를 부탁했는데, 첫날 테스트 레슨을 보고는 과외를 하지 않기로 마음먹었다고 했다. 선행학습을 전혀 하지 않은 아이에게 6학년 수학 문제를 방정식으로 풀어주어 아이가 전혀 이해하지 못했기 때문이다.

시간과 비용을 아끼면서 제대로 연산을 학습할 수 있는 최고의 방법은 학교 수업과 수학 교과서를 이용하는 것이다. 자녀의 수학 교과서를 살펴보자. 교과서에 나오는 질문들은 무작위로 만들어진 것이 아니라 수학 개념 형성에 최적화되도록 구성되어 있다. 어떤 교재나 문제집도 수학 교과서만큼 개념 형성에 도움이 되는 것은 없다. 학교 진도에 맞추어 집에서 복습하고 풀지 못한 문제가 있는지 체크해주는 것만으로도 효과를 볼 수 있다.

연산 실수는 단순히 운이나 그날의 아이 컨디션의 문제가 아니라 개념과 원리에 대한 이해 부족으로 생겨난다. 그렇다면 흔히 말하는 연산 실수를 줄이려면 어떻게 해야 할까?

① 답만 찾는 방법을 지양하고 왜 그렇게 되는지 이유를 설명할 수 있는 공부를 해야 한다. 가장 쉬운 방법이 교과서의 서술형 질문에 답하는 것이다. 그것만으로도 충분하다. 교과서에 담긴 서술형 문제는 계산 원리에 대한 이해를 돕도록 만들어져 있다. 따라서 이 문제를 푸는 것만으로도 원리를 이해할 수 있고 심화학습으로 나아갈 수 있다.

② 많은 문제를 푸는 것보다 한 문제라도 탐구하는 자세로 꼼꼼히 푸는 것이 더욱 중요하다. 다섯 권의 문제를 대충 푸는 것보다 한 권의 문제를 마스터하는 것이 좋다. 부모들은 많은 양의 문제를 풀면 실력이 향상될 거라 기대한다. 하지만 꼭 그렇지만은 않다. 오히려 양을 채우는 공부가 공부의 질을 떨어뜨릴 수 있다. 따라서 부모는 자녀의 수준과 성향을 고려해서 적절한 양을 제시해 깊게 공부할 수 있도록 도와야 한다.

③ 교과서는 개념과 원리를 익히는 데 효과적인 학습지다. 교과

서는 교실에서 수업을 들을 때만 사용하는 교재가 아니다. 교과서 자체를 개념과 원리를 익히는 데 최적화된 교재로 바라봐야 한다.

④ 개념과 원리를 충분히 익히지 않은 아이에게 선행학습은 치명적이다. 혼자서 꾸준히 다양한 방법으로 풀고, 풀리지 않는 문제는 끝까지 잡고 있는 아이가 장기적으로 수학을 잘하게 된다. 한 문제를 풀어도 아이가 붙들고 늘어지고 있다면 아낌없이 칭찬하자. 수학 공부는 양이 아니라 몰입의 깊이가 좌우하기 때문이다.

⑤ 평상시 대화를 통해 허용적인 분위기를 만들어주고 아이의 질문을 적극적으로 수용해줘야 한다. 부모가 답을 모를 수도 있다. 그럴 땐 대충 넘기지 말고 인터넷으로 찾아보는 모습을 보여주자. 모르는 문제를 해결하는 방식을 다양하게 보여주는 것도 교육이다.

⑥ 지나치게 사교육에 의존하기보다는 학교 수업을 중심으로 예습·복습하는 습관을 길러주어야 한다. 예습·복습할 때 개념과 원리를 탐구하는 자세, 질문하는 자세, 문제를 파고들며 해결하는 자세가 길러진다. 학교든 학원이든 일방적으로 '듣는 수업'에만 의존하지 말고 혼자 공부(이하 혼공)하는 습관을 길러야 한다. 혼공은 공부의 절정이다. 물론 처음부터 혼공을 할 수 있는 아이는 없다. 혼공을 하라고 하면 대다수 아이는 혼자서

교재를 잠깐 보다가 어느새 핸드폰을 만지며 시간을 허비한다. ==혼공 습관을 들이는 가장 쉽고 효율적인 방법은 초등 시기에 예습과 복습을 하면서 익히도록 하는 것이다.== 예습과 복습하는 방법은 이후에 자세히 설명하겠다.

> ### TIP 필산, 머리셈, 어림셈
>
> 연산은 계산하는 방법에 따라 크게 필산, 머리셈, 어림셈으로 나뉜다. 계산을 효율적으로 하려면 세 가지 셈을 모두 능숙하게 사용할 수 있어야 한다. 따라서 연산을 연필을 쥐고 손으로만 계산하는 활동으로 제한하지 않아야 한다. 머리셈을 하든 어림셈을 하든 인정해주고 다양한 방법으로 할 수 있도록 격려해야 한다.
>
> ① 필산: 우리가 흔히 떠올리는 계산으로 종이와 연필을 사용해 계산하는 셈이다. 수학 문제를 풀 때 가장 많이 사용하는 방법이다.
> ② 머리셈: 종이나 연필과 같은 도구 없이 머리로만 계산하는 셈이다. 일상생활에서 물건을 살 때 필기구 없이 머리로만 계산하는 경우에 자주 쓰인다. 머리셈은 주산에서 유래했다. 머릿속에 주판을 떠올리며 계산하기 때문에 큰 수의 계산도 가능하다.
> ③ 어림셈: 어림셈은 정확한 계산 결과 대신 근삿값을 구하는 셈을 말한다. 어림셈은 빠르게 계산 결과를 예측할 수 있어 유용하다. 초등학교에서 어림셈은 예상외로 자주 쓰인다. 실제로 교과서를 확인해보면 '계산 결과를 어림해보고 어떻게 어림했는지 말해보자'는 내용이 자주 등장한다.

분수를 잡으면 연산은 탄탄대로다

우리 아이가 언제부터 수학을 힘들어했을까? 초등학교 수학 중 아이들이 가장 힘들어하는 영역은 어디일까? 보통 분수를 많이 떠올린다. 아이들도 실제로 그렇게 느낀다. 분수가 힘들게 느껴지는 이유는 다음과 같다.

① 처음으로 배우는 자연수가 아닌 수다. 분수는 조금 더 추상적인 사고를 해야 이해가 가능하다. 자연수에서 분수로 넘어갈 때 충분한 조작이나 사고 경험이 필요한데, 이 부분이 충분하지 않은 상태에서 다양한 분수가 쏟아지니 힘들어진다.

② 분량이 많다. 3학년 1학기 때 처음 등장한 분수는 거의 매 학

기에서 많은 분량으로 나온다. 학습량이 어느 정도 뒷받침되어야 분수 진도를 따라갈 수 있다.

학년-학기	3-1	3-2	4-1	4-2
분수 단원	○	○	×	○
학습 내용	• 분수의 의미 • 분수의 크기 비교	• 대분수와 가분수 • 분수의 크기 비교		• 분수의 덧셈 • 분수의 뺄셈
학년-학기	5-1	5-2	6-1	6-2
분수 단원	○	○	○	○
학습 내용	• 약분과 통분 • 분수의 비교 • 분수와 소수의 관계 • 분수의 덧셈과 뺄셈	분수의 곱셈	분수의 나눗셈	분수의 나눗셈

분수가 나오는 학년과 학기

③ 학습 결손이 치명적이다. 분수는 3학년 1학기부터 6학년 2학기까지, 4학년 1학기를 제외하고는 촘촘히 연결되어 나온다. 어느 한 학기, 한 차시라도 소홀히 하면 그 이후 개념을 따라가기 힘들다. 이는 고등학교에서 미적분의 내용이 촘촘히 연결된 것과 비슷한데 한번 흐름을 놓치면 그 이후 학습은 거의 불가능하다. 초등학교에서 분수를 이해하지 못한다는 것은 초등 수학을 포기하는 것과 크게 다르지 않다.

분수를 잡는 가장 효율적인 방법

분수가 초등 수학에서 차지하는 비중을 살펴보았다. 3학년부터 수학이 어려워지는 큰 이유 중 하나가 분수임을 알 수 있다. 분수 학습에 실패하면서 3학년 때부터 수포자의 입구에 들어서지만, 아이나 학부모 모두 모른 체 넘어갈 수 있다. 한 학기 한 단원만 눈을 질끈 감고 넘어가면 되기 때문이다. 그냥 분수 단원평가에서 컨디션이 좋지 않았구나 하고 넘어가기 쉽다. 하지만 절대로 3학년 1학기 분수를 가볍게 넘겨서는 안 된다. 앞에서도 강조했듯이 수학 내용은 앞뒤로 촘촘히 연결되어 있기 때문에 어느 한 단계도 소홀히 하고 건너뛸 수 없다.

이 글을 읽는 독자의 자녀가 현재 몇 학년이든 분수를 어려워한다면, 분수에서 실수가 많다면 과거로 돌아가 반드시 복습하길 바란다. 지금이 가장 빠른 시기이며 최고의 복습 기회다. 그렇다면 어떻게 복습할까? 지난 학년 것을 복습하는 일이 무척 부담이 되겠지만 효율적인 방법이 있다.

만일 분수에 자신 없는 6학년이라면 3~4년 치 복습을 해야 한다. 이런 상황이라면 시작부터 막막할 것이다. 일단 부담을 내려놓고 다음 방법으로 차분히 시작해보자. 좋은 결과를 기대해도 좋다. 먼저 지난 교과서의 분수 부분만 분리해서 모아보자. 3~4년 치라도 실제로 모아보면 생각보다 많지 않다. 그런 다음 3학년 분수부터 차례로 풀어보자. 어렵게 느꼈던 분수가 생각보다 쉽게 느껴질 것이다. 제대로 학습하지 않았지만 3년 넘게 분수를 배워 모르는 퍼즐이 하나씩 채워지기 때문이다. 교과서에서 분수 부분만 분리해서 모아놓으면 한눈에 분수의 흐름을 볼 수 있다. 이렇게 하면 개념이 끊기지 않고 연결되어 쉽게 학습할 수 있다.

다음 사진은 교과서에서 분수 부분만 분리해 묶어놓은 것이다. 스프링 작업을 하면 보기 좋지만 필수는 아니다. 스테이플러로도 충분하다. 그런데 사진에서 뭔가 이상한 점이 보일 것이다. 3학년은 분수가 아니라 나눗셈부터 시작한다. 왜인지는 다음에 이어서 설명하겠다.

교과서의 분수 부분만 묶어 스프링으로 제본한 예

교과서 구입과 디지털 교과서

학교에서는 교과서를 1인 1회 지급하며, 분실하거나 추가로 필요한 경우에는 별도로 살 수 있도록 안내하고 있다. 초등학교 수학 교과서는 2021년까지 교육부에서 발간했지만, 2022년부터는 다양한 교과서를 쓸 수 있도록 검정으로 바뀌었다(2022년 3·4학년, 2023년 5·6학년). 교과서는 한국교과서쇼핑몰(https://www.ktbookmall.com) 또는 대형 서점에서 살 수 있다. 구입하는 게 어렵다면 디지털 교과서를 참고할 수 있다(https://webdt.edunet.net).

분수의 핵심은 나눗셈이다

왜 아이들은 분수를 어려워할까? 분수(分數)는 말 그대로 수를 나누어서 나타내는 수다. 분수 설명에서 알 수 있듯 분수의 핵심 개념은 나눗셈에서 나온다. 그래서 분수를 배우기 직전에 나눗셈을 먼저 배우고, 나눗셈 개념을 이용해서 분수를 배운다. 분수가 나눗셈의 응용이기 때문이다.

아이들이 분수를 어려워하는 가장 큰 이유는 나눗셈을 잘 모르기 때문이다. 정확히 말해 나눗셈의 개념을 이해하지 못하기 때문에 이어서 배우는 분수가 어려운 것이다. 심지어 교사들조차 나눗셈의 개념을 정확히 모른 채 나눗셈이나 분수를 가르치는 경우가 적지 않다. 교사들에게 교수법을 가르쳐보면 의외로 나눗셈의 개념을 제대로 알지 못하는 교사가 많다. 이왕 말이 나온 김에 나눗셈의 개념을 제대로 짚어보겠다. 아이들이 수학을 힘들어하는 이유를 알고 싶다면 꼭 읽고 넘어가길 바란다.

8÷2는 얼마인가? 4라는 몫을 쉽게 찾았을 것이다. 그런데 그 4란 답이 어떻게 나왔는지 말해보자. 바로 2×4=8이라는 곱셈식으로 얻었을 것이다. 왜 나눗셈을 곱셈식으로 풀까? 나눗셈의 개념을 모르기 때문이다. 아이들도 크게 다르지 않다. 나눗셈의 개념을 모른 채 나눗셈을 곱셈식으로 바꾸는 방법을 이용해서 풀어버린다. 이렇게 풀어 버릇하면 나눗셈의 개념이 머릿속에 없어 분수가 어렵게 느껴진다.

나눗셈에 대한 개념 설명 없이 분수의 나눗셈을 가르치는 사람들은 늘 '÷'는 '×'로 바꾸고 '÷' 뒤에 있는 분수는 역수로 바꾸어 계산한다는 규칙만으로 분수의 계산을 설명한다. 이 규칙은 분수의 나눗셈에 대한 개념의 이해 없이 단순한 알고리즘을 적용한 대표적인 사례다. 이러한 사람들에게 왜 그렇게 푸느냐고 물어보면 한결같이 "원래 그렇게 푼다"라는 허망한 답변만 듣게 된다.

개념을 중요하게 여기며 개념 중심으로 가르친다고 하지만, 실제로는 그냥 알고리즘을 암기해서 그것을 아이들에게 암기시키는 수준에 머물러 있는 경우가 많다. 이러한 현상은 수학 교육을 전공하지 않은 강사들에게서 더욱 빈번하게 일어난다. 개념과 원리에 따라 가르친다고 말하려면, 분수의 나눗셈도 분수와 나눗셈의 개념만 가지고 충분히 설명할 수 있어야 한다.

나눗셈의 개념 없이 늘 곱셈의 역연산으로 가르치는 사람들의 공통점은 연산을 수학을 위한 도구쯤으로 여긴다는 사실이다. 결코 그렇지 않다. 연산은 그 자체가 수학적 사고와 개념이 필요한 수학의 중요한 부분이며, 동시에 다른 수학 계산을 위한 도구의 역할을 한다. 이는 마치 국어가 다른 과목의 도구 교과 역할을 하는 동시에 그 자체로 하나의 독립된 교과인 것과 같은 맥락이다. 분수의 나눗셈을 나눗셈의 개념을 이용하지 못하고 곱셈식으로 푸는 것은 나눗셈의 개념을 이해하지 못하기 때문이다. 다음을 풀어보자.

$$\frac{3}{4} \div \frac{1}{4} = \frac{3}{4} \times \frac{4}{1} = \frac{12}{4} = 3$$

이상은 우리가 흔히 볼 수 있는 분수의 나눗셈 계산식이다. 분수의 나눗셈이지만 나눗셈 개념은 전혀 쓰이지 않았다. 이런 방식은 개념에 대한 이해 없이 기계적인 연산으로 충분히 가능하다. 이제 나눗셈의 개념을 이용해서 풀어보자. 다음은 3학년 1학기 수학 교과서에 처음 등장하는 나눗셈의 개념이다.

> ① **똑같이 나누어주는 나누기(등분제)**
> 예 사탕 6개를 2명에게 나누어줄 때 한 명이 먹을 수 있는 개수
>
> ② **똑같은 수로 묶어서 덜어내기(포함제)**
> 예 사탕 6개를 하루에 2개씩 먹으면 며칠 동안 먹을 수 있는지의 계산

위 나눗셈 수업은 두 가지 문제점이 있다. 하나는 3학년 아이들이 배우기에 너무 어렵다는 것이고, 나머지 하나는 나눗셈의 개념이 다른 개념과 달리 두 가지가 있으며 그때그때 둘 중 하나의 개념으로 쓰여 어떤 개념인지 판단해야 한다는 점이다. 이것이 나눗셈을 어렵게 하는 이유다. 이 점 때문에 나눗셈을 개념이 아니라 나눗셈의 역연산인 곱셈을 이용해서 풀게 되는데, 이것이 이후 수학을 어렵게 만드는 원죄가 된다.

이 시점에서 혹자는 복잡한 나눗셈의 개념 대신 곱셈으로 풀기만 하면 되는 것 아니냐고 물을 수 있다. 아니다. 자, 다시 위 문제로 돌아가 보자. 분수의 나눗셈도 나눗셈이다. 수가 자연수에서 분수로 바뀌었을 뿐이다. 그러면 앞에서 설명한 대로 나눗셈의 두 가지 개념 중 하나를 선택해야 한다. 힌트를 주자면 ②에 해당하는 나눗셈이다. 나눗셈의 역연산 없이도 충분히 풀 수 있다. 나눗셈의 개념을

알고 있는 사람에게 앞에서 제시한 문제는 다음과 같이 읽힌다.

$\frac{3}{4}$에서 $\frac{1}{4}$을 덜어내보자. 몇 번 덜어낼 수 있는가? 세 번이다. 그래서 $\frac{3}{4} \div \frac{1}{4}$의 몫은 3이다. 이것이 알고리즘에 의존하지 않고 순수하게 나눗셈 개념을 이용해서 푼 사례다. 그래서 6학년 2학기 교과서에서는 다음과 같이 묻고 있는 것이다.

> **2** $\frac{3}{4} \div \frac{1}{4}$ 을 구해 봅시다.
>
> • 그림에 $\frac{3}{4}$ 을 나타내어 보세요. $\frac{3}{4}$ 은 $\frac{1}{4}$ 이 몇 개인가요?
>
>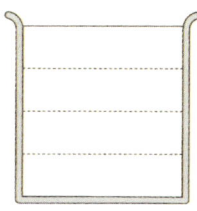
>
> • $\frac{3}{4}$ 에서 $\frac{1}{4}$ 을 몇 번 덜어 낼 수 있나요?
>
> • 몇 개의 컵에 나누어 담을 수 있나요?
>
> • 구한 답이 맞는지 확인해 보세요.

6학년 2학기 1단원 분수의 나눗셈 중에서

앞에서 분수가 초등학교 수학의 핵심임을 강조했다. 그 분수 학습에서 생기는 학습 결손 문제를 해결하기 위해 교과서를 분책(3학년 1학기~6학년 2학기까지 대략 130쪽 분량)한 다음 묶어서 복습할 것을 제안한다. 그 시작은 분수가 아니라 분수의 핵심인 나눗셈이다. 그렇게 하면 나눗셈을 곱셈의 역연산으로만 푸는 기형적인 연산 학습에서 벗어날 수 있으며, 연산도 수학이며 수학적 개념과 원리가 있다는 사실 또한 알게 될 것이다.

다시 한번 강조하지만 연산은 빨리 익히고 치워버릴 수학의 도구가 아니다. 연산 그 자체가 수학인 동시에 도구로서의 역할을 하는 것이다. 많은 사람이 초등학교에서 분수의 비중을 강조하지만, 그 시작인 나눗셈을 놓치면서 아이들은 혼란 속에서 자신의 이해력을 탓하며 비효율적으로 공부한다. 3학년 1학기 나눗셈을 학기마다 반복해서 복습하며 분수를 연결해 공부하자. 이것이 시간과 비용을 아끼는 가장 효율적인 연산 공부법이다. 나눗셈은 초등 수학에 숨겨진 보석 같은 단원이다. 이 보석을 캐느냐 모르고 넘어가느냐에 따라 많은 것이 달라진다.

공부 내공 키우기

누가 꾸준히 상위권 실력을 유지하며 원하는 목표를 이룰 수 있을까? 무너지지 않는 실력을 쌓으려면 어떻게 해야 할까? 지금 당장 수학 몇 점, A등급보다 중요한 것은 공부 내공을 키우는 일이다. 땅을 깊게 파려면 처음부터 넓게 파야 한다. 집중력, 학습 정서, 자기 주도적인 공부 습관, 수학적 사고력 등은 키우지 않고 문제 풀이 연습을 통해 억지로 만든 점수로는 길게 갈 수 없다.

수학 실력의 90%는 자신에게 달려 있다. 많은 학원과 유명 강사들이 자신들의 입시 성과를 자랑하지만, 아이의 성공에 자신들이 미치는 영향이 미미하다는 사실을 알고 있다. 오랜 입시 경험을 토대로 말하자면, 입시의 성패는 얼마나 실력 있는 아이를 모집하느냐에 달려 있다. 그렇지 않다면 굳이 왜 입학 테스트를 하고 레벨을 나눠 가르치겠는가? 말장난 같지만 좋은 학원은 좋은 학원으로 소문나 좋은 아이들이 몰리고, 그중에서도 우수한 아이를 뽑아서 좋은 결과를 만들어 그 이미지를 만들어가는 학원이다.

대치동의 수학 학원에서 아이들을 가르치는 강사들이 말하는 우수한 아이의 조건은 무엇인가? 바로 집중력이다. 우수한 아이들은 굳이 강사가 노력하지 않아도 긴 시간을 수업에 집중한다. 학습량도 어마어마하다. 이 또한 시켜서 하는 것이 아니다. 자신의 목표를 이루기 위해 어느 정도 공부해야 하는지 스스로 설정하고 그에 맞춰 모든 시간을 조정한다. 학습 의지 또한 강해 어려움을 겪거나 원하는 목표를 이루지 못해도 쉽게 포기하지 않는다. 이러한 모습들이 대치동에서도 상위권을 유지하는 아이들이 갖추고 있는 내면의 조건, 즉 공부 내공이다.

학원의 입학시험이라는 것도 결국 우수한 자질을 갖춘 아이들을 뽑아 상대적으로 쉽게 우수한 결과를 만들려는 운영 방식이다. 그러나 아이의 공부 자질은 강의를 통해 쉽게 기를 수 있는 성질의 것이 아니다. 학원은 90%의 공부 그릇을 갖춘 아이들을 받아 10%의 역량을 발휘하는 곳이다. 따라서 사교육 정보보다는 우리 아이를 공부할 수 있는 아이로 준비시키는 것이 먼저다. 공부 내공을 갖추도록 가정에서 부모가 해줘야 할 일을 짚어보자.

잘할 수 있다고 믿는 아이가 잘한다

스탠퍼드 대학교 심리학과 교수인 캐럴 드웩은 마음가짐, 즉 마인드셋(mind set)이 사람의 성장에 미치는 영향을 연구했다. 그 결과 자신의 재능과 능력을 변화시킬 수 있다고 믿는 사람은 그렇지 않은 사람에 비해 성공할 가능성이 확연히 크다는 것을 밝혀낸다.

교실에서 아이들을 가르쳐보면 어려운 문제를 만났을 때 보이는 태도가 두 유형으로 나뉜다. 어떤 아이들은 문제를 끝까지 붙들고 늘어지며 교사가 가르쳐주겠다고 해도 혼자서 풀어보겠다고 거절한다. 또 다른 아이들은 몇 번 해보다 안 되겠다 싶으면 답안지를 펴거나 교사에게 풀이 방법을 알려달라고 한다. 두 유형의 아이들은 처음에는 실력 차가 크지 않지만 학년이 올라갈수록 넘을 수 없을 만큼 성적이 벌어진다.

긍정성은 환경적으로 유전된다. 가장 큰 영향을 미치는 존재는 부모다. 어릴 때부터 작은 성취에도 긍정적인 신호를 보내고, 무조건 도와주기보다는 스스로 할 수 있도록 기다려줄 때 긍정성이 길러진다. 내 아이가 방 안에서 혼자 어려운 문제를 붙들고 씨름하고 있다면 그 모습을 격려해주자. 긍정성이 수학에서 얼마나 큰 힘을 발휘하는지 아무리 강조해도 지나치지 않다. 어려운 문제를 만났을 때 끝내 풀어내는 아이와 중간에 쉽게 포기하는 아이의 차이는 풀 수 있다는 의지, 자신에 대한 믿음, 자신감이다. 지식, 의지, 정서가 총동원되어 그 문제를 풀 수 있는 에너지를 공급한다.

하버드 대학교 심리학과 데이비드 매클렐런드 교수는 함께하는 사람이 누구냐에 따라 성공과 실패의 95%가 결정된다고 말한다. 아이들이 가장 자주 만나고 함께하는 사람은 부모다. 아이 생각은 곧 부모 생각에서 시작된다. 부모가 던진 부정적인 말은 자녀에게 고스란히 전달되어 자존감을 떨어뜨린다. 그런 아이는 어려운 일을 만났을 때 더 쉽게 포기한다. 반면 부모가 던진 긍정적인 말은 자녀에게 고스란히 전달되어 자존감을 높여준다.

자녀가 잘못되기를 바라는 부모는 없지만 표현에 따라서 결과는 천지 차이다. "수학 못하면 대학 가기 힘들어", "그렇게 해서 수학 잘할 수 있겠니" 같은 말이 모두 수학을 잘하길 바라는 마음에서 비롯되었다는 건 잘 알지만, 모두 부정적인 말로서 자녀에게 나쁜 영향을 끼친다.

말의 내용보다 말할 때의 태도가 더 큰 영향을 미치기도 한다. 부모가 화를 내며 "수학 못하면 대학 가기 힘들다"라고 말하면, 자녀는 '난 수학을 못해서 대학에 가지 못할 거야'라고 생각한다. 긍정적인 표현과 말할 때의 태도가 중요한 이유다. 물론 매번 긍정적인 말과 태도로 자녀를 대하기는 어렵다. 자녀 교육이 전쟁처럼 끊임없는 싸움의 연속일 때도 많다.

"중2 남자아이입니다. 오늘 기말고사 첫날인데 맘아 드시고 오셨네요. 그래도 지금 어디서 나온 여유인지 누워서 핸드폰 하고 있네요. 평소에 공부하는 건 기대도 안 해요. 그저 시험 기간에라도 열심히 할 수는 없는 건지. 자식이 아니라 상전입니다. 노는 아들 눈치만 보고 한소리 하려고 하면 그때부터 전쟁이에요. 어제도 한 10분 공부하고 1시간 넘게 핸드폰을 붙들고 있더라고요. 하루에도 몇 번이고 핸드폰을 부수는 상상을 하는데, 그래 봐야 어차피 다시 사줘야 한다는 걸 알기에 억지로 참았네요."

아이들은 왜 공부하지 않을까? 수학이 중요하지 않다고 생각하는 걸까? 아니다. 아이들이 태어나서 지금까지 들은 말 중 "공부하라" 만큼 많이 들은 말이 있을까? 공부가 중요하지 않다고 생각하는 아이는 없다. 그리고 모든 아이가 잘하고 싶어 한다. 다만 마음처럼 몸이 움직이지 않을 뿐이다. 시험 기간인데도 핸드폰을 붙들고 있는 아이는 지금 시험 스트레스를 푸는 중이다. 불안하기 때문이다. 공부가 중요하다고 생각하지만, 마음속의 부정적인 생각이 더 강해서, '해야겠다'라는 의지보다 회피하고 두려워하는 마음이 더 커서 뇌가 현실을 부정하는 것이다.

부모들도 학창 시절에 시험 기간만 되면 평소 읽지 않던 소설이 갑자기 읽고 싶어져 보지 않던 책들을 뒤적여본 적이 있을 것이다. 이제 시대가 달라져 책이 핸드폰으로 바뀐 것뿐이다. 같은 맥락으로 퇴근만 하면 집안일을 하지 않은 채 소파에 누워 TV 리모컨만 붙들고 있는 것도 직장에서 받은 스트레스를 풀며 고갈된 체력과 정신력을 충전하기 위해서다.

핸드폰을 붙들고 있는 자녀를 비난하기보다는 "오늘 시험 보느라 고생했지? 쉬었다가 공부해"가 훨씬 효과적이다. 물론 큰 인내심을 소진해야 한다. 기억하자. 말의 의도가 아니라 말의 표현 방식과 태도가 전달된다. 부정적인 말로 원하는 행동을 하지 않는 자녀를 비난한다면 이미 잘못된 방향으로 가고 있는 것이다.

긍정적인 말과 더불어 한 가지 더 기억해야 할 게 있다. 말만이 아니라 실제 내 자녀가 더 높은 성취를 이룰 수 있다고 믿어야 한다. 흔히 알고 있는 피그말리온 효과도 이러한 긍정적 믿음의 효과를 나타낸다. 반대로 골렘 효과가 있는데 자녀에 대한 기대가 낮으면 실제 성적이 떨어지는 효과가 나타난다. 믿는 만큼 자라는 게 아이라는 말을 기억하자.

꾸준히 적절량을 공부하는 아이가 잘한다

수학을 잘하는 아이는 어떤 점이 다를까? 흔히 남들보다 좋은 수학머리를 가졌을 거라 짐작한다. 2019년부터 2020년까지 tvN에서 방영된 〈문제적 남자: 브레인 유랑단〉을 보면 도무지 풀리지 않는 문제를 가볍게 푸는 사람들이 나온다. 문제를 풀고 해설하는 모습을 보면 수학이야말로 재능의 영역이구나 싶어 수학이 더 멀게 느껴지기도 한다. 하지만 재능을 논할 정도의 사람은 극히 일부다. 매해 아이들을 보고 있지만 타고난 수학 재능이 보이는 아이는 한 손에 꼽을 정도였다. 그러니 수학머리를 타고나지 않았다고 겁먹거나 포기할 이유가 없다. 초등 수학부터 수능 수학까지는 평범한 아이도 꾸준히 노력하고 애쓰면 충분히 넘을 수 있는 산이다.

실제로 수학을 잘하는 아이들은 타고난 재능보다는 꾸준히, 엄청나게 많이 수학 공부를 한다. 바로 옆에서 아이들이 어떻게 공부하고 얼마나 공부하는지 보고 나면, '수학은 재능일까, 노력일까?'라는 의문이 순식간에 풀린다. 어려운 문제도 단숨에 풀어내는 능력은 타고난 수학 재능이 아니라 오랜 시간 조금씩 쌓아온 엄청난 양의 수학 공부의 결실일 뿐이다. 다음은 서울대학교 의예과를 합격한 한 아이의 인터뷰 내용이다.

"처음에는 학교 수업도 따라가기가 쉽지 않았어요. 남들은 학원에 다니며 선행학습으로 앞서갔지만 저는 집에서 학교 수학 수업 시간에 이해되지 않은 부분을 이해하기 위해 많은 시간을 보냈어요. 처음에는 너무 답답해 포기하고 싶었지만, 끝까지 이해하려고 많은 시간을 보냈어요. 그리고 문제를 많이 풀려고 노력했어요. 처음에는 너무 더뎌 막막했지만, 차츰 푸는 속도가 붙더라고요. 그리고 어느 순간 어떤 문제를 풀든 틀리는 문제가 없게 되었어요. 주변에서 저보다 많은 문제를 푼 사람이 없었어요. 저는 절대로 머리가 좋은 사람이 아니에요."

수학을 잘하려면 정말 많은 학습량을 채워야 한다. 학습량에 더해 꾸준히 공부해야 한다. 예를 들어 하루에 10쪽을 푸는 것보다 2쪽씩 5일을 꾸준히 푸는 아이들의 수학 실력이 더 높다. 이러한 책임감과 공부 습관은 어떻게 길러줄 수 있을까?

수학을 잘하는 아이들의 공통점이 공부를 '꾸준히 많이' 하는 거라면 수학을 못하는 아이들에게도 공통점이 있다. 바로 수학 공부를 '미룬다'는 점이다. 왜 미룰까? 수학 공부가 어렵기 때문이다. 쉬운 문제든 어려운 문제든 부딪혀 해결해야 하는데 일단 도망치고 본다. 또 규칙적인 공부 습관이 배어 있지 않다 보니 그때그때 공부하는 시간과 양이 불규칙하다. 이러한 공부 습관으로는 수학을 잘하기 어렵다.

수학은 개념이 연결된 위계가 분명한 과목이다. 공부의 흐름이 끊기면 개념이 쉽게 떠오르지 않아 학습 진도를 나가기 어렵다. 전기의 직렬연결처럼 어느 한 부분이 끊기면 전기가 아예 들어오지 않는 것과 같다. 동시에 학습 결손이 누적된다. 학습 결손이 누적되면 어느 시점부터 공부가 어려워진다. 미루지 않았다면 쉽게 할 수 있는 수학 공부가 어느 순간부터 손도 대기 힘들 정도로 어려워진다. 이러한 상황에서 수학을 잘하는 건 불가능하다. 결국 수학과 영영 멀어진다. 수학은 머리가 아닌 성실함의 진수를 증명하는 과목이다. 그냥 밥을 먹듯이, 숨을 쉬듯이 삶의 일부가 되어야 한다. 미루는 습관은 수학과 절대 공존할 수 없다. 따라서 가정에서는 자녀가 어떤 일이든 미루지 않고 제때 하는 습관을 들이도록 도와야 한다.

미루는 습관은 어떻게 형성될까? 누구라도 하기 싫은 일은 미루고 싶어진다. 그 일을 미루고 게임을 하거나, SNS로 친구와 수다를 떨거나, 좋아하는 유튜브를 보다 보면 뇌에서 즐거움을 느껴 도파민이 분비된다. 이렇게 되면 뇌는 해야 할 수학 공부를 하는 데서 만족감을 느끼는 대신, 하기 싫은 수학 공부를 미루고 하는 여러 활동에서 느끼는 재미와 보상에 중독된다. 이런 과정이 반복되면, 단순히 수학을 미루는 것만으로도 뇌에 도파민이 분비되어 만족감을 느끼는 잘못된 패턴에 빠진다.

수학을 잘하려면 미루지 않는 규칙적인 습관을 가져야 한다. 규칙적인 습관을 들이려면 생활이 규칙적이고 질서가 있어야 한다. 기상 시간과 취침 시간이 일정해야 한다. 주말이라고 밀린 잠을 보충한다며 해가 중천에 뜰 때까지 이불 속에 있어서는 안 된다. 공부도 몰아서 많은 양을 하기보다는 적은 양이라도 꾸준히 나눠서 하는 것이 요령이다. 아이의 수준을 지나치게 넘는 어려운 수학 문제집, 선행학습, 학습량도 규칙적인 학습 습관 만드는 데 방해가 되어 미루고 회피하는 습관을 키울 수 있다.

아이를 보면 생활 습관이 규칙적인 가정에서 생활하는지 아닌지 쉽게 알 수 있다. 규칙적인 생활을 하지 않는 아이는 교재나 준비물을 잘 빠뜨린다. 제때 제출만 해도 기본 점수를 받는 수행평가를 못 챙겨 기본 점수가 깎이기도 한다. 이러한 아이는 좋은 내신 성적을 받기 어렵다. 특히 모둠 과제에서 제 역할을 못 해 모둠 아이들과 갈등을 빚기도 한다.

어떤 일을 미루지 않고 하면 처음에는 하기 싫고 어려운 일이라도 성취감을 느낀다. 이때도 뇌에서 도파민이 분비되어 쾌감을 느낀다. 인간의 뇌는 쾌감을 주는 활동을 추구한다. 주어진 일을 미루지 않고 제때 함으로써 쾌감을 느낄 수도, 미루고 회피함으로써 쾌감을 느낄 수도 있다. 어떤 뇌로 만들지는 가정에서 규칙적인 생활 습관을 들이는지 여부에 달려 있다.

과거에 비해 학습을 방해하는 요인이 많아졌다. 그중 최고는 스마트폰이다. 학습할 때 스마트폰을 옆에 두는 행동만으로도 IQ(지능지수)가 10~20 정도 떨어진다는 연구도 있다. 문제는 아이들이 절제할 힘을 기르기도 전에 스마트폰에 중독된다는 것이다. 하지만 규칙을 세우고 이를 지키는 행동을 지속한 아이들은 자기 조절 능력과 만족 지연 능력이 높다. 이러한 능력은 IQ보다 학업에 더 큰 영향을 미친다. 스마트폰을 손에서 놓지 않는 자녀가 있다면 기억하자.

스스로 계획하고 실천하는 아이가 잘한다

다음 아이처럼 공부 계획이 없는 아이는 그때그때 상황에 따라 무엇을 할지 판단한다. 그러다 보니 즉흥적으로 행동하고 정작 해야 할 일을 미뤄 좋은 결과를 내지 못한다.

"토요일 오전, 갑자기 친구에게서 전화가 온다.
잠깐 놀다 오겠다며 집을 나섰는데 점심때가 지나고 어느새 저녁이다.
집에 들어서자마자 허겁지겁 냉장고를 뒤져 끼니를 해결한다.
'이제껏 밥도 안 먹었냐'는 부모님의 잔소리가 쏟아진다."

대다수가 싫어하는 일은 회피하거나 미루려 한다. 수학이 그렇다. 해야 할 공부를 하지 않으면 학습 결손이 쌓이고 점점 더 어려워져 이전보다 더욱 미루게 된다. 문제가 스스로 해결할 수 없는 수준에 이르면 부모는 급하게 사교육의 도움을 구한다.

수학 학습에 가장 큰 영향을 미치는 요인은 무엇일까? 필자 역시 과거에는 학업 성취에 IQ가 결정적인 역할을 한다고 믿었다. 하지만 교실에서 아이들을 가르치면서 IQ보다는 의지, 인내력, 근성이 학업 성취에 더 많은 영향을 끼친다는 걸 알았다. 확실히 수학을 못하는 아이들은 어려운 문제를 만나면 쉽게 포기하는 경향이 있다. 이렇게 의지가 약한 아이를 키우는 부모라면 어떻게 해야 할까?

의지가 약한 아이를 붙잡고 공부를 지속시키는 방법은 여러 가지다. 가장 많이 하는 선택은 학원 보내기다. 공부할 수밖에 없는 시공간적 환경인 학원에 아이를 밀어 넣는 것이다. 학원에서 자습실을 운영하는 이유도 아이들에게 의무적으로 공부할 수 있는 환경을 만들어주기 위해서다. 그런데 이렇게 강제적인 외부 환경의 도움을 받을 수도 있지만 좀 더 질적인 강제성이 필요하다. 그것은 스스로 계획을 세우는 일이다. 계획은 기차의 레일과 같아서 이탈하지 않고 그 위에 있으면 결국 목적지에 도달할 수 있도록 도와준다. 또한 자신이 제대로 하고 있는지 아닌지를 쉽게 판단할 수 있어 시간을 효율적으로 활용할 수 있고 집중력 또한 높일 수 있다.

==핵심은 부족하고 어설프더라도 어릴 때부터 아이 스스로 계획을 세워야 효과가 크다는 사실이다.== 부모가 아이의 계획을 세워주고 점검하는 일은 아이의 성적에 별다른 영향을 미치지 않는 것으로 밝혀졌다(《학습과학》, 브래들리 부시 외). 중고등학교에 올라갈수록 해야 할 일이 산더미같이 늘어난다. 수학 한 과목만 하는 것도 아니다. 시간을 효율적으로 사용하는 기술이 더 필요하다. 탁월함은 IQ가 아니라 자신이 가지고 있는 시간을 효율적으로 사용할 때 얻어진다. 이를 위해 자신에게 맞는 구체적인 계획이 필요하다.

계획서는 눈에 보여야 한다. 눈에 보이게 만들면 그 계획이 의지를 강화해주는 효과가 있다. 이것이 시각화(visualization)다. 견물생심(見物生心)이라고, 눈에 보여야 마음이 생긴다. 막연히 '공부를 해야지'가 아니라 '오늘 몇 쪽을 언제까지 끝내겠다'로 표현된 구체적인 계획이 있어야 한다. 그렇게 본인이 세운 계획을 실천할 때 아이는 성취감을 느끼며, 자신에 대한 긍정적인 감정이 커지는 선순환이 일어난다.

집안일을 잘하는 아이가 공부도 잘한다

공부하는 자녀와 집안일하는 자녀, 자녀가 어떤 모습이길 원하는가? 초등학교 실과에 '가정과 일'이라는 단원이 있다. 이 단원을 공부할 때 가정에서 집안일을 하는 과제를 내주곤 한다. 다음 날이면 괜히 했다가 부모님에게 "쓸데없는 짓 하지 말고 가서 공부나 하라"는 핀잔을 들었다는 아이들이 나온다. 집안일은 공부보다 쓸데없는 짓일까?

하버드 대학교 의과대학의 조지 베일런트 교수는 성공한 사람들의 성공 요인을 밝히기 위해 11세에서 16세 아동 461명을 35년간 조사했다. 그 결과 성공한 사람들의 유일한 공통점이 어린 시절에 경험한 집안일임을 밝혀냈다. 특히 3~4세에 집안일을 시작한 아이들은 10대에 집안일을 시작한 아이들보다 자립심과 책임감이 강하며 성공한 삶을 살 가능성이 훨씬 크다는 사실도 밝혀냈다.

지금 당장 어린 자녀에게 가정 살림 전체를 맡기라는 말이 아니다. 아이의 신체적, 인지적 발달 수준에 맞는 장난감 정리하기, 물건 제자리에 갖다 놓기 등의 사소한 일들이 훌륭한 가정일이 된다. 교실에서 자리를 비울 때 의자를 넣고 가는 아이와 그렇지 않은 아이 간에는 수학 단원평가 점수에서 10점 가까이 차이가 난다. 해마다 실험해보는데 그때마다 점수 차이는 조금씩 있지만 의자를 제대로 넣고 가는 아이들이 그렇지 않은 아이들보다 늘 점수가 높았다. 단지 의자를 정리하는 것만으로 10점을 올릴 수 있다면 놀랍지 않은가? 단순히 의자를 정리했다고 해서 점수가 올라갔다고 단정하긴 어렵다. 다만 의자를 넣는 단순한 행동은 그 아이의 절제된 생활 습관을 보여주며, 이러한 태도는 곧 공부 습관으로 이어진다고 볼 수 있다.

집안일을 통해 성취감을 느끼며 자란 아이들은 자신의 준비물과 과제를 제대로 챙기면서 만족감을 느끼며 평가에서도 손해 보는 일이 적다. 집안일을 시키는 것은 절대 공부에 손해 보는 행동이 아니다. 그렇다고 공부하는 고3 자녀에게 집안일을 시키라는 말이 아니다. 어릴 때 집안일을 통해 책임감을 길러주고 그 에너지를 공부로 차츰 전환시키라는 말이다.

어릴 때부터 가정에서 자신이 맡은 일을 수행하며 성취감을 느낄 때 자립심과 책임감이 길러진다. 처음에는 어설프고 오히려 도움이 되지 않을 수도 있다. 잘못 개어놓은 빨래를 다시 개어야 할 수도 있고, 기름기가 남은 그릇을 다시 씻어야 할 수도 있다. 몇 분이면 할 일을 몇십 분 붙들고 끙끙댈 수도 있다. 그래도 기다리자. 그 모습에서 훗날 책임감 있고 믿음직한 어른이 싹트고 있을지 모른다.

3장

최상위 아이는 이렇게 수학 합니다

수학 기본기 2
개념력

"이번에 'OO수학학원' 시험을 봤는데 우리 애가 떨어졌지 뭐야. 딸아이도 분한지 다시 붙을 때까지 시험을 보겠대. 의대를 많이 보낸 학원이니 일단 이 학원에 보내서 잘 버티면 괜찮을 텐데 어떻게 하면 좋을까? OO수학학원 원장 마인드가 좋더라고. 개념을 통하지 않고는 수학을 잘할 수 없다고 하는데, 그래서 그런지 거기서 훈련받은 아이들이 의대도 많이 가고 그러나 봐."

코로나로 학원 입학 설명회를 온라인으로 하면서 지인이 말한 대치동 학원들의 입학 설명회를 온라인으로 들을 수 있었다. 대표원장이 나와서 자신의 교육관을 말하면서 수학 얘기로 자연스럽게 이어졌다.

"여러분, 수학은 개념이야, 개념. 개념을 제대로 이해해야 수학을 잘할 수 있는 거야. 자, 개념이 얼마나 중요한지 분수를 가지고 설명해줄게."

그런데 설명을 듣다 보니 개념을 설명하는 게 아니라 단순히 풀이 과정을 길게 설명하는 것이었다. 게다가 그 문제 풀이 과정이나 설명이 현행 교과서에 실린 설명 방식과 너무도 달랐다. 학원과 학교 수업을 병행해서 들을 아이들이 혼란을 느낄 게 분명해 보였다. 게다가 이런 자세한 풀이 과정이 개념일까? 개념에 대한 오해가 수학 교육에 대한 오해로 이어질 정도로 수학을 가르치는 사람마다 '개념'을 다르게 사용한다. 도대체 수학의 개념이란 무엇이고, 개념을 배우는 가장 좋은 방법은 무엇일까?

수학에서 기초 공사는 개념학습이다

흔히 수학 공부를 집짓기에 비유한다. 집 근처에 공사 현장이 있어 매번 지나가면서 본 경험이 있다면 공감할 것이다. 공사 현장을 지나가면 늘 굴착기로 땅을 파고 있다. 다음에 지나갈 때도 땅을 파고 있다. 한참이 지났는데도 계속해서 땅을 파고 있다. 그러다 어느 날 보면 지하에 콘크리트를 붓고 있고, 어느 날 갑자기 건물이 거의 완공된 모습을 보게 된다.

이 비유는 건물을 짓는 데 기초 공사가 얼마나 중요한지를 보여준다. 건물을 지을 때 지하는 보이지도 않지만 공사에서 가장 중요한 과정이며 오래 걸린다. 기초가 그만큼 중요하기 때문이다. 이 과정을 생략하거나 대충 하면 반드시 그 건물에 문제가 생기고 그 결과는 엄청난 피해로 이어진다.

<mark>수학에서 기초 공사는 개념학습이다. 대부분의 아이가 개념학습을 대충 하고 성급히 문제를 푼다.</mark> 이는 땅파기 공사를 대충 하고 건물을 올리는 것과 같다. 부실한 수학 건물이 지어지는 과정이다. 왜 어떤 아이는 문제를 보면 어떻게 풀어야 할지를 쉽게 떠올리고, 또 어떤 아이는 쉬운 문제도 끙끙대다가 포기하는 것일까? 그 차이는 바로 개념을 이해하는 깊이에 달려 있다.

상위권은 공부 방법이 다르다

상위권과 중하위권은 개념학습 관련 공부 방법에서 차이가 난다. 상위권은 용어, 정의, 공리, 공식 등을 이해하는 데 많은 시간을 보낸다. 이러한 내용은 수학 교과서와 문제집의 첫 페이지에 자세히 나와 있다. 하지만 하위권일수록 그 내용들을 대충 보거나 완전히 무시하고 바로 문제만 풀려고 한다. 마치 연장 없이 기계를 고치려고 하는 것과 같다. 그러다 보니 문제에 매달리는 시간은 길지만 풀 수 있는 문제는 적어 공부량에 비해 성적이 오르지 않는다.

> ▶ **상위권**: 개념학습-개념학습-개념학습-문제 풀이-문제 풀이…
> ▶ **중하위권**: 개념학습-문제 풀이-문제 풀이-문제 풀이-문제 풀이…

중고등학교에서 상위권과 중하위권 아이의 수학 학습 시간을 비교해보면 생각보다 큰 차이가 나지 않는다. 물론 수학을 포기한 아이는 제외다. 반면 질에서는 차이가 난다. 상위권 아이는 개념을 정확히 이해하는 데 많은 시간을 보내며, 실제 문제를 풀 때도 자신이 알고 있는 개념이 문제에서 어떻게 응용되고 있는지 찾기 위해 애쓴

상위권	중하위권
① 답보다 풀이 과정이 중요 → 답이 맞더라도 풀이 과정을 설명할 수 없으면 학습 연장	① 풀이 과정보다 답이 중요 → 풀이 과정을 이해하지 못해도 답이 맞으면 학습 종료
② 맞힌 문제보다 틀린 문제가 중요 → 왜 틀렸는지 알기 위해 틀린 문제 검토	② 틀린 문제보다 맞힌 문제가 중요 → 점수와 결과가 중요하므로 틀린 문제 검토 없음
③ 학습 시간보다 배움에 초점 → 공부 시간보다 무엇을 배웠는지가 중요	③ 배움보다 학습 시간에 초점 → 무엇을 배웠는지보다 공부한 시간이 중요
④ 설명할 수 없으면 이해한 것이 아님 → 스스로 개념과 원리를 설명할 수 있는 상태를 아는 상태로 인정	④ 답을 맞히면 이해한 것으로 인정 → 문제를 스스로 설명할 수 없어도 답이 맞으면 아는 것으로 간주
⑤ 개념 이해를 위해 혼자서 공부하는 시간 확보 → 학교든 학원이든 수업을 듣다가 이해되지 않는 부분을 스스로 해결하려고 노력	⑤ 타인의 설명 없이 혼자 공부하는 것을 싫어함 → 스스로 이해하려고 하기보다는 잘 가르치는 사람에게 의존하는 경향이 큼
⑥ 교과서를 꼼꼼하게 보며 개념 이해를 위해 노력 → 교과서의 작은 글씨 하나도 놓치지 않기 위해 노력	⑥ 교과서를 소홀히 하여 교과서에 빈 곳이 많음 → 개념학습 중심으로 구성된 교과서로 학습하는 것을 힘들어하고 교과서에 빈 곳이 많음
⑦ 수학 용어를 정확히 이해함 → 용어의 정의를 물어보면 조건 등을 포함해 정확히 기억하고 설명할 수 있음	⑦ 수학 용어를 정확히 이해하지 못함 → 용어의 정의를 정확히 알지 못하며 부분적으로 암기하고 있음

상위권과 중하위권의 개념 이해 비교

다. 반면에 중하위권은 개념은 대충 보고 문제 풀이로 들어간다. 문제를 푼 양을 공부 양으로 생각하는 양적인 학습을 한다.

그렇다면 개념학습은 무엇이며 어떻게 해야 할까? 개념은 어느 학원에 가면 있는 제품이나 프로그램이 아니다. 또한 실력 있는 유명 강사들만이 소유한 특허도 아니다. 개념은 수학적 상황을 설명할 수 있는 힘이다. "왜 그렇게 푸는데?"라고 물었을 때 "그냥"이라고밖에 대답할 수 없다면 그것은 개념을 이해하지 못한 상태다. '개념 이해와 관련'하여 상위권과 중하위권은 왼쪽 표와 같은 차이점이 있다.

문제 풀이보다 수학 개념이 먼저다

수학을 잘하려면 수학 공부에 많은 시간을 들여야 한다. 수학에 탁월한 재능이 있는 영재를 제외하고는 정말 많은 시간을 수학 학습에 할애해야 한다. 그런데 수학을 못하는 아이라고 해서 수학 학습 시간이 무조건 적거나 노력을 덜 쏟는 것이 아니다. 수학 학습에 비슷한 시간을 쏟는데도 성적이 갈리는 건 무슨 이유일까?

상위권 아이들은 수학 개념을 정확히 이해하고, 문제를 풀 때 그 개념을 적절하게 적용한다. 반면에 중하위권 아이들은 개념에 대한 정확한 이해 없이 문제 풀이 그 자체에 집중한다. 이렇게 공부하면 문제를 푸는 데 많은 시간이 들고, 문제를 풀어도 실력이 크게 나아지지 않는다.

수학 문제는 어느 날 갑자기 하늘에서 뚝 떨어진 것이 아니다. 수학 문제는 개념을 응용한 것일 뿐이다. 운동에 비유하자면, 개념은 기본자세를 연습하는 것과 같고, 문제 풀이는 실전 시합을 하는 것과 같다. 기본자세가 시합에서도 흐트러지지 않고 유지될 때 실력을 발휘하게 된다. 어떤 운동이든 처음부터 시합하는 경우는 없다. 어려운 운동일수록 기본자세를 익히기까지 많은 시간을 지루하게 보낸다. 골프, 축구, 테니스 등 스포츠계에서 활약하는 세계적인 선수들의 성장 과정을 보면 기본자세를 익히기 위해 엄청난 훈련을 하며 시간을 보냈다.

==수학 문제는 개념을 얼마나 정확히 이해했는지를 테스트하기 위한 것이다.== 필요한 연장이 없는데 기계만 붙들고 있다고 문제가 해결되지는 않는다. 이러한 주장이 선뜻 이해되지 않는다면, 그것은 '수학 공부=수학 문제 풀이'라는 편견이 깊이 박혀 있기 때문이다. 이 논리에서 벗어날 수 있다면 지금까지 수학 공부(문제 풀기)를 열심히 했는데도 실력이 향상되지 않은 이유를 알 수 있다.

개념학습은 수학에서만 중요한 학습 방법이 아니다. 사실상 아이들의 성적을 가르는 결정적인 차이는 개념을 얼마나 정확하고 깊게 아는지에 달려 있다. 국어, 과학, 사회 모두 예외가 없다. 이 사실을 무시하면 정말 많은 시간을 들여 문제 풀이 양치기에 시간을 낭비하게 된다. 이 글 곳곳에 수학 문제를 예를 들었으니 과학을 예로 들어 보겠다.

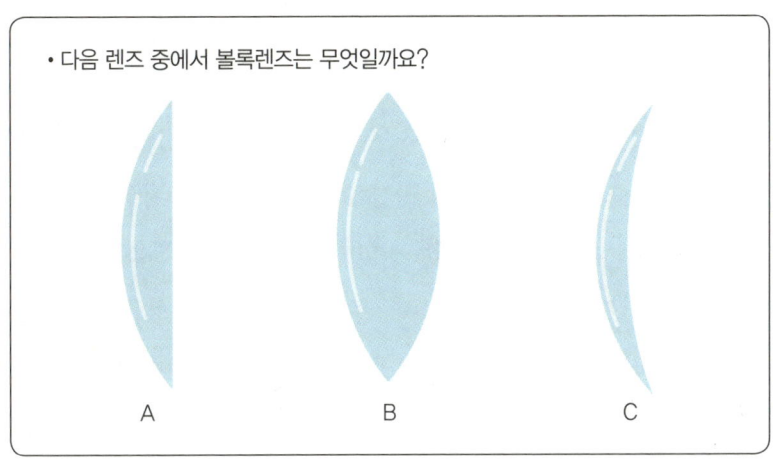

세 렌즈 중에서 어떤 것을 골랐는가? 아마도 90% 이상이 B 렌즈를 골랐을 것이다. 그 이유는 무엇일까? 볼록렌즈에 대한 개념이 정확하지 않기 때문이다. 볼록렌즈의 개념을 모른 채 문제만 계속 풀어서는 실력이 늘지 않는다. 볼록렌즈의 개념만 확실하게 알면 문제를 정확히 맞힐 수 있다.

> **볼록렌즈의 개념** : 볼록렌즈는 가운데 부분이 가장자리보다 두꺼운 렌즈를 말합니다.

이제 위 개념으로 문제를 다시 풀어보자. 문제의 세 렌즈 중에서 볼록렌즈는 무엇인가? 위 개념대로 보면 A, B, C 모두 볼록렌즈임을 알 수 있다. 그래서 차례로 '평면 볼록 렌즈', '양면 볼록 렌즈', '오목 볼록 렌즈'라고 부른다.

수학도 다르지 않다. 아니, 어떤 과목보다 개념이 중요하다. 문제 풀이는 사실 개념을 정확히 이해했는지 확인하는 과정이다. ==수학 실력을 기르는 것은 수학적 개념을 심화하는 과정이다.== 지금까지 노력에 비해 수학 성적이 낮게 나왔다면 개념학습에 소홀했을 것이다.

4학년 1학기 삼각형에서 예각삼각형과 둔각삼각형을 헷갈리는 경우가 있다. 예각이 둘이고 둔각이 하나인 삼각형은 무슨 삼각형일까? 개념이 정확하지 않은 아이는 예각을 포함하고 있는 둔각삼각형을 보고 예각삼각형이라고 생각하기도 한다. 둔각에 대한 정의도 모호하게 알고 있어 둔각의 크기를 적으라고 하면 혼동하는 경우도 있다. 둔각을 90°보다 큰 각으로만 알고 있기 때문이다. 둔각은 90°보다 크고 180°보다 작은 각이다.

개념학습의 출발은 수학 용어다

수학 개념은 완성된 하나의 시계와 같다. 분해된 시계를 다시 조립하는 상황을 가정해보자. 조립이 끝났는데 부품이 하나 남거나 반대로 부품이 하나 모자라면? 부품이 수백 개가 넘으니 한두 개쯤 모자라거나 남아도 상관없을까? 그렇지 않다. 수학 개념도 그렇다.

수학 공부의 핵심은 수학 개념을 정확히 이해하는 데서 출발해야 하며, 문제 풀이는 그러한 개념을 얼마나 잘 이해했는지 확인하고 응용력을 키우기 위한 연습이다. 그러므로 수학 용어의 개념을 정확히 아는 것이 수학 공부에서 성공하는 열쇠다. 이 글을 읽은 독자라면 앞으로는 수학 공부에서 문제 풀이의 비중은 줄이더라도 개념 공부의 비중은 더욱 높여야 한다. 그리고 개념은 수학 용어(단어) 안에 들어 있으므로 수학 용어를 정확히 이해하는 것에서 개념 공부를 시작해야 한다.

많은 아이가 수학 용어의 개념을 정확히 알지 못하고, 그러다 보니 개념을 정확히 설명하지 못한다. 그저 '안다고 착각'을 한다. 정확히 설명하지 못하는 것은 아는 것이 아니다. 무엇보다 용어의 개념을 정확히 이해해야 할 필요성을 느끼지 못한다.

용어는 일정한 분야에서 주로 사용하는 말로서 이 글에서 수학 개념을 담고 있는 단어를 의미한다. 수학은 어설프게 아는 아이들을 교묘히 걸러내는 과목이다. 간혹 용어에 대한 정확한 이해 없이 문제를 맞히기도 하지만, 그러한 행운이 불행으로 바뀌는 것은 시간문제다.

건강검진은 눈에 보이지 않는 병이 내 몸속에서 자라는지를 확인하기 위해 사전에 점검하는 행위다. 나에게 건강하게 살 '기회'를 스스로 주는 것과 같다. 건강검진 결과 병이 없다고 해서 건강검진을 시간 낭비라고 볼 수 없다. 수학 용어에 대한 점검은 건강검진처럼 앞으로 나올 수포자 바이러스를 잡는 중요한 방법 중 하나다. 공부는 습관이다. 좋은 습관이 좋은 학습 결과를 만든다. 그러므로 저학년 때부터 수학에서 용어를 정확히 이해하는 습관을 들이는 것이 좋다.

대충 아는 용어는 모르는 용어다

수학을 못하는 아이일수록 용어에 대한 정의를 두루뭉술하게 이해한다. 또한 정확한 개념에 대한 이해가 없어도 문제를 풀 수 있다고 착각한다. 다음 문제는 용어의 정의를 이해하면 쉽게 풀 수 있는 문제지만 의외로 수학 실력이 높은 아이들이 틀린다.

> **문제** ( ) 안에 알맞게 써 넣으시오.
>
> 3:5에서 5는 기준량이고 3은 비교하는 양이다. 기준량에 대한 비교하는 양의 크기를 ( )(이)라고 한다.

위 문제의 정답은 '비율'이다. 오답을 쓴 아이들은 대부분 '비'라고 썼다. 비와 비율의 개념을 명확히 구분하지 못하니 틀린 것이다.

> **교사** 명현아, 비가 뭐니?
> **명현** 음… 3:4 같은 거요.
> **교사** 그건 비의 한 예를 든 거고, 비의 뜻을 정확히 말해봐.
> **명현** 알긴 알겠는데 설명은 못 하겠어요.

이렇게 대답하는 이유는 개념을 정확히 알지 못한 채 문제 풀이 위주로 공부했기 때문이다. 이런 습관은 중고등학교로 이어진다.

소수가 무엇인지 물어보면 많은 아이가 "1과 그 자신만을 약수로 가지는 수"라고 잘못 대답한다. 이렇게 대답한 아이들은 1이 소수인지 아닌지 헷갈린다. '1보다 큰 자연수 중에서 1과 그 수 자신만을 약수로 가지는 수'라고 말해야 제대로 된 대답이다.

안다고 착각하는 아이들

아이들을 가르치다 보면 위와 같은 상황을 자주 만나게 된다. '설명할 수는 없지만 안다'고 착각하는 아이들의 특징이 있다.

① 실수가 잦다

수학 문제를 풀 때 실수가 잦은 아이들이 있다. 이런 아이들은 문제를 틀리고 나서 "아는 건데 틀렸다"라는 말을 자주 한다. 그러나 엄격하게 말하면 '아는 것인데 틀린 게 아니고, 정확히 모르기 때문에' 틀린 것이다. 따라서 이러한 실수를 없애려면 수학 개념을 정확히 알아야 한다. 상위권 아이들의 실수가 적은 이유는 그들이 수학 개념을 정확히 알고 있기 때문이다.

쉬운 문제 혹은 아는 문제를 틀리면, 실수로 틀린 문제니 맞은 것으로 채점하고 싶은 마음이 생긴다. 그래서 실수로 한 문제를 틀렸다면 마음으로는 100점이라고 생각한다. 이런 자기 방어는 수학 실력을 높이는 데 도움이 되지 않는다. 실수를 인정하고 대안을 찾아야 한다. 오답 노트 쓰기, 틀린 문제 다시 풀기, 심화문제 풀기 등은 이러한 실수를 해결하는 데 큰 도움이 되지 않는다. 당장 그 문제를 맞힐 수는 있지만, 또 다른 문제에서 실수가 발생하므로 근본적인 해결책이 되지 못한다.

실수가 잦으면 점수가 들쭉날쭉하고 시험 결과가 실력보다는 운에 좌우될 수 있다. 이러한 습관으로 수능을 치러서는 안 된다. 수학 개념을 정확히 알면 실수를 줄일 수 있다. 고등학교에서는 수학 한 문제가 등급과 대학을 바꿀 수 있다.

② 갈수록 수학 공부를 어려워한다

특정 시점의 수학 개념은 그 이전에 배운 개념들이 쌓여서 만들어진다. 중1 때 배우는 소인수분해는 초등학교 5학년 때 배우는 약수의 개념을 토대로 확장된다. 초등학교 때 배우는 도형의 기초 개념은 중학교로 이어지고, 다시 고등학교 기하로 이어진다. 중학교 1학년 선행학습을 하며 소인수분해를 배우는 아이에게 5학년 때 배운 약수가 무엇인지 설명해보라고 하면 머뭇거리는 경우가 정말 많다. 이러한 아이는 어느 순간에 무너질 탑을 쌓고 있는 것이다.

수학 용어의 정의조차 제대로 이해하지 못한 채 단순히 진도만 나가면 이후에 계속해서 새로운 용어를 학습하는 데 어려움을 겪게 된다. 교사들이 아무리 반복해서 설명해줘도 이해하지 못하는 아이들이 이러한 경우다.

대부분의 학부모와 아이들은 상위 학년으로 가면 수학 내용이 어려워져서 학습하기 힘들다고 생각한다. 사실이다. 내용이 어려워지면 배우기가 더 어렵다. 그렇다면 모든 아이가 학년이 올라갈수록 수학을 어려워할까? 그렇지 않다. 학년이 올라갈수록 수학 내용이 어려워지지만 난도에 비례해 수학 실력을 향상시킨 아이라면 수학 내용을 점점 더 어렵다고 여기지 않는다. 즉, 어려워지는 수학을 해결하려면 그 이상으로 수학 실력을 향상시키면 된다. 너무나 상식적인 진단이다.

수학 내용이 어려워지는 것과 별개로 수학이 어려워지는 요인이 또 있다. 학습 결손의 누적이다. 수학의 특성상 수학 개념을 충실히 이해하고 넘어가지 않으면 그것이 그대로 학습 결손으로 이어지고, 그것이 차츰 쌓이면 수학은 더 이상 정복할 수 없는 큰 성이 된다.

수학은 쉽다. 그러나 누구에게나 쉬운 것은 아니다. ==수학 개념을 정확히 이해하며 실력을 쌓는 아이에게는 수학이 걸림돌이 아니라 오히려 성적을 높여주는 디딤돌이 된다.== 그런데 개념은 수학 용어를 정확히 알아야 정복할 수 있다. 어설프게 들어본 적이 있는 정도로 그쳐서는 안 된다. 선행학습으로 수학 부담을 줄이려고 하지 말고 그보다 먼저 수학 용어를 정확히 이해하자.

③ 학습 효율이 떨어진다

계통성은 수학의 중요한 특성이다. 그래서 흔히 수학 학습을 계단 오르기에 빗대어 설명한다. 분수의 개념을 알지 못하면 분수의 덧셈을 할 수 없고, 분수의 덧셈을 이해하지 못하고는 분수의 곱셈을 할 수 없다. 중간에 어느 한 부분이라도 제대로 밟지 않고서는 그 다음 단계로 올라갈 수 없다. 이는 건물을 지을 때 1층 없이 2층을, 2층 없이 3층을 쌓을 수 없는 것과 같다.

1층을 대충 짓고 2층부터 잘 지어서는 튼튼한 건물이 되지 않는 것처럼, 수학도 모든 단계를 튼튼히 쌓아 올려야 온전한 수학 실력을 갖출 수 있다. 다른 과목은 특정 시점에서 정신 차리고 열심히 하겠다고 마음먹으면 어느 정도 따라갈 수 있다. 하지만 수학은 그러한 반성에 연민을 느끼지 않는다.

==같은 시간을 공부해도 개념을 정확히 알면 더 많은 양을 공부하게 되니 성취감과 자신감이 생길 수밖에 없다.== 내 옆에 있는 친구가 수학을 잘하는 이유다. 수학 내용이 어렵게 느껴지는 아이일수록 남들보다 더 많은 시간을 들여야 같은 내용을 이해할 수 있다. 남들이 쉽게 이해하고 앞서갈 때도 뒤에 남아 그 개념을 이해하기 위해 소중한 시간을 들여야 한다. 하지만 친구들이 쉽게 이해하고 넘어가는 내용을 혼자서 끙끙대고 있으면 공부할 맛이 나지 않는다. 이런 일들이 계속되면 어느 순간 포기하고 싶은 마음이 든다. 초등 저학년 때부터 개념학습을 충실히 해야 하는 이유다.

수학의 계통성과 필터링 기능

왜 많은 상위권 대학에서 수학을 필수로 정하거나 가중치를 높게 줄까? 심지어 해당 학과가 수학과 아무런 상관이 없는 경우에도 말이다. 예를 들어 의대에서 수학을 쓸 일이 거의 없지만 수학을 가장 잘하는 아이들이 몰린다. 수학이 쓰이는 학과도 있지만, 쓰지 않더라도 수학은 아이들을 걸러내는 필터링 역할을 하는 과목이다.

수능에서 수학이 왕좌를 차지하는 것은 우연이 아니다. 수학 실력 자체가 아니라, 수학을 잘하기 위해 필요한 꾸준함, 성실성, 논리적 사고 등을 점수를 통해 확인할 수 있는 최적의 과목이기 때문이다. 소수의 수학 영재를 제외하고는 수학을 잘하려면 대체로 '어릴 때부터', '한 번의 방황 없이', '엄청나게 많은 학습량'을 쏟아 부어야 한다. 대학에서 정말로 알고 싶은 것은 수학 실력이 아니라 이런 것들이다.

학습 개념어만큼은 확실히 챙기자

필자는 아이들이 개념을 정확히 이해해 어휘력을 키울 수 있는 방법을 고민하다 '학습 개념어'를 만들었다. 개념을 정리하고 이름을 붙이니 문제가 더욱 분명해졌다. 아이들도 자신이 무엇이 부족한지 쉽게 알게 되어 학습 효과가 훨씬 높아졌다.

학습 개념어는 아이들이 자신이 무엇을 모르는지를 제대로 깨닫게 하기 위해 만든 용어다. 앞에서도 말했듯이 상위권 아이들은 책을 읽으면 자신이 무엇을 알고, 모르는지가 분명히 보인다.

하위권일수록 그 구분이 명확하지 않아 제대로 학습하지 못한다. 즉, '알고 있다는 착각'에 빠져 산다. 그러다 보니 책을 깊게 읽지 못하고 공부량도 많지 않다. 그런 아이에게 "공부 다 했니?" 하고 물어보면 늘 "다 했어요" 하고 쉽게 말한다. 또 "모르는 거 없니?" 하고 물어보면 "없어요"라고 대답한다. 이러한 아이가 가장 가르치기 어렵고 성장하지 않는다. 이러한 아이들의 학습 태도를 변화시키고 효율적으로 학습해 수학 개념을 정확히 이해시키려는 목표로 학습 개념어를 사용한다.

외국에 살다가 한국 학교에 와서 공부할 때 가장 힘든 것은 역시 언어의 문제다. 일상 언어야 몇 개월 또래들과 함께 지내다 보면 금세 늘지만, 교과서 용어는 일상 언어 습득과는 차원이 다르다. 한자어는 그러한 어려움을 더욱 크게 만든다. 또한 일상생활에서 쓰는 어휘가 교과서에서 쓰일 때 그 의미가 다른 경우도 많고, 개념을 정확히 이해하지 않고서는 문제를 이해하기도 어렵다.

갑자기 이러한 예를 드는 이유가 있다. 수학 공부를 제대로 하지 못한 아이에게는 수학 용어도 그렇게 느껴지기 때문이다. 수학이라는 나라에 이민을 가면 그 나라의 언어에 익숙해져야 수학이라는 언어를 능수능란하게 사용할 수 있는데 그것이 말처럼 쉽지 않다. 따라서 수학 용어를 정확히 이해하고 사용해야만 수학 나라에서 제대로 정착할 수 있다.

학습 개념어는 '평소 익숙한 용어지만 일상생활에서 쓰는 의미와 깊이가 다른 특정 과목에서 사용하는 언어'다. 그래서 아이가 이미 알고 있다는 착각에 빠지기 쉬운 용어를 가리킨다. 학습 개념어는 다음과 같은 특징이 있다.

① 아이들이 학습하면서 혹은 일상생활에서 자주 접해 '안다는 느낌'을 준다

아이들이 모두 알고 있다고 생각하는 대표적인 용어가 각과 각도, 시간과 시각이다. 일상생활에서는 두 단어의 뜻을 정확히 구분하지 않고 써도 상관없으나, 수학에서는 정답과 오답을 나누는 결정적인 역할을 한다. 답에 '시간'을 써야 하는데 '시각'을 써놓거나, '각도'를 써야 하는데 '각'을 써놓는 경우가 대표적이다. 그뿐만이 아니다. 풀이 과정에서 실수가 잦은데 쉽게 고쳐지지 않는다. 실수가 아니라 실력이다. 다음을 보자.

$$3:4 = \frac{3}{4} = \frac{3}{4} \times 100 = 75\%$$

위 식은 6학년 1학기 4단원 '비와 비율'에 나오는 내용이다. 비와 비율은 초등 아이들이 가장 어려워하는 내용이다. 개념을 정확히 알고 용어를 사용해야 하기 때문이다. 게다가 비와 비율을 제대로 이해하지 못하면 이후에 배울 '비례식', 중학교 때 배우는 '방정식'을 이해하는 데 어려움을 겪는다. 위 식에서 틀린 부분을 수정하면 다음과 같다.

> 3:4의 비율은 $\frac{3}{4}$이고, $\frac{3}{4} \times 100 = 75(\%)$

'3:4=$\frac{3}{4}$' 이렇게 쓰는 아이가 많은데 이는 비와 비율을 명확히 구분하지 않기 때문이며, '$\frac{3}{4}=\frac{3}{4}\times100$' 이렇게 계산 과정에서 값이 다른데도 등호(=)를 쓰는 것도 아이들이 자주 하는 실수다. 끝으로 75(%)라고 써야 할 것을 75%라고 쓰는 실수도 많다. 괄호를 쓰거나 생략하거나 큰 차이가 없다고 생각하는 것도 개념이 명확하지 않기 때문이다. $\frac{3}{4}\times100$은 75이지 75%가 아니다. 따라서 단위인 % 기호를 붙일 때는 구분되도록 '75(%)'처럼 괄호 안에 넣어 표기해야 한다. 이러한 사소한 차이도 개념 이해의 정확성에 따라 달라진다.

이상의 내용을 이해하지 못했더라도 '개념을 정확히 알고 용어를 제대로 쓸 수 있어야 수학을 잘할 수 있다'는 사실은 기억하자. '실수를 줄이려면 어떻게 해야 할까?', '문제를 많이 풀어도 성적이 오르지 않는다', '풀 수는 있는데 계산 실수가 많다', '문장제 문제를 어려워한다' 등 대부분의 문제가 개념을 정확히 이해하면 해결된다.

<u>상위권은 수학 개념을 설명할 수 있고, 이해하기 때문에 응용할 수 있고, 응용하기 때문에 수학을 잘하는 것이다.</u> 하위권은 반대다. 안다는 느낌은 아는 것이 아니다. '느낌적인 느낌'은 학습에 방해만 될 뿐이다. 알고 있다는 착각에서 벗어나게 하는 가장 좋은 방법은

질문을 던지는 것이다. 가장 좋은 교재는 수학 교과서다.

부모가 계속해서 자녀의 수학 학습을 도와줄 필요도 없다. 사고 습관이 한번 형성되면 부모의 도움 없이도 스스로 개념을 정확히 아는 학습 방법으로 공부하게 된다. 수학 수업을 들은 날 하교하면 교과서를 펴놓고 수학 용어의 뜻을 물어보는 것만으로 충분하다. 핵심은 부모가 수학을 가르치는 것이 아니라, 자녀가 수학 공부를 제대로 했는지 스스로 깨닫게 하는 것이다. 이것이 시간과 비용을 줄이고 성적을 올리는 가장 효율적인 수학 학습 방법이다.

② 같은 단어도 뜻이 다르다

아이들로 하여금 알고 있다는 착각에 빠지게 만드는 요인이 또 있다. 수학 교과서든 문제집이든 그 안에 쓰여 있는 용어가 일상 언어에서 가져온 것이 많다 보니 수학 용어를 혼동해서 사용하게 된다. 다음 문제를 살펴보자.

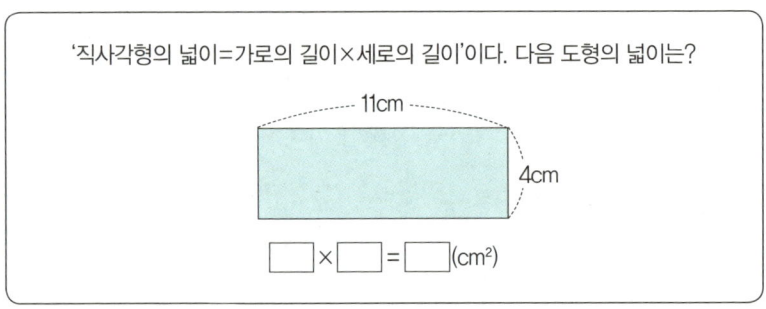

문제 속 도형의 넓이는 44cm²이다. 물론 이것을 물어보려고 한 것은 아니다. 넓이 단위 'cm²'에서 2가 붙은 이유는 무엇일까? 흔히 교사들도 가로(cm)와 세로(cm)의 cm를 두 번 곱했으니 제곱이라고 말하는 경우가 많다. 그렇지 않다. 수를 곱하는 것이지 단위를 곱하는 게 아니다. 그럼에도 가로와 세로를 곱하기 때문에 제곱이라고 생각하는 경우가 많다.

이는 단위를 읽을 때 '제곱'이 주는 발음상의 혼동 때문이다. cm²에서 2는 두 번 곱해서 나온 수가 아니라 2차원(평면의 넓이)을 의미하는 것이다. 당연히 영어로도 double이 아닌 평면을 의미하는 square를 붙여 'square centimeter'라고 읽는다. 같은 이유로 cm³도 단위를 세 번 곱해서 나온 것이 아니라 3차원(입체의 부피)을 의미한다.

'높이'를 예로 들어보자. 높이는 무엇인가? 일상 언어에서 높이는 '높은 정도'를 나타낸다. 아이들은 특별한 지식이 없어도 경험적으로 높이를 이해하고 있다. 문제는 이러한 '이해'가 일상 언어로서의 이해라는 점이다. 수학 교과서에서 쓰이는 높이와 같다고 생각하면 높이의 정확한 뜻을 이해하는 데 오히려 방해가 된다.

원기둥에서 높이는 그냥 '높은 정도'가 아니다. 수학에서 쓰이는 높이란 용어가 바로 학습 개념어다. 높이를 학습 개념어로 인식하는 순간, '내게 익숙하지만 제대로 알지 못하는 용어'를 전제로 다시 제대로 배우게 된다. 내 아이가 용어의 뜻을 정확히 이해할 수 있도록 돕고 싶다면 '학습 개념어'란 용어를 직접, 자주 사용하자.

6학년 2학기 때 '원기둥'을 배운 아이들에게 원기둥에서의 높이가 무엇이냐고 물어보았다. 이해의 편의를 위해 점수를 매겨봤다. 5학년 이상 자녀를 두고 있다면 밑면의 이해 정도를 확인해보자.

> A (높이를 가리키며) 이거요. (10점)
> B 두 밑면 사이의 길이요. (30점)
> C 두 밑면을 연결한 선의 길이요. (50점)
> D 두 밑면을 연결한 선분의 길이요. (70점)
> E 두 밑면을 수직으로 연결한 선분의 길이요. (100점)

위 대답은 실제 아이들이 표현한 내용들이다. 같은 높이를 가지고 엄청난 이해의 차이를 보인다. A는 수학에서 쓰이는 학습 개념어로서 높이에 대한 이해가 전혀 없다. 일상 언어에서 쓰던 높이에 대한 이해로 원기둥의 높이를 이해하고 있다. B는 학습 개념어인 선 혹은 선분이라는 용어를 가져오지 못하고 있다. C는 선에 대한 이해가 부족하다. 선은 크게 곧은 선과 굽은 선으로 나뉘는데, 길이를 잴 때는 곧은 선만 쓰므로 선이라고 하면 부정확하다. 이 경우는 '두 점을 곧게 이은 선을 선분이라고 한다'는 학습 개념을 정확하게 익히지 못했기 때문이다. D는 선분이라는 학습 개념어를 정확히 사용했지만 '수직'이라는 한 가지 조건이 빠졌다. 마지막으로 E는 원기둥의 높이에 대한 학습 개념어를 정확히 이해하고 있다. 모든 선분이 길이가 될 수 없고, 오직 수직으로 연결했을 때만 높이가 된다는 사실을 정확히 알고 있기 때문에 가능한 표현이다.

학습 개념어를 정확히 사용한다는 것은 단지 표현이 올바른 것이 아니라 수학적 개념을 명확히 그리고 깊이 안다는 의미다. 따라서 학습 개념어를 정확히 이해하고 사용해야만 심화학습을 할 수 있다. 이것이 개념이 중요한 이유다. 아이가 C와 같이 높이를 이해했다면 교사는 다음과 같은 설명을 해줘야 한다.

> [C] 두 밑면을 연결한 선의 길이요.
> [교사] 밑면과 밑면을 연결한 선은 무수히 많아. 그 모든 선분이 높이는 아니지. 그래서 조건이 있어. 여기에서 핵심은 '수직'으로 만난다고 말할 수 있어야 해. 수직이 아니면 높이가 일정하지 않아서 말할 수 없게 돼. 그리고 선이 아니라 선분이라고 하는 것이 맞아. 선이라는 것은 직선과 곡선을 모두 말하는데, 여기에서는 곡선이 아니니까 그냥 선이라고 말하면 맞지 않아. 그리고 직선의 일부분을 선분이라고 하니까 선과 선분은 비슷한 말이 아니야."

C의 대답과 교사의 설명에서 개념적 이해의 차이가 얼마나 큰지 알 수 있다. C가 높이를 가리킬 수는 있지만 개념적으로 설명할 수 있는 수학적 학습 개념어가 얼마나 부실한지를 보여준다. 사실 이 정도의 대답도 그나마 양반이다. 중고등학교 수학을 배운다는 아이들조차 높이는 "그냥 높이요"라고 말하는 경우가 심심치 않게 있다.

여기까지 읽은 부모라면 "그렇다면 그렇게 제대로 가르쳐줄 학원이 또 필요한 것 아니냐?"라고 반문할지 모르겠다. 그럴 필요 없다.

이미 수학 교과서에 잘 설명되어 있기 때문이다. 물론 자세한 내용은 수학을 공부하면서 스스로 터득해야 하는 부분도 있고, 수학 사전이나 검색을 활용할 수 있다(수학 사전에 대한 자세한 설명은 265쪽에서 다룬다).

어쨌든 스스로 학습 개념을 정확히 이해하려고 노력하면 알 수 있는 내용이다. 좋은 학원, 최고의 강사를 만나지 못하면 잘할 수 없다는 생각에서 벗어나야 한다. 다음과 같이 교과서에 나오는 용어 해설만 꼼꼼하게 읽어도 대부분 해결된다.

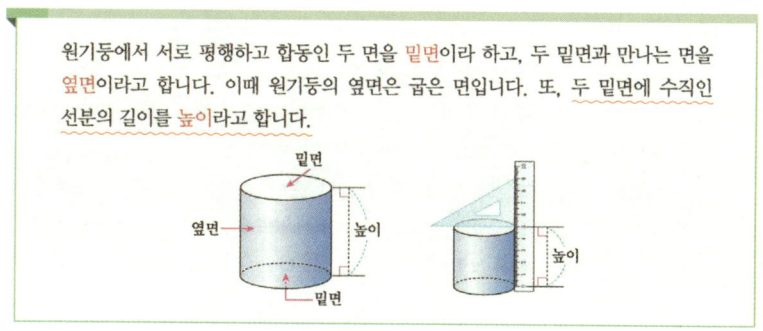

6학년 2학기 6단원 원기둥, 원뿔, 구 중에서

A, B, C, D와 같이 학습 개념어를 대충 이해하는 습관은 중고등학교로 이어져 쉬운 문제도 틀리거나 심화학습을 하는 데 어려움을 겪는다. 중학교 1학년 '소인수분해' 단원에서 처음 소개되는 학습 개념어는 '소수'다. 아이들에게 소수에 대한 정의를 말해보라고 하면 다음과 같이 다양하게 대답한다.

A	0.5 같은 수. (0점)
B	약수가 1과 자신인 수. (30점)
C	약수가 1과 자신뿐인 수. (50점)
D	1보다 큰 수 중에서 약수가 1과 자신뿐인 수. (70점)
E	1보다 큰 자연수 중에서 약수가 1과 자신뿐인 수. (100점)

위 대답 중에서 E만 소수의 정의를 정확히 말하고 있다. A는 3월 달부터 엎드려 잔 아이이다. B와 C는 1이 소수인지 아닌지 헷갈리고 있다. 수학뿐만 아니라 모든 학습에서 학습 개념어를 정확히 이해해야 좋은 성적을 얻을 수 있다. 학습 개념어만 제대로 학습하는 습관을 들이면 공부의 반은 성공했다고 볼 수 있다.

수학에서 쓰이는 학습 개념어인 '밑면'의 뜻도 살펴보자. 일상생활에서 '밑면'은 말 그대로 밑에 있는 면 혹은 물건의 아래쪽을 이루는 겉면이다. 하지만 수학에서 밑면은 일상생활에서 쓰이는 개념과 다르다. 수학에서의 밑면은 또 다른 개념을 가진 수학적 어휘로 쓰인다.

각기둥에서 면 ㄱㄴㄷ과 면 ㄹㅁㅂ과 같이 서로 평행하고 합동인 두 면을 밑면이라고 합니다. 이때 두 밑면은 나머지 면들과 모두 수직으로 만납니다.

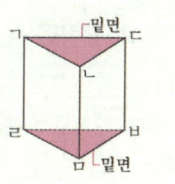

6학년 1학기 2단원 각기둥과 각뿔 중에서

수학적 어휘로서의 밑면으로 머릿속을 업데이트하지 못하는 아이는 계속해서 개념의 오류를 갖고 문제를 풀게 되어 결국 문제를 틀리고 만다.

앞에서 설명한 '밑면'의 정의는 일상생활의 밑면과 아무런 관련이 없다. 독서를 많이 했다고 알 수 있는 단어도 아니다. 수학에서 말하는 밑면은 두 가지 조건, 즉 '서로 평행'하고 '합동'인 면이다. 이러한 수학적 '밑면'의 개념을 이해하지 못하는 아이들은 '밑면 ㄱ, ㄴ, ㄷ이 위에 있는 면인데 왜 밑면인지' 이해할 수 없다. 이렇게 오개념이 계속 쌓이면 '수학은 어려운 과목'이라는 생각이 자리 잡게 된다.

수학 혹은 국어를 잘하는 특별한 비법은 따로 있지 않다. 각 과목에서 사용되는 어휘, 즉 학습 개념어를 정확히 알면 문해력이 향상되고 해당 과목에 대한 이해력이 높아져 성적이 저절로 좋아진다. 많은 상위권 아이들이 고등학교에 가서 국어 때문에 골머리를 앓는다. 국어 과목에서 사용되는 학습 개념어를 제대로 모르기 때문이다. 국어가 우리말이라고 해서 저절로 잘할 거라 생각하면 착각이다. 수학은 더하다. 수학에서 사용되는 학습 개념어는 한 글자도 놓치지 말고 정확히 이해하고 암기해야 한다. 이것이 시간과 비용을 줄이고 성적을 올리는 가장 효율적인 수학 학습 방법이다.

개념을 정확히 알면
수학이 쉬워진다

개념의 이해가 중요하다는 점은 수학에 국한되지 않는다. 과학에서는 열과 온도를 구분하지 못하고, 국어에서는 직유와 비유의 관계를 구분하지 못하고, 사회에서는 위선과 위도를 구분하지 못한다. 또 영어에서는 지시대명사와 지시형용사를 구분하지 못하니 this가 지시대명사로 쓰일 때와 지시형용사로 쓰일 때의 쓰임을 헷갈린다.

결국 모든 공부는 개념학습이고, 시험은 누가 개념을 더 많이 정확하게 이해하느냐의 싸움이며, 그 결과가 성적이다. ==수학 성적을 올리기 위해 해야 할 첫 번째는 수학 교과서의 개념을 정확히 이해하는 것이다.== 개념을 정확히 이해하지 못하고 문제 풀이 위주로 가르치는 학원을 다녀봤자 좋은 결과를 기대하기 어렵다. 물론 학습량이 많이 부족한 아이인 경우 학습량을 채워주는 효과는 기대할 수 있으나 금세 한계를 만난다.

요즘은 학원 정보를 물어보면 센스 없는 사람 취급을 받기도 한다. 직장생활로 바빠 학원 정보를 모르면 가까운 지인에게 학원 소개를 부탁하기도 하는데, 간혹 이러한 부탁이 서로를 불편하게 만든다. 자신의 시간을 들여 겨우 알아낸 정보를 너무 쉽게 얻어가려고 한다며 좋은 학원 정보를 거의 오픈하지 않는 경우도 있다. 특히 소수 정예 학원이나 과외를 공유하기는 더욱 힘들다. 그래서 대부분이 남들이 다 아는 대형 학원을 소개해주며 대화를 마무리한다.

이렇게 아쉬운 상황일수록 더욱 수학 교과서를 중심으로 개념학습에 투자해야 한다. 정말 내 아이가 수학을 잘하길 바란다면 사교육 정보를 얻으려고 노력하기보다 수학 교과서를 먼저 확실히 잡길 바란다.

개념을 중요시하는 부모의 습관

개념학습은 어떤 사실이나 현상에 대해 '왜 그런지 설명할 수 있는 상태'다. 아이들이 수학 교과서를 보고 공부할 게 없다고 생각하는 이유가 있다. 바로 문제가 얼마 없기 때문이다. 이렇게 '수학 공부 = 수학 문제 풀이'로 생각하다 보니 문제가 많지 않은 수학 교과서는 공부할 게 없다고 생각하게 되고, 교과서를 소홀히 다룬다. 그런 상태로 학원에 가서 문제 풀이 위주로 학습하면 수학 실력이 올라가지 않는다. 가정에서 개념을 중요하게 여기도록 돕는 방법을 살펴보자.

① 점수보다는 배움에 초점을 두자

아이가 시험을 보고 왔을 때 "오늘 수학 시험 몇 점 받았어?"라고 묻는다면, 아이는 100점이 아니면 기쁘게 대답할 수가 없다. 점수만 보고 모든 것을 판단하는 듯한 관심은 배움의 기쁨보다는 결과에만 초점을 두는 습관을 만든다. "몇 점이야?"가 아니라 "오늘 뭘 배웠니?"라고 묻는 게 낫다. 수학 점수는 전체적인 자녀의 수준을 파악하는 정도로만 생각하자. 닦달한다고 점수가 쉽게 오르는 것은 아니다.

② 공부할 때 맞힌 문제보다 틀린 문제를 소중히 여기자

수학 문제 풀이는 자신이 얼마나 잘 알고 있는지 테스트하기 위해서가 아니라, 무엇을 모르는지 확인하는 소중한 기회다. 맞힌 문제에서는 아무것도 배우지 못한다. 문제를 푼다는 것은 모르는 문제를 찾아 그 속에서 배움의 기회를 얻는 과정이다. 쉬운 문제를 틀렸다고 혼내지 말고, 틀린 문제를 발견하고 그 과정을 통해 약점을 극복하는 배움의 기회로 삼을 수 있도록 격려하자.

③ 학습 시간이나 문제 풀이의 양에 초점을 맞추지 말자

얼마나 오래 공부했는지 혹은 얼마나 많은 문제를 풀었는지가 아니라, 공부하면서 새롭게 알게 된 것이 얼마나 많은지에 초점을 맞추자. 양적인 공부는 수동적인 학습자를 만들 가능성을 높인다. 아이들은 억지로 공부하면서 시간만 채우면 된다는 생각을 갖는다. 아무리 오래 책상에 앉아 있어도 멍하니 딴생각을 한다면 그것은 공부가 아니라 시간 낭비다.

④ 설명할 수 있어야 100%라고 인지시키자

설명할 수 있는 상태가 가장 잘 이해하고 있는 상태다. 반대로 설명할 수 없다면 확실히 안다고 할 수 없다. 142쪽과 부록에 나온 질문법을 참고해 아이의 학습을 돕는다면 아이는 좀 더 정확하게 개념을 이해할 수 있을 것이다.

⑤ 혼자 공부하는 시간을 확보해주자

개념 이해는 누가 머리에 강제로 넣어주는 것이 아니라, 스스로 기존의 지식에 능동적으로 반응하는 과정에서 생겨난다. 따라서 교사가 아무리 잘 가르쳐도 그것이 아이 자신의 것이 되려면 혼자서 공부하는 시간을 확보해야 한다. 이를 위해서는 학습량이 과도하면 안 된다. 사교육 수업이 지나치게 많고 힘들면 아이는 수동적인 학습자가 되어 혼자 공부할 수 있는 에너지를 모두 소진하게 된다. 자녀가 학원에 다녀와 쉬겠다며 핸드폰이나 게임에 빠져 있다면 뭔가 잘못된 방향으로 가는 것이다.

⑥ 개념 이해는 수학 교과서로 잡는다

교과서에서 개념 부분은 어디일까? 쉽게 말해서 수학 교과서나 문제집에서 '수학 문제를 뺀 나머지 부분'이 개념 설명이라고 볼 수 있다. 대부분의 아이가 소홀히 하는 부분이다. 이 부분을 이해하기 위해 최선을 다하는 게 수학을 잘할 수 있는 최고의 방법이다. 이것이 시간과 비용을 아끼는 가장 효율적인 학습 방법이다.

문제집으로 문제 푸는 시간을 줄이더라도 교과서에 나오는 개념 이해를 위한 질문에 답하며 이해하기 위해 애써야 한다. 수학 교과서에 나오는 질문은 문제와 다르다. 문제가 아이의 개념 이해를 테스트하기 위한 수단이라면, 질문은 개념 형성을 돕기 위한 수단이다. 묻는 의도 자체가 매우 다르다. 물론 그 구분이 언제나 분명한 것은 아니다.

다음 쪽에 있는 교과서의 질문을 살펴보자(교과서는 학교마다 다를 수 있다). "과자 8개를 2명이 똑같이 나누어 먹으려고 합니다"는 아이가 8개를 2명에게 똑같이 나눌 수 있는지 확인하기 위한 것이 아니라, 나눗셈이 똑같이 나누는 상황을 나타내는 것이라는 개념을 전달하기 위한 활동을 제공하려는 것이다. 이후에 나오는 "한 명이 몇 개를 먹을 수 있을까요?" 등의 질문이 나눗셈 중에서 똑같이 나누어주는 상황인 등분제의 개념을 이해시키기 위한 것이다. 한편 다음의 "똑같이 나누어볼까요(2)"는 똑같은 수로 묶어서 덜어내는 상황을 나타내는 포함제의 개념을 이해시키기 위한 질문이다. 아이들은 나눗셈의 핵심 개념을 교과서로 4쪽에 걸쳐 배우게 된다.

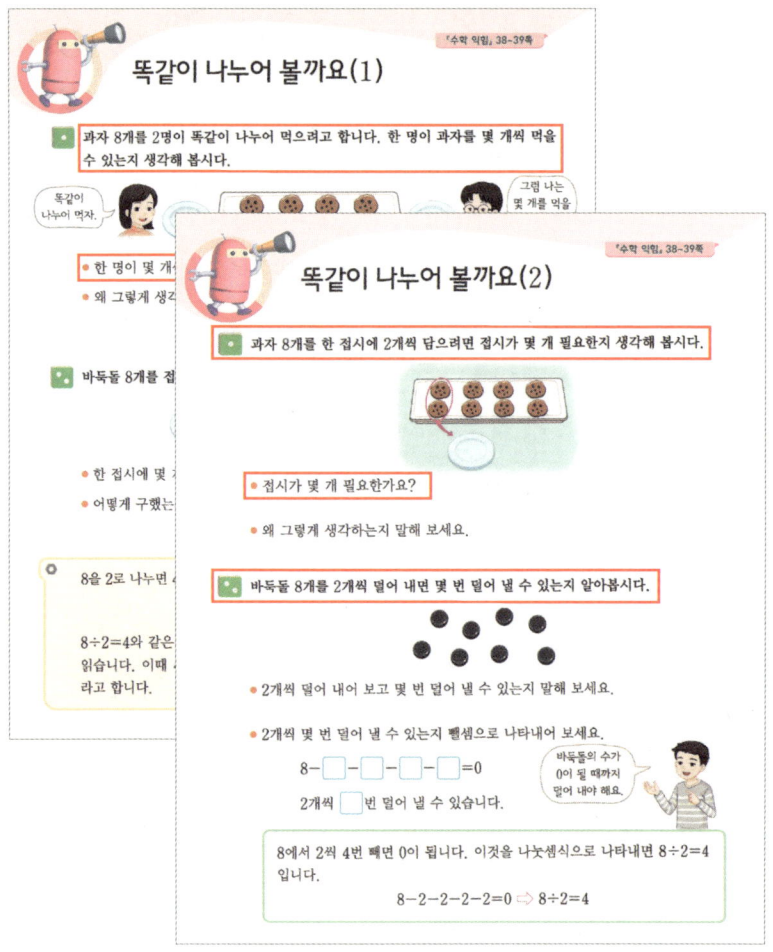

⑦ 수학 용어를 정확히 이해해야 한다

수학 용어는 개념이 입는 옷과 같다. 용어를 정확히 이해한다는 것은 수학 개념을 정확히 이해하는 것과 같다. 저학년에서는 아이의 발달 단계를 고려해 용어가 많이 등장하지 않지만 모든 설명은 특정 개념을 설명하고 있다. 한편 고학년으로 갈수록 수학 용어가 많이 나온다. 용어의 뜻을 집 주소처럼 정확히 암기하고 있어야 한다.

교과서 개념과 문제집 개념의 차이

수학 교과서는 완벽하지 않다. 그럼에도 수학 교과서를 포기할 수 없는 이유가 있다. 수학 교과서만이 개념 이해를 목표로 만든 유일한 교재이기 때문이다. 수학 교과서에 등장하는 문제는 문제집과 같이 풀이 연습용이 아니라, 개념을 이해시키고 확인하는 용도로 만들어진다. 문제집은 교과서가 아니다. 문제집은 개념을 이해시키기 위해서가 아니라, 개념을 정확히 이해하고 있는지 확인하기 위해 만들어진다. 문제집을 푼다는 것은 수학적 개념을 얼마나 잘 이해했는지 스스로 확인하는 과정이며, 부가적으로 그 개념을 응용하거나 빠르게 푸는 연습을 위한 것이다.

다음 그림을 보면 수학 교과서와 문제집의 차이를 쉽게 알 수 있다. 수학 교과서는 개념 이해에 초점을 두고 많은 페이지를 할애하

고, 문제는 앞에서 배운 개념을 간단히 확인하는 수준에서 끝난다. 반면에 수학 문제집은 개념학습 대신 개념을 정리 및 요약해 간단히 제시하고, 대부분의 지면을 다양한 문제를 제시하는 데 사용한다.

개념을 제대로 이해하면 수학 문제를 쉽게 풀 수 있다. 수학 문제의 원재료는 수학 개념이다. 문제 출제자들은 수학 개념이라는 원재료를 다양하게 응용해 갖가지 문제를 만들어낸다. 따라서 개념을 제대로 이해하면 그것으로 만든 갖가지 문제를 쉽게 이해하고 풀 수 있다. 남들이 비효율적으로 많은 문제를 푸는 데 시간을 보내고 있을 때, 수학 교과서를 통해 개념을 이해하고자 시간을 쏟을 수 있다면 정말 많은 시간과 비용을 절약하며 효율적으로 학습할 수 있다. 여기에서 수학을 공부하는 재미가 생긴다.

문제는 생산된 제품과 같고, 개념은 그 제품의 설계도와 같다. 설계도를 정확히 이해하고 있다면, 그 설계도를 통해 생산된 물건을 이해하는 것은 너무나 쉬운 일이다. 수학 문제집에 실린 개념은 요약한 수준에 그치거나 페이지를 채우기 위한 형식에 불과하다.

개념을 제대로 이해하지 못한 아이들은 수학 문제 풀이에 많은 시간을 들일 수밖에 없다. 이렇게 하면 들인 노력과 시간만큼 좋은 결과를 얻지는 못한다. 문제는 개념에서 나오는데 그 개념을 제대로 모르기 때문에 문제를 이해하기 어려운 것이다. 제품 설명서도 제대로 읽어보지 않고 처음 보는 낯선 기계를 조작하며 사용법을 익히는 것과 비슷하다. 심지어 여러 가지 좋은 기능이 숨겨져 있음에도 불

구하고 그 기계를 버릴 때까지 한 번도 못 써보는 상황처럼, 개념으로 쉽게 풀 수 있는 여러 가지 방법을 놓치게 된다. 이것만큼 비효율적인 수학 공부가 또 있겠는가?

늦은 시간까지 힘들게 학원에 다니지만 성적이 오르지 않는 이유는 바로 이 때문이다. 문제 풀이 시간을 줄여서라도 교과서로 수학 개념을 잡아야 한다.

개념을 심화하는 노트 정리법

개념학습은 초등학교에서만 유효한 것이 아니다. 중고등학교에 갈수록 더욱 중요하다. 모든 문제가 개념에서 출발해 응용문제로 이어진다. 학습해야 할 분량이 많고 문제가 어려워지는 중고등학교에서 효율적으로 학습하기 위해서는 어릴 때부터 개념을 확실히 잡는 습관을 들여야 한다. 그중 하나인 개념 노트 정리법을 소개하겠다.

처음 개념 노트를 쓰자고 하면 어떻게 정리해야 할지 몰라 아이들이 혼란스러워할 수 있다. 노트 정리법을 따로 가르치는 교사도 있지만, 가르치지 않는 교사도 많기 때문이다. 처음이라면 다음과 같이 평소 쓰는 줄 노트나 방안 노트에 ① 공부한 주제, ② 공부한 내용 이야기하기, ③ 수학 용어 또는 학습 개념어 찾기, ④ 새로 배운 내용 정리하기, ⑤ 궁금한 점 질문하기 순으로 써보자.

① 공부한 주제

　똑같이 나누기

② 공부한 내용 이야기하기

　- 제목은 '똑같이 나누어볼까요'이다.
　- 화살 12개를 3명에게 똑같이 나누어보는 활동을 한다.
　- 바둑돌 14개를 색종이 2장에 나누는데, 이때도 똑같이 나누었다.
　- 바둑돌 활동이 끝난 뒤 그 내용을 식으로 만들었다.
　- 마지막으로 연필을 나누어 갖는 문제가 있었다.

③ 수학 용어 또는 학습 개념어 찾기

　- 똑같이 나누기: 교과서에 똑같이 나누기를 하라는 말이 자주 나오는 것을 보니 중요한 말 같다.
　- 몫: 바둑돌 14개를 색종이 2장에 똑같이 나누면 색종이 1장에 7개씩 놓을 수 있는데, 이것을 몫이라고 이름 붙인다.

④ 새로 배운 내용 정리하기

　바둑돌 14개를 색종이 2장에 똑같이 나누면 색종이 1장에 7개씩 놓을 수 있는데, 이를 그림으로 풀지 않고 식으로 풀 수도 있다는 사실을 알게 되었다. 식은 14÷2=7이고, 여기서 7은 색종이 1장에 놓을 수 있는 바둑돌 수를 나타낸다.

⑤ 궁금한 점 질문하기

　- 교과서 56쪽의 '어떤 방법'으로 나누었는지 이야기하는 것이 어렵다.
　- 왜 똑같이 나누라고 할까? 나눌 때는 늘 똑같이 나누어야 할까?

① 공부한 주제

그날 배우는 내용의 핵심을 담는다. 보통 교과서 단원명이나 단원 중제목이 여기에 해당한다. 수업을 해보면 아이들이 제목을 대충 본다는 걸 알 수 있다. 공부할 때 제목은 내비게이션 역할을 한다. 지금 내가 서 있는 위치와 앞으로 나아갈 방향을 보여주기 때문이다. 그래서 수업을 할 때 일부러 제목을 잡아주는 활동으로 '제목 찾아 쓰기'를 하곤 한다. 노트 정리를 할 때도 그날 배운 주제, 즉 제목 쓰기가 먼저다.

② 공부한 내용 이야기하기

그날 배운 내용을 머릿속으로 떠올리게 하고, 말로 표현하게 한 후 글로 정리하게 한다. 처음부터 내용을 떠올리라고 하면 쉽지 않다. 교과서를 보면서 떠올리고, 표현하고, 정리하게 해도 좋다. 처음에는 굉장히 서툴게 말하고 쓰던 아이도 반복하면 교과서를 보지 않고 쉽게 떠올리고, 표현하고, 정리해낸다. 부모가 옆에서 조금 더 많이 떠올리고 표현할 수 있도록 격려하고, 정리해낼 수 있도록 돕자.

③ 수학 용어 또는 학습 개념어 찾기

4학년까지는 수학 용어를 구체적으로 사용하는 경우가 많지 않다. 교과서 문장 속에 있는 말을 수학 용어로 보는 연습을 해야 한다. 아이들 스스로 하기 힘들 수 있으니, 교과서로 공부한 후 문제집의 요약 설명이나 수학 사전을 참고하면 좋다.

④ 새로 배운 내용 정리하기

새로 배운 내용은 주제와 관련이 있다. 주제는 제목에 나타나 있는데, 제목과 연결 지어 새롭게 알게 된 내용을 정리하면 된다. 아이들은 새롭게 알게 된 내용이 없다고 하는 경우도 많은데 이때는 '질문'을 해서 학습을 도울 수 있다.

⑤ 궁금한 점 질문하기

질문이 있다는 건 학습을 성실히 했다는 증거이므로 긍정적으로 받아들이자. 자녀의 질문에 바로 답하지 못해도 상관없다. 질문을 하는 활동만으로 학습의 집중력을 높일 수 있다. 궁금한 점은 부모나 교사에게 묻거나 답안지 등을 참고하자.

다음은 앞서 배운 내용을 토대로 아이가 편하게 작성한 정리 노트다. 이렇게 아이 상황에 따라 얼마든지 수정하고 응용할 수 있다. 개념 노트는 무조건 매번 해야 하는 것도, 그렇다고 앞에서 제시한 대로 똑같이 해야 하는 것도 아니다. 교과서 내용에 따라 추가 또는 삭제할 수 있고, 글쓰기를 싫어하는 아이라면 말로 설명하게 해도 충분할 때도 많다. 핵심은 '자신이 모르는 것이 무엇인지 스스로 찾아 알고, 그것을 이해하고 정리하면 된다'이다. 이 부분은 질문과 메타인지 내용과 연결되는데 142쪽에서 자세히 다룬다.

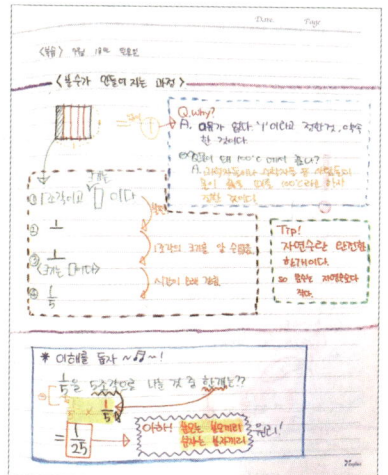
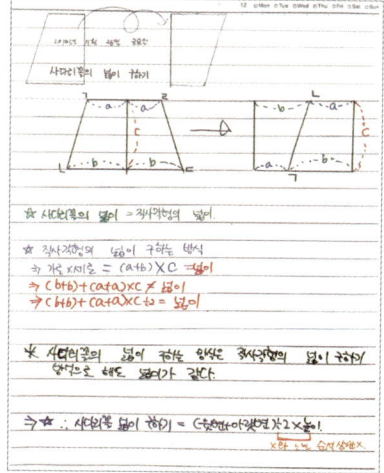

교과서를 정리하면서 질문을 찾고 스스로 답하기 활동을 함.

교과서에서 부족한 설명을 스스로 찾아 적고, 투명종이로 사다리꼴의 넓이를 구하고 정리함.

문제 풀이보다
개념학습이 먼저다

지인이 흥분한 목소리로 아들이 수학 100점을 맞았다고 자랑했다. 평소 80~90점 정도를 얻는 아이였다. 수학 교육에 관심이 많은 필자는 그 과정을 자세히 들어보았다. 중학교에 올라가서 한 번도 100점을 맞지 못해 고민하던 중 성적을 잘 올려주는 학원을 소개받아 보냈는데, 두 달 만에 기말시험에서 100점을 맞았다고 했다. 그래서 기쁨을 감추지 못한 것이다. 시험을 본 날 아이가 집에 와서 했다는 얘기 중 기억에 남는 말이 있다.

"엄마, 모르는 문제가 하나도 없었어. 다 풀어본 문제가 나왔어."

이것이 문제다. 그 아이는 문제해결력을 키워서 수학 문제를 푼 것이 아니라, 많은 유형의 문제를 풀어 학교 기말시험을 대비한 것이다. 하지만 이런 식의 공부는 딱 중학교까지가 한계다. 그 학원의 운영 방식에 대해 더 자세히 들어보았다. 매일 3~4시간을 수학 문제를 풀게 하는데 그 양이 어마어마했다. 시험 범위에 해당하는 대부분의 유형 문제를 풀게 했고, 심지어 숙제도 많아 매일 늦은 시간까지 풀어야 겨우 마칠 수 있는 분량이었다.

얼마 후 다시 소식을 들었다. 아쉽게도 지인 아이의 높은 성적은 오래가지 못했다. 학년이 올라갈수록 학습해야 할 범위는 넓어지고, 문제의 난도가 올라가면서 아이는 체력적으로 한계에 이르렀다. 더 큰 문제는 수학 학습에만 너무 많은 시간을 투자하다 보니 다른 과목의 성적이 일제히 떨어졌다.

단기간에 수학 성적을 올리는 가장 확실한 방법은 유형 문제를 많이 풀게 하여 시험에 나올 문제를 대비하는 것이다. 사실상 초등학교는 말할 것도 없고 중학교까지 학교 수학 시험은 무조건 많이 푼 아이가 유리하다. 하지만 이런 문제 풀이 양으로 밀어붙이는 양치기는 중학교까지가 끝이다.

==정말 우리 아이가 잘해야 하는 것은 고등학교 수학이다.== 언 발에 오줌을 누면 잠시는 발을 녹일 수 있어도 나중에는 그것이 얼어 더욱 곤란한 상황을 맞이한다. 수학도 마찬가지다. 깊이 생각하며 개념과 원리를 이해하고 수학적 사고력을 키울 수 있게 해야 한다. 체

력으로나 정신적으로 한계치까지 다 써버린다면 막상 고등학교에 가서 쓰러진다. 늘 적은 문제라도 개념과 원리를 생각하며 푸는 것이 길게 오래 공부할 수 있는 방법이다.

처음 보는 문제를 해결할 수 있어야 한다

수학 실력이 향상될수록 어떤 문제를 보면 그 안에 있는 논리적 구조와 관계를 이해할 수 있는 능력이 향상된다. 문제를 풀 때 '어떻게 풀어야 할지'와 '왜 그렇게 풀어야 하는지'를 알게 되는 것이다. 이런 문제해결력은 처음 보는 문제를 자신의 수학 지식과 기능을 활용해서 해결 전략을 탐색해 최적의 해결 방안을 찾는 능력이다.

문제해결력에서 눈여겨봐야 할 점은 '처음 보는 문제를' 해결하는 능력이다. 처음 보는 문제를 해결하려면 문제를 기억해서 푸는 것이 아니라, 그 문제에 맞는 개념과 원리를 적용해서 풀어야 한다. 개념과 원리는 한마디로 "왜 그렇게 풀었는가?"라고 물었을 때 '설명할 수 있는 능력'이다. 개념과 원리를 이해하지 못하고 단순히 암기해서 푸는 아이는 "왜 그렇게 풀었어?"라고 물으면 "그냥"이라고 답할 수밖에 없다. 예를 들어 "직각사각형의 넓이를 구하려면 가로와 세로를 곱하는 이유가 무엇인가?"라고 물었을 때, "그냥 그게 공식이니까요"라고 대답한다면 그 아이는 개념과 원리를 모르는 것이다.

심화문제 풀이와 심화학습은 다르다

사람들이 심화학습을 오해하는 데 가장 큰 영향을 미친 것이 수학 문제집이다. 흔히 심화학습 하면 심화 문제집의 문제를 푸는 것을 떠올린다. 문제집을 보면 기본, 개념, 응용, 실력, 심화 등의 이름으로 난이도가 나뉘어 있다. 그래서 심화문제라고 하면 어려운 문제, 많이 꼬아놓은 문제가 떠오른다. 하지만 심화학습은 심화문제를 푸는 것이 아니라 아이가 수학적 개념과 원리를 더욱 깊이 이해할 수 있도록 학습하는 것을 말한다. 그래서 심화학습을 하면 심화문제를 풀 수 있게 된다. 무조건 어려운 문제를 푼다고 심화학습이 되는 것이 아니라는 말이다.

심화학습이란 수학적 개념을 정확히 그리고 깊게 이해하는 과정이다. 심화학습을 이렇게 정의하는 것이 중요한 이유가 있다. 한번 생각해보자. 수학을 잘한다는 것은 어려운 문제를 풀 수 있는 능력을 갖추는 것이다. 좀 더 자세히 말하자면 어려운 문제를 보고 '어떻게 풀 수 있는지를 생각해내는 능력'이다. 여기에서 상위권과 중하위권이 나뉜다. 중하위권은 아무리 생각해도 떠오르지 않는 해법을 상위권은 어떻게 '딱' 떠올릴 수 있는 것일까?

머릿속에는 수많은 개념이 저장되어 있다. 어떤 수학 문제를 푼다는 것은 그 문제를 푸는 데 필요한 개념을 찾아서 문제에 적용하는 과정이라고 볼 수 있다. 따라서 수학 문제를 풀지 못하는 것은 다음의 두 가지 경우라고 할 수 있다.

첫째, 그 문제를 푸는 데 필요한 개념이 머릿속에 없는 경우다. 수학 문제를 고쳐야 할 기계라고 하면, 그 기계를 고칠 수 있는 개념이라는 연장이 없는 것과 같다. 연장이 없으면 고장이 난 기계를 아무리 붙들고 애써도 쉽게 고칠 수 없다.

둘째, 개념이 머릿속에 있지만 적절한 상황에서 사용할 수 없는 경우다. 사용하지 못하는 이유는 그 개념을 수학 문제와 연결하지 못하기 때문이다. 연장을 가지고 있지만 그 연장의 특성이나 사용 방법을 몰라 무용지물이 되는 것과 같은 상황이다. 왜 이런 문제가 생길까? 그것은 개념과 원리에 대한 이해 없이 수학 문제를 풀기 때문이다. 이런 아이들이 보이는 특징이 있다. 시험이 끝나고 다시 풀게 하면 쉽게 풀거나, 간단한 힌트만 주면 그제야 문제를 풀어낸다. 안타까운 것은 늘 시험이 끝나고 시험지를 제출한 후에 깨닫는다는 점이다. 또한 한두 개씩 틀리면서 실수였다고 착각한다. 문제는 이러한 경향이 쉽게 고쳐지지 않는다는 데 있다. 그래서 하는 말이 있다. "실수도 실력이다."

방에 있는 물건을 가장 잘 찾을 수 있는 사람은 누구일까? 바로 그 방을 정리한 사람이다. 아무리 깨끗하게 정리된 방이라도 남이 정리해주었다면 어떤 물건을 찾을 때 정리한 사람의 도움을 받아야 한다. 수학 문제를 푸는 것도 이와 같다. 선생님으로부터 아무리 잘 정리된 설명을 들어도 막상 그 개념을 찾으려면 그 선생님을 불러 도움을 받아야 한다. 하지만 수학 시험은 오로지 문제와 나의 일대일 싸움이다. 어떤 도움도, 힌트도 없다.

요컨대 수학 문제를 잘 풀기 위해서는 수학적 개념을 갖추고 있어야 하며, 동시에 그 개념을 관련 문제에 적용시킬 수 있어야 한다. 처음에는 서툴더라도 자녀가 스스로 방을 정리하게 하듯이, 스스로 개념을 이해하고 정리해 머릿속에 넣을 수 있도록 기회를 주어야 한다. 이때 정리하는 방법이 메타인지다. 메타인지 학습을 활용해 개념을 심화할 수 있다. 메타인지에 관해서는 4장에서 살펴본다.

심화문제가 아니라 개념학습이 먼저다

심화문제, 고난도 문제에 너무 집착하지 않기를 바란다. 심화문제 중 상당수는 상위 학년에서 배울 개념을 억지로 가져다가 풀어놓은 것이 많아 아이의 개념학습에 도움이 되지 않는 경우도 많으며, 시간을 낭비하고 아이의 배움과 성취감을 떨어뜨릴 수 있다. 특히 초등학교 저학년에서는 반드시 피하는 게 좋다. 옆집 아이가 고난도 수학 문제집을 푼다고 같이 따라 하다가 수학에 대한 거부감이 생겨 회복하기 힘든 경우를 너무 많이 봐왔다.

초등학교, 중학교까지는 응용문제 정도만 풀어도 충분하다. 물론 자녀가 원해서 고난도 문제를 푸는 것은 문제될 것이 없다. 문제는 자녀의 수준을 제대로 파악하지 못한 상태에서 부모의 욕심으로 억지로 풀게 하는 경우다. 이렇게 문제를 풀면 정답률이 70%도 안 되고, 겨우 답안지를 봐야 이해할 수 있다. 계속해서 고난도 문제를 풀고 있지만 실력은 오르지 않는다. 훨씬 쉬운 학교의 기본적인 수학 단원평가에서도 겨우 90점을 얻는 경우가 많다. 고난도 문제 풀이 학습이 전혀 효과가 없는 경우라고 볼 수 있다.

어려운 문제가 아닌 수학적 개념을 정확히 이해하는 데 초점을 맞추고 학습해야 한다. 고난도 문제를 풀 시간에 수학 교과서에 담긴 개념과 원리를 학습하게 하자. 그렇게 쌓인 실력은 진검 승부를 해야 하는 고등학교에 가서 제대로 발휘될 것이다. 이때는 진짜 고난도 문제 풀이가 필요하다.

==수학 문제 풀이는 제일 나중에 해야 한다. 첫째도 개념, 둘째도 개념, 마지막도 개념을 심화할 수 있는 학습을 해야 한다.== 개념 이해력이 심화되면 자연스럽게 심화문제를 풀 수 있다. 걱정하지 말자.

수학도 언어능력이다

공부 머리는 수업에서 교사의 '말'을 듣고 이해할 수 있는 능력, 책에 쓰인 '글'을 읽고 이해할 수 있는 능력이다. 잘 들으면 잘 말할 수 있고, 잘 읽으면 잘 쓸 수 있게 되어 듣기, 말하기, 읽기, 쓰기의 과정이 선순환을 이루며 전체적으로 이해력이 높아진다. 수학 공부도 수학 선생님의 말을 듣고, 수학 교과서 혹은 문제집에 쓰인 글을 읽고 이해하는 과정이므로 언어능력이 필요하다. 그렇다면 국어를 잘하면 반드시 수학을 잘하게 되는가? 그렇지 않다. 하지만 국어를 잘하는 아이가 그렇지 않은 아이보다 수학을 잘할 가능성이 크다. 이러한 질문은 언어와 국어를 동일한 개념으로 보는 데서 나오는 반박이다.

다른 과목들은 어느 정도 성적이 나오는데 수학만 유독 떨어지는 아이가 많다. 이러면 '우리 아이가 수학에 재능이 없나' 하는 걱정이 앞선다. 그런데 이런 아이들과 상담을 하고 테스트를 해보면 단순히 수학만의 문제가 아님을 알 수 있다. 더 근본적인 문제가 있다. 대체로 '언어능력' 자체가 부족한 경우가 많다. 모든 수업은 말과 글을 통해 이루어진다. 말과 글은 지식을 낚는 도구다. 도구가 부실하면 아무리 의지가 있어도 좋은 결과를 얻을 수 없다.

그런데 언어능력이 문제라면 유독 수학이 다른 과목에 비해 처지는 이유는 무엇일까? 그것은 주로 기호나 식으로 표현되는 수학적 언어의 특수성 때문이다. 수학은 위계성을 가지고 논리적으로 치밀하게 연결되어 있다. 그래서 어느 한순간 개념을 이해하지 못하고 건너뛰면 이후 내용을 이해할 수 없게 된다.

다른 과목들의 개념은 주로 병렬식으로 연결되어 있다. 그래서 어느 한 개념을 모른다고 해도 다른 개념을 이해하는 데 문제가 되지 않는다. 예를 들어 5학년 때 사회를 못했어도 6학년 때 열심히 공부하면 사회는 얼마든지 잘할 수 있다. 하지만 수학은 그러한 회심을 쉽게 받아들이지 않는다.

수업을 듣는 것은 교사의 말(음성언어)을 이해하는 과정이다. 그런데 수학을 못하는 아이들은 아무리 쉽게 설명해도 이해하는 데 어려움을 겪는다. 언어능력이 있는 아이는 학습 결손 부분을 보충해주면 쉽게 이해하고 다음 단계로 넘어갈 수 있다. 그런데 언어능력이 부족한 아이는 몇 배의 노력을 들여도 쉽게 나아지지 않아 교사도 아이도 지친다. 과외처럼 일대일로 설명 가능한 환경이라면 그나마 낫지만, 학교나 학원처럼 강사 한 명이 학생 다수를 지도하는 상황에서는 그 아이만을 위해 기다려줄 수 없다.

수업을 이해하는 데 어려움을 겪는 아이는 글을 이해하는 능력도 부족하다. 글을 읽고 이해하는 능력, 즉 문해력이 부족하면 혼자서 공부할 수가 없다. 늘 다른 사람의 도움이 있어야만 가까스로 공부가 가능하다. 혼자서 할 때는 주로 책으로 공부하는데 글에 대한 이해, 즉 문해력이 떨어지니 '혼공'도 어려워 학습을 보충하기가 남들보다 훨씬 불리하다. 결국 수업은 수업대로 이해하지 못하고, 혼자서 보충하려고 해도 몇 배의 노력이 드니 포기하고 싶은 마음이 들게 된다. 언어능력을 점검해야 하는 이유다.

4장

최상위 아이는 이렇게 수학 합니다

수학 기본기 3
메타인지

"어제 엄마가 메타인지에 대해 설명해줬지? 메타인지를 사용해서 문제를 풀어봐."

"우리 엄마 또 메타인지에 꽂혔네. 지난번엔 필즈상 받으려면 나보고 문제를 만드는 훈련을 해야 한다고 하고, 또 언젠가는 나선형 기억법을 익혀야 한다고 하더니, 이번엔 또 어디 가서 뭘 듣고 온 거야? 뭐 청개구리 학습법 이런 건 없어? 엄마 말 반대로 하는 거."

짓궂게 히죽이며 웃는 아이를 보며 다시 한번 메타인지의 중요성을 강조하려는데, 아이가 묻는다.

"그런데 엄마, 메타인지를 사용해서 수학을 뭘 어떻게 풀라는 거야? 구체적으로 알려줘."

"그러니까…."

말문이 막힌다.

"엄마도 모르면서 무슨 메타인지적으로 생각을 하라는 거야?"

잠시 아득해지나 싶었는데 엊그제 설명회에서 들은 한 구절이 떠오른다.

"그러니까 너 자신을 잘 알고 수학을 풀라고!"

옷만 유행이 있는 게 아니다. 교육에도 유행이 있고, 그 유행을 먼저 알아차린 사람이 사교육 시장에서 유리한 위치를 선점하기도 한다. 요즘 들어 가장 자주 듣는 교육 용어가 있다면 다름 아닌 '메타인지'다. 인지 심리학 용어가 이렇게 대중적으로 널리 사용된 경우가 없을 정도로 여기저기서 '메타인지'라는 말을 들을 수 있다. 하지만 메타인지는 최근 발명품도 아니고, 새로운 교육 방법도 아니다.

"선생님, 직사각형의 넓이는 '가로의 길이×세로의 길이'라는 공식으로 구하잖아요. 그런데 어떻게 길이를 곱하는데 넓이가 나오는지 이해가 되지 않아요. 길이를 이용하지 않고 다른 방법으로 풀 수는 없나요?"

승준이의 질문은 늘 답을 구하는 데 초점이 맞춰져 있지 않고, 그 질문과 공식에 대한 의문으로 시작된다. 이것이 승준이가 다른 아이보다 개념을 깊이 있게 이해할 수 있는 장점이다. 이러한 성향은 습관을 들이기에 따라 얼마든지 계발할 수 있다. 이 장을 통해 우리 아이도 똑똑한 질문을 던지는, 깊은 생각을 할 수 있는 아이로 교육해보자. 메타인지에 대한 올바른 이해에도 도움이 될 것이다.

무엇을 모르는지 아는 데서 공부가 시작된다

가장 가르치기 쉬운 아이는 어떤 아이일까? '자신이 무엇을 모르는지 아는' 아이다. 반면에 가르치기 어려운 아이는 '자신이 무엇을 모르는지 모르는' 아이다. 그런데 그보다 더 가르치기 어려운 아이가 있다. 모르는데 알고 있다고 생각하는 아이다. 즉, 가장 잘 배우는 아이는 '자신이 무엇을 모르는지 아는' 아이이고, 가장 배움이 더딘 아이는 '자신이 무엇을 모르는지 모르거나, 모르지만 알고 있다고 착각하는' 아이다.

안다고 착각하면 공부에서 멀어진다

공부는 무엇을 모르는지를 확인하면서 시작된다. 공부를 잘하는 아이일수록 자신이 무엇을 모르는지를 분명히 알고 있다. 모름에 대한 태도로 학업 성취도를 분류하면 다음과 같이 나눌 수 있다.

> - **상위권**: 자신이 무엇을 모르는지 구체적으로 알고 이를 해결하려고 함.
> - **중위권**: 자신이 무엇을 모르는지 구체적으로 알지 못하지만 공부함.
> - **하위권**: 자신이 무엇을 모르는지 혹은 아는지 관심 없음.

무엇을 모르는지 모르는 학습은 밑 빠진 독에 물 붓기다. '무엇을 모르는지 아는 것'이 학습의 시작이다. 무엇을 모르는지 알고 있다면 공부의 반은 이미 성공했다고 해도 과하지 않다. '그 사람'이 나타나기 전까지 사람들은 사과나무에서 사과가 떨어지는 것을 보며 왜 사과가 떨어지는지 '안다'고 생각했다. '그 사람'은 바로 뉴턴이다. 하지만 뉴턴은 사과가 나무에서 떨어지는 지극히 상식적인 사건을 보고 자신이 사과가 왜 떨어지는지 '모른다'는 사실을 알게 됐다. 그리고 그 모름의 앎을 통해 '만유인력의 법칙'을 발견했다.

학업 성취도가 낮은 아이일수록 한 번 들은 것을 안다고 착각하는 경향이 있다. 반면 공부를 잘하는 아이일수록 자신이 무엇을 모르고 아는지, 무엇을 보충해야 하는지를 정확히 알고 있다. 예를 들어 각과 각도의 개념을 안다고 생각하지만 막상 둘의 차이를 물어보면 대답하지 못한다. 이런 경우가 무엇을 모르는지 모르는 상태다.

메타인지를 키우면 학습 효율이 오른다

자신이 무엇을 아는지 혹은 무엇을 모르는지는 어떻게 알 수 있을까? '모르는 것'을 생각하고, '아는 것'을 생각할 수 있어야 한다. 모르는 것과 아는 것 자체가 생각이다. 이를 정리하면 '생각에 대해 생각'할 수 있어야 자신이 무엇을 알고 모르는지 알 수 있다는 말이다. 생각에 대해 생각하는 것, 이것이 바로 메타인지다.

《손자병법》의 모공 편을 보면 "적을 알고 나를 알면 백 번 싸워도 위태롭지 않다. 적을 알지 못하고 나를 알면 한 번 이기고 한 번 진다. 적도 모르고 나도 모르면 싸울 때마다 반드시 위태롭다"라고 나와 있다. 학습에서도 '나를 아는 것'은 학습의 성패를 결정지을 만큼 중요하다.

학습에서 나를 아는 것은 '내가 아는 것과 모르는 것을 아는 것'을 말한다. 이렇게 되면 학습 효율을 높일 수 있는데, 이는 '선택과 집중'이 가능하기 때문이다. 자신이 아는 것과 모르는 것을 구분하려면 자신을 객관화할 수 있어야 한다. 자신을 자신이 희망하는 이미지로 왜곡해서 보는 것이 아니라 거울을 보듯이 정확히 보는 것이 객관화다. 이렇게 자신을 객관적으로 볼 수 있는 능력이 메타인지의 기능 중 하나다.

메타인지를 키우면 사교육 활용이 쉬워진다

학원을 선택할 때도 메타인지가 발달한 아이는 무조건 인기 있는 학원을 찾아가지 않는다. 자신의 부족한 점을 메워줄 수 있는 학원을 선택해 학습하고 원하는 결과를 얻으면 바로 학원을 나온다. 이것이 선택과 집중을 통해 사교육을 효율적으로 이용하는 모습이다. 가끔 학원 홍보 내용을 보면 학원을 오래 다니며 좋은 대학을 간 아이들을 내세우는데, 최상위권 아이들을 조사해보면 상대적으로 강의 수강 기간이 짧은 경우가 많다. 특히 고3 때까지 다니는 경우는 드물다.

스스로 공부하는 방법이나 자신의 약점을 모르고 그냥 학원의 프로그램에 수동적으로 자신을 맡기는 아이의 학습 효율성은 낮을 수밖에 없다. 이러한 아이일수록 뒤에 있는 부모는 불안할 수밖에 없고, 부모의 정보로 선택한 학원을 장기간 다니는 장기 학원생이 된다. 자신을 가장 잘 아는 사람은 자신이다. 아니, 자신이어야 한다. 그래야 선택과 집중을 통해 부족한 공부 시간을 효율적으로 사용할 수 있다.

메타인지를 키우면 문제해결력이 높아진다

어떤 수학 문제를 A라는 방법으로 풀었는데 풀리지 않는다면 어떻게 해야 할까? 여러 가지를 고민해볼 수 있다. A방법을 다시 분석해서 풀 수도 있고, B, C 등의 다른 방법으로 풀어볼 수도 있다. 수학 문제를 보고 자신이 생각한 풀이 방법으로 접근했는데 풀리지 않을 때 다양한 시도를 할 수 있도록 도와 결국 그 문제를 해결하는 해법을 찾게 하는 것이 메타인지다.

메타인지가 떨어지면 처음부터 해법을 생각해내지 못하거나 잘못된 풀이 방법을 계속 고집해 결국 시간만 낭비하게 만든다. A방법이 아니라면 B, C, D 등의 다른 방법을 떠올릴 수 있어야 한다. 그래서 수학을 잘하는 아이들은 처음 시도한 방법으로 풀리지 않을 때 그 방법의 문제점과 새로운 대안을 찾아내 결국 남들이 풀지 못하는 고난도 문제를 풀어낸다.

수학을 잘하는 아이일수록 한 가지 문제도 다양한 방법으로 풀 수 있다. 그래서 처음 시도한 방법이 막혀도 당황하지 않고 다양한 시도를 하며 결국 풀어낸다. 그런데 다양한 시도를 하려면 처음 접근한 풀이법이 어떤 점에서 잘못되었으며 어떤 방법으로 접근해서 해결할지를 떠올려야 하는데, 메타인지에 따라 그 유연한 사고의 수준이 결정된다.

메타인지는 시행착오로 길러진다

인간의 뇌는 약 1,000억 개의 뉴런으로 구성되어 있고, 각 뉴런은 1,000여 개의 시냅스로 연결되어 상호작용한다. 뉴런의 상호작용이 활발할수록 깊은 사고가 가능하다. 한 가지 수학 문제를 풀 때도 특정한 뇌 부위만 활성화되는 것이 아니라 다양한 부위가 서로 반응하며 최적의 해결책을 찾으려고 노력한다. 메타인지가 뛰어나다는 것은 활성화되는 부위가 더 많아 다양한 시냅스의 정보 처리로 빠른 해법을 찾아내는 것을 의미한다.

부모가 아이의 교육을 위해 학원 설명회, 수학 도서, 유튜버, 옆집 엄마 모임 등에서 좋은 정보를 물어다 줘도 메타인지가 발달하지 않은 아이는 그냥 잔소리처럼 시큰둥하게 여길 뿐이다. 결국 그 좋은 공부법, 정보 등에 관심이 없는 아이를 보는 부모만 속이 탄다.

메타인지는 하루아침에 길러지는 능력이 아니다. 메타인지를 기르는 가장 좋은 방법은 시행착오(trial and error)의 경험을 통해 깊은 사고를 만드는 것이다. 역설적으로 수학을 가장 잘하는 아이는 가장 많은 문제를 틀린 아이다. 수많은 실패를 통해 뇌는 최적의 풀이 방법을 찾고자 진화한다. 이건 누가 대신해줄 수 없다. 시행착오를 통한 성장에 가장 큰 걸림돌은 조바심이다. 조바심은 자신만의 속도를 찾지 못하고 남과 비교할 때 생기기 쉽다.

옆집 아이의 진도, 옆집 엄마의 조언, 학원의 설명회 등에서 침착

할 수 있는 부모는 많지 않다. 왜 옆집 엄마는 남의 아이의 수학 성적에 그렇게 관심이 많고 조언을 하지 못해 안달일까? 정말로 자신의 자녀와 같이 좋은 학원을 다녀 함께 성적을 올려주려는 인류애 때문일까?

전문가의 입장에서 보면 무슨 특별한 정보인 양 전하는 대부분의 내용이 사실이 아닌 경우가 많고, 심지어 해로운 경우도 있다. 그리고 겉으로 보기엔 확신을 가지고 정보를 전달하며 권유하는 옆집 엄마의 심리에는 놀랍게도 '불안'이 숨겨져 있다. 자녀의 인생이 걸린 문제를 놓고 자신의 선택과 결과를 확신할 수 없으니, 가급적 많은 사람에게 자신의 결정이 옳다는 것을 전하면서 불안을 해소하고 스스로 자신이 옳은 선택을 했다고 세뇌시키는 것이다.

학교 수업이나 학원 수업이 반드시 아이의 공부에 도움이 되는 것은 아니다. 교사의 가르침에는 시행착오가 없다. 일사천리로 수학 풀이 과정을 설명해나간다. 그 강의를 듣고 있노라면 강사의 수학 실력이 자신의 머리로 전이되는 것 같은 착각에 빠진다.

==강의를 듣는 시간과 비례해 수학 실력이 향상된다면, 학원 수업과 인터넷 강의(이하 인강)를 가장 많이 듣는 아이가 수학을 제일 잘해야 한다. 하지만 '듣는 수업'의 시간이 어느 시점을 넘어서면 오히려 성적이 떨어진다. 뇌가 시행착오를 통해 사고를 심화시킬 기회를 놓치기 때문이다.== 특히 짧은 시간에 많은 진도를 나가야 하는 선행학습은 시행착오의 기회를 가장 많이 놓치게 하는 학습 방법이다.

그래서 막상 몇 년 전에 배운 수학 내용을 학교에서 배울 때 기초적인 문제도 손을 대지 못하게 된다.

그렇다고 처음부터 모든 개념과 풀이 방법을 혼자서 찾으라는 것은 아니다. 그러면 그 아이는 인류의 수학 발달사의 첫 페이지부터 다시 시작해야 한다. 우리는 자녀를 수학자로 기르려는 것이 아니라 수능과 내신에서 아이가 원하는 성적을 얻을 수 있는 방법을 고민하는 것이다. 늘 강조하지만 먼저 혼자 생각하고(예습), 수업을 들으며 자신이 이해한 것과 이해하지 못한 부분을 정교하게 다듬으며, 수업 후에 그것을 자신의 것으로 완전히 소화하는 과정을 거치는 것이 수학 공부의 정석이다.

메타인지를 키우는 수학 학습법

메타인지를 키울 수 있는 학습법은 무궁무진하다. 그중 수학에 적용하기 좋은 방법 몇 가지를 소개한다.

질문하고 답하기

한국인 학부모와 유대인 학부모를 비교할 때 다음 대화를 종종 인용한다. 한국인 학부모는 자녀가 하교하면 "오늘 뭘 배웠어?"라고 묻지만, 유대인 학부모는 "오늘 무슨 질문을 했니?"라고 묻는다고 한다. 전자가 앎에 초점을 둔 질문이라면, 후자는 모름에 초점을 둔 질문이다. 물론 학교가 수업시간에 자유롭게 질문하기 어려운 분위기일 수 있다. 그렇더라도 가정에서라도 스스로 무엇을 모르는지 깨닫게 하는 대화법을 쓴다면 그 어떤 과외보다 큰 효과를 볼 수 있다.

필자는 집에서 아이들에게 예습을 시킬 때 모르는 것을 찾는 연습부터 시켰다. 다음 예시를 보자. 다음은 6학년 1학기 4단원 '비와 비율'의 첫 페이지다. 얼핏 보면 너무 쉬워서 왜 6학년 교과서에 이런 내용이 나오는지 의아할 정도다. 그러나 이 내용은 이후에 배울 비와 비율을 이해하는 데 중요하다.

단순해 보이는 예시 내용과 관련해서 아이는 다음과 같은 질문을 할 수 있다.

① 두 수를 비교하는 이유는 무엇일까?
② 준비하는 사람과 판매하는 사람 수를 예로 든 이유는 무엇일까?
③ 그림의 말 주머니에 "어떻게 비교하면 좋을까요?"라고 쓰여 있는데 비교할 때 좋은 방법과 그렇지 않은 방법이 있을까? 그렇다면 그 이유는 무엇일까?
④ 준비하는 사람 수와 판매하는 사람 수를 뺄셈으로 비교하는 이유는 무엇일까?
⑤ 준비하는 사람 수와 판매하는 사람 수를 비교할 때 뺄셈과 나눗셈으로 각각 비교하는 이유는 무엇일까?
⑥ 뺄셈으로 비교할 때는 몇 명이 더 많다고 할 수 있지만 나눗셈으로 비교할 때는 몇 배 더 많다고 할 수 있다. 이것이 나타내는 의미는 무엇이며, 이후에 배우게 될 내용과 어떻게 연결될까?
⑦ 두 수를 비교하는 다른 방법은 없을까?

이처럼 단순한 내용에서도 다섯 가지가 넘는 질문을 쉽게 만들 수 있으며, 질문을 만들어내는 수준이 곧 사고력의 수준이다. 그리고 이러한 비교 과정을 통해 아이는 '상대적 비교'와 '절대적 비교'의 차이점을 알 수 있다. 물론 이러한 용어를 사용하기를 기대하기는 어려울 수 있다. 공식도 없고, 어려운 문제도 없고, 글자도 얼마 없는 이 한 페이지를 이해하는 데도 많은 시간이 걸린다. 심지어 다른 사람의 도움 없이 혼자서 이해하려면 더욱 많은 시간이 걸린다. 하지만 과정을 정확히 이해하지 못하면 이어서 배울 비와 비율의 맥락적 의미를 알 수 없어 학습 결손이 쌓인다.

처음에는 질문을 만들기가 어려울 수 있다. 하지만 차츰 습관을 들이고 연습을 하다 보면 촘촘한 그물처럼 교과서의 작은 내용도 놓치지 않고 잡을 수 있는 생각그물을 뇌에 갖추게 된다. 이렇게 학습하면 그냥 겉핥기로 공부하며 몇 년 치 선행학습을 하는 아이들보다 더욱 단단한 실력을 갖추게 된다.

예습, 수업, 복습 모두 앞쪽과 같이 질문을 통해 개념을 완성하자. 고학년으로 갈수록 수업 시간에 질문하는 아이가 줄지만, 상위 10%의 아이는 늘 질문하는 용기가 있다. '1일 1질문하기'를 목표로 수업 시간에 질문해보면 어떨까? 다음은 내용을 정리하며 질문을 적어놓은 한 아이의 교과서다.

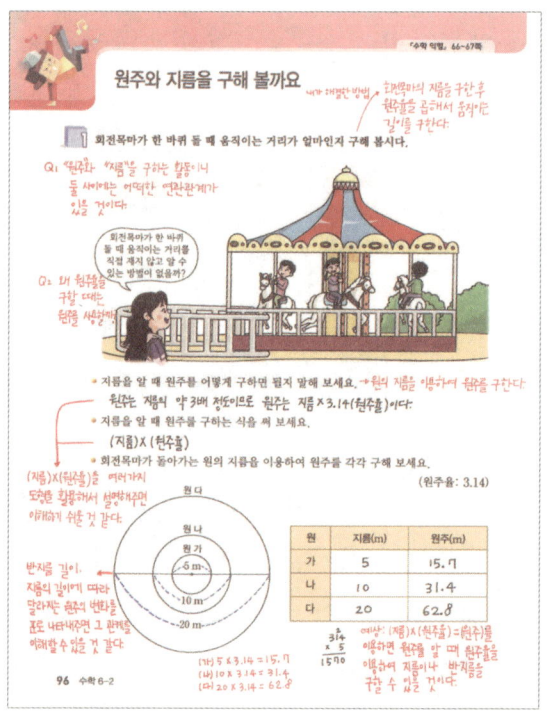

아이들은 어른들이 생각하지 못한 다양한 질문을 한다. 질문은 모르는 것을 찾는 것이고, 거기에서부터 배움이 시작된다. 이때 가장 중요한 것은 어떤 질문이든 허용하는 분위기다. 부모가 원하는 질문이 아니거나 대답하기 어려운 질문을 한다고 부정적인 반응을 보여서는 안 된다. 만약 대답하기 힘든 질문을 한다면 당황하지 말고 오히려 칭찬해주자. 아이는 이를 통해 배움의 기쁨을 느끼고, 학습을 통해 자존감을 높일 수 있다.

오답 노트 작성하기

오답 노트란 틀린 문제를 다시 풀어보면서, 왜 틀렸는지를 생각해보는 시간을 갖는 것을 말한다. 처음 문제를 풀면서 오답을 쓸 때 자신이 '생각한 지식'이 있을 것이고, 그 지식에 어떤 문제가 있었기 때문에 잘못된 답을 도출했을 것이다. 그렇다면 문제를 푸는 과정에서 이용된 '생각'에서 무엇이 문제였는지를 알면 잘못된 생각을 바로잡을 수 있다.

오답 노트는 단순히 문제를 다시 푸는 것이 아니라, 자신의 잘못된 생각이 무엇인지 정리하는 과정이다. 거울에 얼굴을 비춰보며 얼굴에 묻은 것을 떼어내 깔끔하게 단장하는 활동과 같다. 오답 노트 작성의 핵심은 정답 풀이 과정을 그대로 써보는 것이 아니라, 자신의 어떤 생각 때문에 오답을 쓰게 됐는지를 확인하는 것이다.

다음은 초등학교 2학년생의 오답 정리 과정이다. 2학년생이라 잘못된 생각을 정리하기가 쉽지 않아 대화를 하며 도움을 주었다. 글자 쓰는 것을 싫어하는 아이라면 굳이 쓰게 하지 말고 말로 설명하게 해도 괜찮다. 글쓰기 자체가 수학 공부에 방해가 되면 안 되기 때문이다. 하지만 고학년으로 갈수록 써보는 활동이 중요하다.

틀린 문제 풀이 과정 써보기	틀린 문제 풀이 과정 써보기
틀리게 된 풀이 과정을 다시 확인한다. [문제] 네 자리 수의 크기를 비교했습니다. 1부터 9까지의 수 중에서 □ 안에 들어갈 수 있는 수를 모두 써보세요. 5419 < □784 (　　　　) 처음 쓴 오답 : 6, 7, 8, 9(5를 빠뜨림)	왼쪽 풀이 과정의 어떤 점 때문에 틀렸는지 써보고, 올바른 풀이 과정을 쓴다.

틀린 문제를 복습하는 방법으로 무조건 오답 노트를 작성해야 하는 것은 아니다. 상위권 아이 중에서도 오답 노트를 작성하는 아이와 하지 않는 아이가 있다. 하지만 틀린 문제를 보며 왜 틀렸는지, 자신의 생각에 어떤 문제가 있는지, 잘못 알고 있는 개념은 없었는지 확인하는 과정은 모두 공통이다. <mark>하위권 아이일수록 틀린 문제를</mark>

대수롭지 않게 여기고, 심지어 다시 풀어보지도 않고 계속해서 문제를 푼다. 수학 문제를 푸는 것은 어떤 점수를 얻기 위한 것이 아니라, '모르는 문제를 찾는 과정'이다. 틀린 문제는 실력을 키워줄 보석같이 귀한 문제인 것이다. 그 문제야말로 수학 실력을 키울 기회를 가져다준다.

예습하기

아이들이 다양하게 사고하려면 타인의 설명을 듣기 전에 스스로 문제를 풀어보는 것이 중요하다. 이때 자신만의 생각이 만들어진다. 그런데 학교에서든 학원에서든 타인의 설명을 '듣는 공부'만 하면 자신만의 생각을 만들기가 어렵다. 그래서 어떤 과목보다 예습을 통해 자신만의 풀이 방법을 미리 고민해보는 것이 중요한 과목이 수학이다.

예습을 하지 않은 아이는 수업 시간에 해당 수학 내용을 선생님에게서 처음 듣게 된다. 어려운 내용을 듣다 보면 수업 내용을 이해하며 따라가기가 쉽지 않다. 한편 예습을 한 아이는 어떨까? 완전히 상황이 다르다. 일단 먼저 공부를 해왔기 때문에 심리적으로나 이해 측면에서 여유가 있다. 교사의 설명을 들으며 자신이 이해한 것과 비교할 수 있고, 그 과정을 통해 심화된 사고를 할 수 있게 된다. 그리고 혼자서 공부할 때 이해되지 않았던 부분을 더욱 집중해서 듣게 된다. 이러한 모든 과정에 메타인지적 사고가 작동한다. 어떤 아이가 수업을 잘 들을 수 있겠는가? 어떤 아이의 성적이 높겠는가?

노트 필기하기

노트 필기도 메타인지를 사용하는 활동이다. 수업 시간에 교사의 설명을 듣고 노트에 필기하는 상황을 떠올려보자.

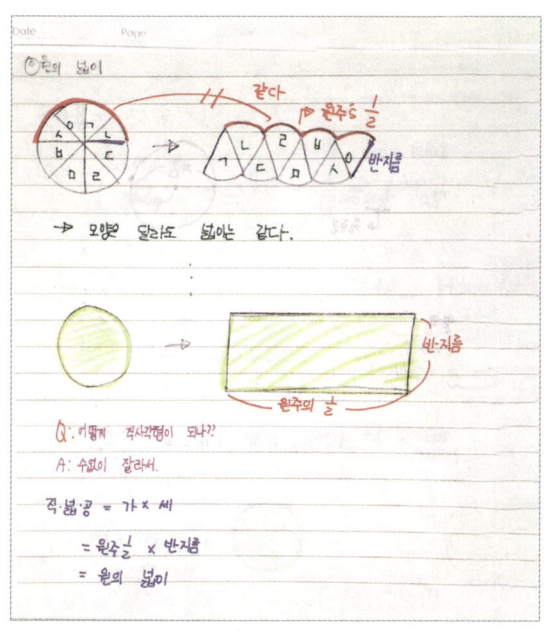

6학년 2학기 5단원 '원의 넓이' 수업을 듣고 정리한 한 아이의 필기 노트

아이는 교사의 설명을 들으며 그것을 분석하는 등의 판단을 하게 된다. 무턱대고 교사의 말을 다 받아 적는 게 아니라면, 필기를 하기 위해서는 내용을 이해해야 한다. 중요한 것과 그렇지 않은 것을 분류하고, 내용의 핵심을 파악하며, 그것을 자신의 언어로 해석해 옮겨 적는 과정이 노트 필기다. 간단한 활동 같지만 정말 순식간에 뇌에서 수많은 판단을 빠르게 해야만 가능한 일이다.

전 과목에 적용할 수 있는 메타인지 향상법

수학만이 아니라 모든 과목에 적용할 수 있는 메타인지 향상법을 살펴보자.

① 책 제목 읽기

아무 교과서나 가지고 와서 아이에게 읽게 하면 된다. 메타인지가 떨어질수록 제목을 읽지 않고 책을 읽는 성향을 보인다. 수학 교과서든 다른 교과서든 상관없다. 특정 페이지를 펴고 그냥 "읽어봐"라고 말한 후 관찰하면 알 수 있다. 다음 그림에서 맨 위 밑줄 그은 부분이 제목이다. 제목은 학습 목표인 동시에 그날 배울 내용을 요약해서 보여주는 대단히 중요한 핵심 성취 내용이다.

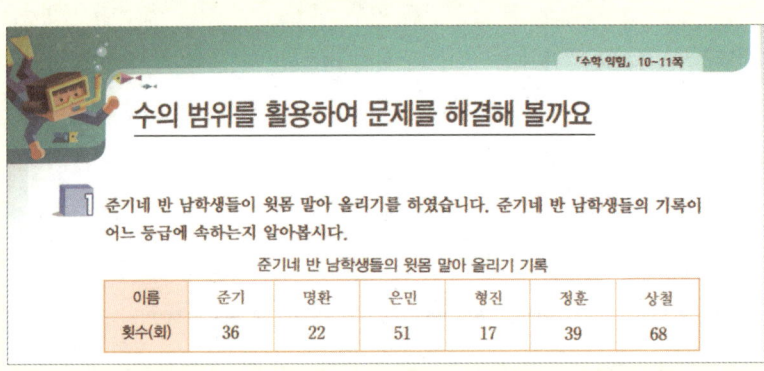

메타인지가 떨어지면 책에서 제목이 어떤 역할을 하는지 잘 모른다. 무수히 많은 시간에 무수히 많은 제목을 보았지만 그냥 뇌에서 '패스'한 것이다. 제목을 패스한다면 핵심 내용을 파악하지 못하고 수업을 듣게 될 가능성이 크다. 이러한 상태로 수업을 들으면 다 듣고 났을 때 머리에 남아 있는 것이 거의 없고 이해의 수준도 낮다.

물론 제목을 읽지 않았다고 해서 무조건 메타인지가 낮다고 볼 수는 없다. 이런 경우 책 내용을 읽고 제목을 정해보라고 하면 조금 더 확실히 알 수 있다. 제목을 읽지 않고도 책을 읽은 후 제목을 말할 수 있다면 메타인지가 우수하다고 볼 수 있다.

책을 읽을 때 반드시 제목을 읽는 습관을 들이도록 지도해야 한다. 그런데 막상 해보면 이것이 생각보다 잘 고쳐지지 않는다. 그래도 꾸준히 연습시키면 어느 순간 제목을 읽게 된다. 같은 맥락에서 책을 읽기 전 목차를 읽는 습관을 들이는 것도 좋다. 목차는 글 전체의 제목과 같다. 목차를 읽으며 책 내용을 미리 짐작해보고, 자신의 짐작과 같은지 비교하며 읽으면 메타인지 읽기가 가능하다.

② 책 읽고 제목 추론하기

반대로 내용을 설명해주고 제목을 맞혀보는 활동을 통해 메타인지를 가늠할 수 있다. 이것이 잘될수록 요약 및 추론 능력이 뛰어나다고 볼 수 있다. 내용만 읽거나 듣고도 제목을 말할 수 있다면 내용을 잘 파악하고 있다는 것이다. 이러한 아이는 늘 핵심을 파악하고 있기 때문에 수업의 흐름을 잘 잡고 있으며, 집중력이 뛰어나고, 배운 내용을 잘 조직화해 머릿속에 저장하므로 배운 내용을 오래 기억한다.

제목을 포스트잇 등으로 가리고 읽은 후 제목을 써보게 한 다음 바로 포스트잇을 떼어 원래 제목과 비교하게 한다. 대답한 내용에 제목의 어휘가 들어 있을수록 정확한 추론이라고 볼 수 있다. 이 방법이 좋은 점은 내용을 읽으면서 제목을 생각하게 하므로 집중해서 책을 읽게 되며, 글에서 작가가 전달하고자 하는 주제를 파악하는 능력도 길러진다.

③ 책 읽고 질문 만들기

142쪽에서는 질문을 활용하는 공부법에 대해 자세히 소개했다. 메타인지가 뛰어난 학생은 자신이 무엇을 모르는지 알기 때문에 질문이 많고 질문 내용이 구체적이다. 책을 읽고 모르거나 궁금한 내용에 대해 질문 만들기를 하게 하자. 질문을 만들 수 있다는 것은 내용을 모른다는 증거가 아니라, 오히려 내용을 잘 파악하고 집중하며 읽었음을 나타내는 기준이다.

'유대인 대화법'이라며 활용하는 하브루타도 제시된 내용을 읽고 다양한 질문 만들기를 하는 활동이다. 질문은 깊은 탐구와 이해로 안내하는 도구다. 꼭 답을 찾을 필요는 없다. 질문하는 것만으로도 내용을 잘 이해했다는 증거다. 공부에 관심 없는 아이, 배운 내용을 전혀 이해하지 못한 아이는 질문을 할 수 없다.

가장 좋은 방법은 예습하면서 궁금하거나 모르는 내용을 질문으로 만들어 교과서에 적거나 해당 교과 노트에 적는 것이다. 이렇게 하면 메타인지가 길러지는 동시에 학교든 학원이든 제대로 수업 예습이 된다. 예습은 집중해서 수업을 듣게 되는 '동기'가 되므로 여러모로 유익하다.

내용을 읽고 '질문 만들기' 활동을 할 수도 있다. 그런데 이 방법으로 공부하다 보면 어느 순간 형식적이고 반복적인 질문 만들기로 시간을 허비할 수 있다. 무조건 질문만 만들지 말고 질문에 대한 자신만의 대답을 써보는 활동으로 보완할 수 있다.

처음에는 수학 교과서나 학원 교재 등을 가볍게 보면서 궁금한 내용에 밑줄을 긋고 문장 앞에 Q를 써넣는다. Q는 QUESTION의 첫 글자다. 그리고 다시 공부하면서 이해되지 않으면 궁금한 내용을 질문하는 문장으로 써놓고 바로 아래 답을 적을 만한 공간에 A라고 써놓는다. 수업을 들은 후 A에 해당하는 빈칸에 이해한 내용을 적어본다. 여전히 이해되지 않는 부분은 별도로 물어 해결한다. 그래도 해결되지 않은 질문은 빈칸으로 두어 시각적으로 확인할 수 있도록 한다. 바로 해결되지 않는다고 조바심을 낼 필요는 없다. 답을 찾는 것도 중요하지만, 적극적으로 모르는 내용을 찾고 해결하려는 의지가 더욱 중요하기 때문이다.

④ 내용 요약하기

글을 읽고 핵심을 파악하면 내용을 요약할 수 있게 된다. 요약은 글의 전체적인 흐름과 맥락을 이해하고 있을 때 가능하다. 또한 중요한 내용과 지엽적인 내용을 구분할 수 있어야 요약할 수 있다. 그런데 메타인지가 낮은 아이는 중요한 내용과 덜 중요한 내용을 비교·분석하지 못한다. 그러다 보니 글의 전체적인 맥락에서 중요하지 않은 내용을 중요하다고 보거나, 중요한 내용임에도 요약 내용에서 빠뜨린다.

요약하기를 연습할 수 있는 기회가 있다. 바로 국어 시간이다. 국어 교육과정에서는 요약하기를 중요한 학습 활동으로 안내하고 있다. 다음은 초등학교 국어 교과서에서 나

4. 「우주 호텔」의 사건 전개 과정을 이야기 구조에 따라 요약해 봅시다.

이야기 구조	사건의 중심 내용 간추리기
발단	
전개	
절정	
결말	

국어 6학년 1학기 2단원 이야기를 간추려요 중에서

오는 요약하기 활동 부분이다. 국어 수업을 열심히 듣고 활동해야 하는 까닭이 여기에 있다. 수업 시간에 하는 요약하기 활동에 집중하는 것만으로도 효과를 볼 수 있다. 요약하기는 높은 독해력과 추론력을 필요로 하므로 주로 초등학교 고학년에서 다루고 있지만, 내용에 비해 시간이 많지 않아 현실적으로 충분히 다루지 못하고 넘어간다. 이런 현실을 보완하려면 가정에서 자녀에게 충분한 시간을 주고 책을 읽고 요약하는 활동을 하도록 독려하고 이를 점검해주면 좋다.

⑤ 독서하기

메타인지를 키우는 데 독서보다 좋은 방법은 없다. 물론 독서가 중요하다는 것을 모르는 사람은 없다. 다만 독서를 하지 않는 사람이 있을 뿐이다. 독서는 작가와의 대화다. 대화를 통해 자신과 다른 생각을 만나고, 그 과정에서 자신의 생각을 반성하며 깊은 생각을 하는 기회를 갖는다. 이 부분은 아무리 강조해도 지나치지 않다.

학년이 올라갈수록 독서보다는 입시 과목 공부에 지나치게 많은 시간을 쏟는 경우를 많이 본다. 어릴 때부터 문제집을 풀며 정답을 찾는 활동을 지나치게 시키는 것은 좋지 않다. 또한 독서와 멀어지게 하는 지나친 스마트폰 사용도 잘 조절해야 한다. 스마트폰은 중독성이 강해 한순간에 우리 아이로 하여금 영원히 책과 멀어지게 할 수 있다.

독서와 수학 성적이 관련이 있을까? 상관관계는 있지만 인과관계는 없다. 쉽게 말해 책을 많이 읽은 아이가 수학을 잘하는 경우가 많지만, 책을 많이 읽었다고 해서 반드시 수학을 잘하는 것은 아니며, 책을 많이 읽지 않은 아이 중에서 수학을 잘하는 아이도 적지 않다. 여기서 주목할 점은 독서를 많이 하지 않았어도 국어 성적이 우수한 아이가 있다는 사실이다.

독서가 성적으로 이어지지 않는 아이의 독서 습관을 관찰해보면, 독서 자체는 좋아하지만 집중해서 읽지 않는다는 특징이 있다. 자신이 흥미 있는 부분만 선별적으로 읽다 보니 저자의 의도와 다르게 주관적으로 내용을 해석한다. 그러면 기억에 남는 것도 없다.

수학 최상위권을 조사해보면 단지 수학만 잘하는 것이 아니라 국어, 사회 같은 소위 문과 과목에서도 최상위권이다. 개념을 정확히 이해하는 것은 수학만이 아니라 모든 과목에서 중요한 학습 방법이다. 따라서 정확히 독해를 하는 습관과 실력을 갖추어야 한다. 이를 위한 가장 효율적인 방법이 바로 국어 교과서를 제대로 공부하는 것이다.

안타깝게도 학교 국어 수업에는 시간에 비해 학습해야 하는 양이 많다 보니 꼼꼼하게 가르치고 넘어가기가 쉽지 않다. 교과서 지문만 읽는 데도 10분 정도가 소요되다 보니 깊이 생각한 뒤 답을 쓰고, 이어서 학생의 답에 피드백까지 해주는 것이 현실적으로 힘들다. 저학년의 경우 분량이 적어 담임교사가 학생들을 줄 세워 한 명 한 명 지도하는 때도 있지만, 고학년의 경우 그렇게 지도하는 경우는 거의 없다. 사정이 이렇다 보니 고학년으로 올라갈수록 국어 교과서와 수업이 중요성은 더 커지지만 오히려 부실해질 위험이 있다.

요즘 문해력이 강조되다 보니 자녀의 언어능력 향상을 위해 독서 논술·토론 등을 가르치는 학원에 보내는 경우가 많아졌다. 하지만 국어 교과서에서 다루는 내용만큼 체계적이고 광범하지 않다. 수백 명의 교사와 교수들이 몇 년에 걸쳐 연구해서 만든 국어 교과서와 사교육 기관에서 사용하는 교재를 비교하긴 어렵다.

국어 교과서에 빈칸이 없도록 하자. 자녀의 국어 교과서를 보면 고학년일수록 빈칸이 많을 것이다. 답을 적었더라도 의미 있는 피드백을 받지 못해 엉뚱한 답이 적혀 있어도 그게 정답인 줄 알고 넘어간 경우도 많이 보일 것이다. 학교 진도에 맞게 학교에서 다루지 못한 문제의 답을 적게 하고 참고서로 비교해보는 것만으로 충분하다. 쉽지는 않겠지만 장기적으로 큰 결실을 얻을 수 있다. 문해력은 평생 필요한 능력이다. 어떤 내용의 글이든 그 내용을 정확히 이해하고 정보를 습득할 수 있어야 한다.

⑥ 일기 쓰기

과거 초등학생들의 필수 활동이었던 일기 쓰기가 지금은 거의 사라졌다. 인권위에서 일기 검사가 개인의 사생활을 침해할 여지가 있다고 발표했기 때문이다. 사실 일기 검사는 교사들에게도 부담스러운 활동이다. 그럼에도 일기 검사를 해왔던 건 아이들의 글쓰기 실력을 향상시킬 수 있는 가장 효과적인 방법이며, 아이들의 개인 사정을 파악해 상담 및 생활지도에 활용할 수 있었기 때문이다. 여기에 더해 메타인지적 관점에서도 일기 쓰기만큼 효율적인 활동이 없다. 일기 쓰기 숙제가 없더라도 부모들에게 일기 쓰기 지도를 권하는 이유다.

일기는 글을 통해 자신을 반성하는 직접적인 활동이다. 글을 쓰는 활동 자체가 반성적인 활동인데 일기는 여기에 더해 자신의 일상을 기록해 자신의 모습을 객관화함으로써 메타인지적 효과를 극대화한다. 내 아이를 훌륭하게 키울 수 있는 가장 좋은 방법을 추천하라고 하면 필자는 무조건 일기 쓰기를 꼽는다. 자신을 바로 볼 수 있는 아이가 타인도 바로 볼 수 있다. 이렇게 속 깊은 아이는 공부를 하거나 진로를 선택할 때 주도적이고 진지한 자세로 임할 수 있는 힘이 있다.

고학년까지 일기를 꾸준히 쓴 아이들은 확실히 다르다. 본인을 스스로 성찰하고 하루를 되돌아보고 복기하면서 쓰는 글이야말로 메타인지의 꽃이다. 사라져 가는 활동, 일기 쓰기를 잊지 말자.

5장

최상위 아이는 이렇게 수학 합니다

수학 완전학습 로드맵 1
수업

"엄마, 참 이상해. 우리 반 아이들은 대부분 중학교는 물론 고등학교 수학 과정까지 선행했어. 근데 시험 보기 전에 며칠 전 수업 시간에 배운 문제를 들고 와서 나한테 물어. 도대체 왜 그러는 거야?"

"어떤 문제를 물어보는데?"

"원이 직사각형과 왜 연결되는지, 직사각형의 세로와 가로가 원의 반지름과 원주의 관계와 어떻게 연결되어 있는지 같은 문제. 이거 다 교과서에 그림으로 나와 있는 거잖아. 그런데 그걸 모르고 공식만 외우고 있더라고. 왜 그런지 알아야 풀 수 있는 문제라서 설명해줬더니 나보고 수학 천재래!"

"많이 설명해줘. 설명을 많이 해주면 해줄수록 그건 친구들이 아니라 네 스스로 개념을 확고히 하고 너를 돕는 일이야."

"나도 알아. 설명하다 보면 개념이 더 확실해지고 내가 모르는 것이 명확해지더라고. 그런데 친구들이 좀 안타까워. 많이는 아는 것 같은데 제대로 아는 게 없는 것 같아. 숙제하느라고 수업도 안 듣고 쉬는 시간에도 정신없이 문제를 푸는 아이도 많거든."

수업을 해보면 아이들이 흥미를 느끼지 못하고 억지로 듣는다는 인상을 받을 때가 있다. 이미 학원에서 다 배운 내용이라 새로울 게 없어 보이고, 그마저도 자신이 다 안다고 여겨지니 흥미가 떨어지는 게 당연하다. 그런데 이상한 일이다. 이미 내용을 익혔고 수업으로 한 번 더 익혔다고 하는데, 막상 성적은 원하는 만큼 나오지 않고 실력도 제자리걸음이다. 도대체 왜 그럴까? 어떻게 해야 늘 이어지는 이 한계를 넘어서서 수학을 잘할 수 있을까?

이 장에서는 학교 수업을 제대로 활용해 우리 아이가 **스스로 공부하는 의젓한 학습자**로 성장할 수 있는 방법을 소개한다. 시키는 공부가 아니라 **스스로 하는 공부**, 이것이 부모의 꿈이 아닌가?

수업의 완성은 예습·복습이다

 같은 학교, 같은 반, 같은 담임교사에게 수업을 들어도 아이들의 성적은 천차만별이다. 학원도 마찬가지다. 같은 강사에게 똑같이 수업을 들어도 결과는 저마다 다르다. 중요한 것은 학교나 학원이 아니다. 아이들의 성적을 결정하는 것은 아이 자신이다. 주변 환경은 부차적인 요소일 뿐 결정적인 요인은 아니다. 성적을 올리기 위해 유명 학원에 보내도 큰 효과를 얻지 못하는 것도 이 때문이다. 학원을 다니지 않아도 다니는 아이보다 더 실력이 뛰어난 아이도 있고, 그 반대도 얼마든지 있다.

 유명한 학원일수록 아이들을 선발해서 뽑는다. 중등학원이라면 영재·과학고, 고등학원이라면 서울대 입시반에 어떤 아이들이 모이느냐로 학원의 명운이 갈리기도 한다. 한때 서울대를 수십 명 보내던 비평준화 지역의 사립고가 선발권을 없애자 서울대를 단 한 명도 보내지 못하는 일이 생겼다. 교사도 학교도, 아무것도 달라진 것이 없는데 말이다. 중고등학원에서 아이들을 뽑을 때 가장 신경 쓰는 게 무엇일까? 자체 평가와 더불어 학교 내신 성적을 반드시 확인한다. 학교 성적이 좋은 아이는 학원에서도 좋은 성적을 낼 가능성이 높기 때문이다. 그런데 이 아이들은 왜 성적이 좋을까? 그것은 수업 안과 밖의 효율이 모두 좋기 때문이다.

수업 안 학습과 수업 밖 학습

'수업 안 학습'은 수업 시간에 수업을 들으면서 공부하는 것을 말한다. 같은 교사에게 듣는 수업이라 질적으로 동일한 수준이지만, 아이마다 이해도가 차이나 수업 효율이 달라진다. 이러한 수업 안 학습의 효율은 수업 밖 학습에도 영향을 미친다. '수업 밖 학습'은 수업을 완전히 소화하기 위해 예습, 복습(문제 풀이 포함)하는 것을 말한다. 교사에게 듣는 수업이 아니라 혼자서 공부하는 시간이므로 아이마다 차이가 크다. 아이들의 성적에는 이 '수업 밖 학습'이 더욱 결정적이다.

예습을 통해 수업 준비를 잘하면 수업을 더욱 집중해서 듣고, 수업을 쉽게 이해할 수 있어 같은 수업을 들어도 더 많은 것을 배우게 된다. 더 많은 것을 배우니 당연히 복습도 효율적으로 할 수 있다.

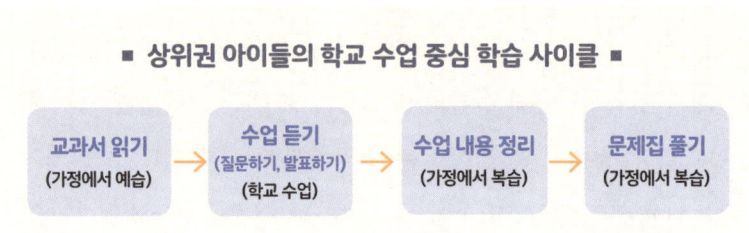

반대로 예습을 제대로 하지 않으면 수업 시간 안에 수업 내용을 이해하기 어렵다. 수업 이후에는 복습하기도 힘들어져 전체적으로 학습 효율이 떨어진다. 이렇게 '수업 안과 밖의 학습'은 서로 영향을 주고받는다.

예습은 수업을 듣기 전 수업에 집중하며 이해하기 위해 준비하는 과정이다. 배울 내용이 어려울 때는 필수 과정이다. 예습이 중요한 이유는 예습을 통해 자신만의 사고의 틀을 만들 수 있기 때문이다. 예습은 그렇게 만든 사고의 틀과 교사의 수업을 비교할 수 있는 기회를 제공한다. 비교는 메타인지를 활성화시켜 사고하게 만든다. 반면 예습을 하지 않은 채 수업을 들으면 수동적이고 무비판적으로 듣게 되어 자신만의 생각의 틀을 만들기 어렵다.

학교 수업 시간에는 질문하기나 발표 등의 적극적인 활동을 하며 집중력을 유지해야 한다. 현실적으로 이렇게 적극적으로 참여하기가 어렵다면, 모르는 것을 필기하며 교사의 설명을 정리하는 것만으로도 집중력과 효율성을 훨씬 높일 수 있다. 이 정도만 할 수 있어도 상위권에 속한다. 그런데 중하위권 아이의 학습은 다음과 같은 경우가 많다.

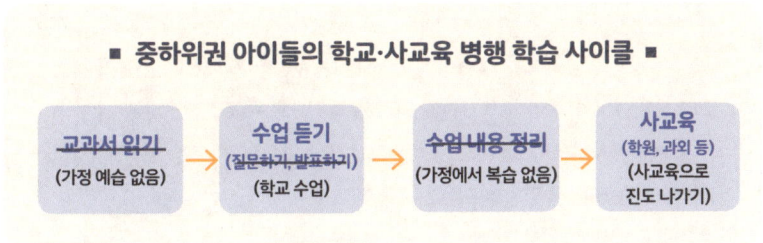

부모들은 예습이 중요하다는 말을 귀에 못이 박히도록 들은 세대다. 하지만 정작 아이들에게는 예습을 강조하지 않는다. 당장 수학 수업을 해보면 예습을 하고 오는 아이가 거의 없고, 교과서로 예습을 하고 온 아이는 더욱 드물다.

수업 시간에 수학 교과서를 처음 본 아이가 교사의 설명을 듣고 교과서 내용을 온전히 이해하기는 쉽지 않다. 따라서 예습을 하지 않고 수업을 듣는다는 것은 수업 내용을 이해하지 못한 상태로 계속해서 학교를 다니고 있는 것과 같다. 이러한 학습 결손이 쌓이면 6학년만 되어도 학교 수업을 제대로 따라가지 못한다. 문제는 이렇게 현행학습조차 힘겨워하는 아이들이 방과 후에 중고등학교 선행학습을 하고 있다는 사실이다. 안타까울 따름이다.

선행학습과 예습

학교에서 배우는 진도보다 앞서서 학습하는 것을 선행학습이라고 한다. 앞으로 배울 것을 미리 학습한다는 점에서 예습과 비슷하나 몇 가지 다른 점이 있다. 예습의 목적은 현행학습의 진도를 이해하며 따라가는 것이라서 학교 진도를 크게 앞서지 않는다. 반면 선행학습은 학교 진도와 상관없이 미래에 배우게 될 수학 내용을 미리 학습해 빠르게 앞서나가기 위해서 행해진다. 현행학습 진도와 상관없이 별도의 교육과정에 따라 운영되므로 사교육에 의존할 수밖에 없다. 예습과 선행학습의 가장 큰 차이점은 현행학습과의 '시간' 차다. 이것이 자녀의 학습에 어떤 영향을 미치는지를 제대로 이해하면 선행학습에 대한 바른 기준을 세울 수 있을 것이다.

    학교 수업과 마찬가지로 학원 수업도 예습 없이 이해하기는 쉽지 않다. 만일 예습 없이도 쉽게 이해할 수 있는 수업이라면 그건 아이의 수준에 맞지 않는 시간 낭비일 뿐이다. 또한 복습 없이 수업 내용을 자신의 것으로 만들 수 있는 아이도 없다. 학교 수업이든 사교육이든 복습할 수 있는 시간을 반드시 확보해야 한다. 그래서 많은 학원이 비싼 임대료를 내가며 자습실을 별도로 운영하는 것이다.

    학교 수업은 예습, 복습을 따로 하지 않아도 된다고 생각하는 부모가 많다. 초등학교든 중고등학교든 학교 수학 교과서는 결코 쉽지 않다. 학교 수업을 완전히 내 것으로 소화시키려면 예습, 복습 시간과 체력을 확보해야 한다. 그래도 여력이 있다면 사교육을 통해 보충한다. 사교육도 마찬가지다. ==예습, 복습 없이 학원 시간만 채우고 집을 오가고 있다면 십중팔구 시간을 낭비하고 있는 것이다.==

한편 예습, 복습을 하면 아이가 수업의 주체가 될 수 있다. 자신이 학습의 주인이 되어 학습 과정을 조정하는 역량을 기르게 된다. 학습 난도가 높아지고 학습량이 늘어나는 상위 학교급일수록 이러한 능력은 필수다. 늦은 하교 시간, 수많은 수행평가, 갖가지 시험 등을 계산해 시간을 조율하는 연습이 필요하다. 어릴 때부터 서툴더라도 스스로 예습, 복습 계획을 세워 규칙적으로 공부하는 습관이 자기 주도 학습의 시작이다. 이 습관 하나만으로도 대부분의 공부 관련 어려움이 해결된다.

예습 → 수업 → 복습 사이클을 잡자

학습의 흐름은 '예습-수업-복습'으로 돌아간다. 예습과 복습은 수업 밖 학습에 해당하고, 수업은 수업 안 학습에 해당한다. '수업 안 학습'과 '수업 밖 학습'으로 나눈 이유는 다음과 같다.

첫째, 학습의 세 요소(예습, 수업, 복습)를 명확히 구분하고자 한다.

둘째, 성적을 결정하는 '수업 밖 학습'을 강조하고자 한다.

셋째, 세 요소가 서로 연결되어 상호작용하며 학습 효율을 높임을 보여주고자 한다.

수학 때문에 힘들어하는 아이를 보는 건 몹시 고역이다. 초등학교 저학년 아이라면 문제집을 사서 옆에 끼고 가르치지만, 고학년 아이를 직접 가르치기는 쉽지 않다. 아무리 초등 수학이라도 이해할 수는 있어도 가르치는 건 만만치 않다. 주변에 친한 엄마들이 일찌감치 사교육을 시키는 것을 보면 '나만 너무 뒤처지게 가르치는 것은 아닌가' 싶어 덜컥 겁도 난다.

"누구누구는 지금 고등학교 수학 나간다"라는 말이 귓가에 맴돌다 심장마저 두드리는 것 같다. 우리 아이는 학교 수업이나 제대로 따라가는지 모르겠는데, 남들은 이미 선행학습으로 몇 학기 혹은 몇 년 치 진도를 앞서간다는 얘기를 듣고 불안하지 않을 부모는 없다.

수학 성적을 올리는 가장 빠른 처방은 좋은 학원과 강사를 알아보는 일이다. 그런데 옆집 엄마에게 전화를 걸거나, 바쁜 시간을 쪼개 이 학원 저 학원을 다니며 상담을 해봐도 이곳이 내 아이에게 맞는지 확인할 길이 없다. 지역 카페에도 학원을 추천해달라는 부탁 글을 올리지만, 대부분의 답글을 학부모를 가장한 학원에서 홍보하기 위해 올린다는 소문에 선뜻 선택하기도 어렵다.

학부모들의 이러한 노력은 '수업 안 학습'과 관련이 있다. 좋은 수업, 좋은 강사를 찾고자 하는 것은 수업을 바꾸어 성적 상승을 기대하는 것이다. 하지만 핵심은 수업이 아니다. 수업 효과는 강사의 강의보다 그 수업을 듣는 아이의 태도, 집중력, 이해력에 따라 크게 좌우되기 때문이다. 특히 수업 이해력은 아이의 '수업 밖 학습', 즉 예습,

복습의 질에 따라 결정된다. 결국 좋은 학원이나 강사를 찾기 전에 제대로 예습, 복습하는 습관을 기르는 것이 훨씬 효율적이다. 이러한 사이클은 학교든 학원이든 과외든 상관없이 동일하게 중요하다.

예습, 복습 없이는 학원도 과외도 효과가 없다. 강사들은 끊임없이 지난번에 가르친 내용을 상기시키며 현행 수업을 이해시키려고 노력한다. 이때 복습이 제대로 된 아이라면 수업을 잘 따라가지만, 겨우 학원에 앉아 있을 때만 수업을 듣는 아이라면 거의 아무것도 기억하지 못하고 시간과 비용만 낭비한다. 예습, 복습이 필요한 이유는 세상의 어떤 수업도 수업 시간에만 듣고는 이해하고 기억할 수 없기 때문이다. 예습을 통해 수업의 이해력을 높이고, 복습을 통해 수업에서 배운 내용을 완성해야 한다.

> **학습의 완성 = 수업 안 학습(수업 듣기) + 수업 밖 학습(예습, 복습하기)**

학습은 수업 안 학습과 수업 밖 학습이 모두 이루어질 때 완성된다. 수업 안 학습이나 수업 밖 학습 중 어느 하나라도 제대로 하지 않는다면 학습은 미완성으로 끝나고, 어떤 노력도 효과를 볼 수 없다. 더 쉽게 말해 학교에 가기 전 예습을 하지 않고, 수업을 듣고 와서 복습을 하지 않는다면 그 수업은 알코올처럼 증발될 것이다.

많은 아이가 예습도 하지 않은 상태에서 학교 수학 수업을 듣고,

방과 후에는 곧바로 학원으로 달려간다. 학원 수업 또한 예습이 없다. 겨우 숙제나 제대로 해가면 다행이다. 그리고 집에 와서는 피곤해서 쉰다는 명분으로 스마트폰이나 게임을 붙들고 시간을 보내며 복습하지 않는다. 학교든 학원이든 예습, 복습이 없는 학습 패턴은 아무런 성과를 낼 수 없다.

예습, 복습을 해야 하는 이유는 무엇일까? 학교 수업이든 학원 수업이든 상위 3% 수학 영재가 아니라면 수업 시간에만 듣고 이해할 수 있는 아이는 없기 때문이다. 우리 아이는 예습을 해야만 학교 수업을 따라갈 수 있는 평범한 아이라는 말이다. 수학 교과서의 한 차시 수업은 많은 내용이 압축되어 있어 전달할 내용이 많고, 생각해야 할 개념도 많다. 그런데 수업만 듣고 이 모든 걸 이해할 수 있는 아이라면 처음부터 그 수업을 들을 필요가 없는 아이다.

특별히 어려운 선행학습이나 고난도 문제가 실린 교재를 대상으로 하는 말이 아니다. 자신의 학년에 맞는 수학 교과서를 말하는 것이다. 학원 교재도 마찬가지다. 따라서 수업 밖 학습을 먼저 잡지 않는다면 어떤 수업 효과도 기대하기 어렵다.

수학 수업
제대로 활용하기

학교 수업을 이해한다는 것은 무엇인가? 중학교 1학년만 돼도 수업 시간에 엎드려 자는 아이가 생겨난다. 그 수가 반이 넘는 경우도 있다. 특별히 잠이 부족해서일 수도 있지만 대부분은 수업 내용을 이해하지 못해서다. 이해하기 힘든 내용은 없던 졸음도 몰고 온다.

심화학습도 아니고, 선행으로 몇 년 치를 앞서가는 것도 아니고, 그저 학교 수업 시간에 수업을 들을 수만 있어도 수학은 상위 20% 안에 들 수 있다. 초등학교 40분 수업 시간만으로 해당 수학 교과서의 내용을 이해하는 것은 일부 아이에게만 가능하다(중학교 45분, 고등학교 50분). 대다수 아이에게 40분은 수학 교과서의 내용을 이해하기에는 턱없이 짧은 시간이다. 당장 교과서를 펴고 자녀에게 배운 내용을 설명해보라고 하자. 아이가 수업 내용을 어느 정도 이해하고 있는지 쉽게 확인할 수 있다.

학교 수학 수업 들여다보기

학교 수학 수업 모습을 들여다보자. 부모들이 자녀의 수업 받는 모습을 볼 수 있는 기회는 1년에 한두 번 있는 '학부모 공개 수업' 때다. 교사마다 수업 방식이 다르고, 교과 내용에 따라 수업이 달라지므로 한두 번 보고 학교 수업이 어떻게 진행되는지 파악하기란 쉽지 않다. 그럼에도 어느 학급에서나 공통으로 적용되는 건 있다.

다음 표는 어느 학교의 수학 수업 시수를 나타낸다. '학교 알리미' 사이트를 통해 전국 모든 학교의 교육과정을 볼 수 있다. 이를 보면 1학년을 제외하고 모두 136시간으로, 주당 시간으로 환산하면 일주일에 3~4시간 수학 수업이 들어 있다. 1학년은 3월 한 달은 학교 적

1학년			2학년			3학년		
1학기	2학기	계	1학기	2학기	계	1학기	2학기	계
55	65	120	69	67	136	70	66	136
4학년			5학년			6학년		
1학기	2학기	계	1학기	2학기	계	1학기	2학기	계
70	66	136	70	66	136	70	66	136

초등학교 수학 수업 시수 예시

응 기간으로 사용해 수학 수업이 없는 경우가 많지만, 나머지 달의 수학 수업 시수는 고학년과 많이 차이가 나지 않는다.

매주 3~4시간의 수학 수업을 듣고, 거기에 맞춰 예습, 복습을 하는 건 결코 쉬운 일이 아니다. 예습은 전날 하는 것이 가장 효과적이고(수업 직전), 복습은 당일에 하는 것이 가장 효과적이다(수업 직후). 이렇게 볼 때 아이들이 수업을 제대로 따라가려면 거의 매일 수학 공부를 해야 한다는 계산이 나온다. 어느 하루라도 예습, 복습을 게을리했다가는 학습 결손이 생겨 배움의 흐름이 끊기고, 어느 순간 수업을 들어도 이해되지 않는 상황에 이른다.

다음 쪽 표에는 초등학교 6년 동안 배워야 할 학습 내용이 담겨 있다. 각 내용은 앞뒤로 촘촘하게 개념적으로 연결되어 고리처럼 이어져 있다. 어느 한 부분이라도 학습의 흐름이 끊기면 제대로 앞으로 갈 수 없다. 여기에 선행학습까지 하면 부담은 배 이상이 된다.

교사의 수업 방식을 일률적으로 말할 수는 없다. 100명의 교사가 있다면 100가지 수업 방식이 있는 것과 같다. 그래도 공통된 흐름은 있는데, 이 흐름은 교과서를 보면 짐작할 수 있다. 교사의 설명이 주된 수업이 있고, 설명하기보다는 아이가 직접 탐구하고 해결하는 시간을 많이 주는 수업으로 대략 분류할 수 있다.

교사 중심의 설명 수업 ◀┈┈┈┈┈▶ 아이 중심의 탐구 수업

영역	핵심 개념	1~2학년	3~4학년	5~6학년
수와 연산	수의 체계	· 네 자리 이하의 수	· 다섯 자리 이상의 수 · 분수 · 소수	· 약수와 배수 · 약분과 통분 · 분수와 소수의 관계
수와 연산	수의 연산	· 두 자리 수 범위의 덧셈과 뺄셈 · 곱셈	· 세 자리 수의 덧셈과 뺄셈 · 자연수의 곱셈과 나눗셈 · 분모가 같은 분수의 덧셈과 뺄셈 · 소수의 덧셈과 뺄셈	· 자연수의 혼합 계산 · 분모가 다른 분수의 덧셈과 뺄셈 · 분수의 곱셈과 나눗셈 · 소수의 곱셈과 나눗셈
도형	평면 도형	· 평면도형의 모양 · 평면도형과 그 구성 요소	· 도형의 기초 · 원의 구성 요소 · 여러 가지 삼각형 · 여러 가지 사각형 · 다각형 · 평면도형의 이동	· 합동 · 대칭
도형	입체 도형	· 입체도형의 모양		· 직육면체, 정육면체 · 각기둥, 각뿔 · 원기둥, 원뿔, 구 · 입체도형의 공간 감각
측정	양의 측정	· 양의 비교 · 시각과 시간 · 길이(cm, m)	· 시간, 길이(mm, km), 들이, 무게, 각도	· 원주율 · 평면도형의 둘레, 넓이 · 입체도형의 겉넓이, 부피
측정	어림 하기			· 수의 범위 · 어림하기(올림, 버림, 반올림)
규칙성	규칙성과 대응	· 규칙 찾기	· 규칙을 수나 식으로 나타내기	· 규칙과 대응 · 비와 비율 · 비례식과 비례배분
자료와 가능성	자료 처리	· 분류하기 · 표 · O, ×, /를 이용한 그래프	· 간단한 그림그래프 · 막대그래프 · 꺾은선그래프	· 평균 · 그림그래프 · 띠그래프, 원그래프
자료와 가능성	가능성			· 가능성

전자는 인터넷 강의(인강)를 떠올리면 쉽게 짐작할 수 있다. 하지만 초등학교에서 이렇게 일방적으로 설명하는 교사는 많지 않다.

교사의 수업은 이런 흐름의 중간 어디쯤에 있을 것이다. 교사가 주도적으로 설명하면서 가르치면, 개념을 명확히 전달할 수 있다는 장점이 있으나 아이가 집중하지 않으면 효과가 크게 떨어진다. 반면에 아이가 직접 수학 개념을 이해하고 문제를 풀면, 아이의 참여도는 높아지나 자칫 학습 목표에서 벗어나 시간을 낭비하거나 잘못된 개념을 정립할 수 있다.

학교 수업의 가장 큰 문제점은 아이 한 명 한 명을 봐주기 어렵다는 점이다. 학습 내용을 제대로 이해하지 못하거나 과제를 수업 시간 안에 끝마치지 못하고 수업이 종료될 수 있다. 이러한 문제를 해결하려면 아이 스스로 가정에서 예습, 복습을 해서 수업 시간만으로는 부족한 학습 시간을 보충해야 한다.

어쨌든 교사는 교과서를 중심으로 수업을 하기 때문에 교과서를 잘 이해하고 있다면 수업을 잘 따라가고 있다고 봐도 좋다. 교사 중심으로 설명하는 시간이 많다면, 학습 내용을 정리하거나 교과서 문제를 다 풀지 못하고 빈칸으로 두고 올 가능성이 높다. 이런 경우 가정에서 수업 시간에 다 풀지 못한 교과서 질문과 문제에 답하게 하면 된다. 반면에 아이 중심으로 수업을 활용한다면, 교과서 문제는 다 풀고 오지만 틀린 문제가 많거나 잘못된 개념으로 풀었을 수 있다. 이때는 자습서를 참고해 채점하고 틀린 문제를 다시 풀게 하면 좋다.

수학 수업과 예습, 복습하기

학교에서는 학교 수학 교육과정을 따라가야 하고, 방과 후에는 사교육을 통해 선행학습을 하며 상위 학년 수학 교육과정을 학습하면, 학습 부담은 상상 이상으로 는다. 이렇게 학습 시간이 늘면 아이들은 학습 부담이 커 제대로 예습, 복습을 하기 어렵다. 결국 학교 교육과정은 교육과정대로, 학원 진도는 학원 진도대로 부실해질 수밖에 없다. 남들이 모두 선행학습을 한다고 해서 그것을 만만히 봐서는 안 된다.

예습, 복습을 한다는 가정하에 3학년 아이의 일주일 스케줄을 살펴보자. 주 3일 수학 수업을 들으며, 전날 예습하고 당일에 복습과 문제 풀기를 한다는 조건하에 작성했다. 보통 수학 익힘책은 진도에 맞게 풀도록 아이들에게 숙제를 내주는 경우가 많다. 조금 욕심을 내 응용문제 혹은 심화문제까지 풀게 하면 공부해야 할 분량이 늘어

조건: 주 3일 수학 수업, 전날 예습, 당일 복습 및 문제 풀기

요일	일	월	화	수	목	금	토
학교 수업		수학 1		수학 2		수학 3	
예습 복습	수학 1 예습	수학 1 복습+문제 풀기	수학 2 예습	수학 2 복습+문제 풀기	수학 3 예습	수학 3 복습+문제 풀기	
기타 학습		·수학 익힘책 1 ·응용·심화 문제		·수학 익힘책 2 ·응용·심화 문제		·수학 익힘책 3 ·응용·심화 문제	

난다. 물론 예습, 복습을 하지 않으면 일정은 훨씬 간단해진다. 하지만 수업을 듣는 목적은 단순 출석이 아니라 수학을 제대로 이해하고 자신의 것으로 소화해 완전학습을 이루기 위함이다. 예습, 복습을 결코 소홀히 할 수 없다.

이제 학원을 다니는 아이의 일주일 스케줄을 살펴보자. 주 3일 학원에 가는 아이를 기준으로 작성했다. 학원 수업 전후로도 예습, 복습을 해야 하므로 일과는 더욱 빡빡해진다.

학원 숙제는 양도 양이지만 아이의 수업 이해도에 따라 하는 데 걸리는 시간이 천차만별이다. 숙제 시간이 늘어나면 지쳐서 당일 복습을 미루는 일이 생긴다. 수업이 없는 날 숙제를 하는 경우도 많은데, 그러면 조금만 길어져도 예습할 시간을 침범한다. 학원을 보내

조건: 주 3일 학교 수업+학원 수업. 전날 예습. 당일 복습 및 문제 풀기

요일	일	월	화	수	목	금	토
학교 수업		수학 1		수학 2		수학 3	
학원 수업		수학 A		수학 B		수학 C	
예습·복습	수학 1 예습	수학 1 복습+문제 풀기	수학 2 예습	수학 2 복습+문제 풀기	수학 3 예습	수학 3 복습+문제 풀기	
	수학 A 예습	수학 A 복습+문제 풀기	수학 B 예습	수학 B 복습+문제 풀기	수학 C 예습	수학 C 복습+문제 풀기	
기타 학습		·수학 익힘책 1 ·응용·심화 문제		·수학 익힘책 2 ·응용·심화 문제		·수학 익힘책 3 ·응용·심화 문제	
		학원 숙제 A		학원 숙제 B		학원 숙제 C	

는 경우라면 학원 숙제가 적정한지부터 확인하자. 더불어 학교 수업을 충실히 따라갈 수 있을 만큼 학교 수업을 위한 예습, 복습 시간이 충분히 확보되는지도 확인하자. 숙제에 밀려 학원 수업 예습, 복습은 물론 학교 수업 예습, 복습까지 놓치는 경우가 많기 때문이다.

예습은 언제, 얼마나, 어떻게 해야 할까?

예습은 무엇일까? 예습은 수학 수업의 이해를 위한 사전 학습이다. 그렇다면 예습으로 적절한 시간은 얼마일까? 아이마다 다르다. 본 수업 내용을 이해하는 데 걸리는 시간이 아이마다 다르기 때문이다. 예를 들어 어떤 내용을 이해하는 데 100분이 걸린다면 아이는 대략 60분 정도는 사전에 예습을 하고 수업에 참여해야 한다. 그래서 60분(예습)+40분(본 수업)=100분(이해에 필요한 시간)의 학습을 통해 자신의 이해 속도에 맞추어 강의를 들을 수 있도록 한다.

예습은 본 수업을 완벽히 이해할 수 있는 수준을 감안해 아이 스스로 조절해야 한다. 다시 말해 수업을 이해하는 데 오래 걸린다면 예습은 길어지고, 그렇지 않다면 예습 시간도 줄일 수 있다. 이러한 조절은 어릴 때부터 시행착오를 거치며 할수록 좋다. 시행착오를 거치면서 자신에게 가장 효율적인 방식을 찾아야 한다.

그럼에도 시작이 어려울 수 있다. 어떻게 시작할 수 있는지 예시를 살펴보자. 다음은 3학년 1학기 6단원 분수와 소수의 시작부다(교과서는 학교마다 다를 수 있다). 아래 내용은 초등 수학에서 가장 중요하다는 분수가 처음 등장하는 부분이다. 이 부분을 확실히 이해하면 앞으로 분수를 학습하는 데 큰 도움이 된다. 이 수업을 듣기 전에 어떻게 예습해야 하는지 순서를 살펴보자.

① 이전 교과서 읽기

여러 번 언급했듯이 수학은 연계성이 핵심이다. 지금 배우는 내용은 앞에서 배운 내용을 반드시 알아야 제대로 이해할 수 있다. 바로 직전에 배운 내용은 '똑같이 나누어보기'다. 분수는 이 활동을 수로 나타낸 것일 뿐이므로 앞의 활동이 무척 중요함을 알 수 있다.

② 배울 내용 읽기

- 제목 읽기: 제목은 학습 목표와 같다. 여기에서는 '똑같이 나누어볼까요'이다. 예습이 끝나면 분수가 무엇인지 설명할 수 있어야 한다.
- 활동 파악하기: 초등학교 교과서는 개념이나 용어 소개보다 활동을 먼저 제시한다. 이 활동이 수학 개념과 어떻게 연결될지 생각해본다. 동그란 피자와 네모난 피자를 둘로, 넷으로 나누는 활동 등을 인지한다.

③ 읽은 내용 스토리텔링하기

교과서를 읽고 나서 어떤 내용이 있는지 이야기하듯 말해본다. 옆에서 부모나 형제가 들어주어도 좋고, 좋아하는 인형을 세워놓고 이야기하게 해도 좋다.

④ 용어 정리

모르는 낱말이나 수학 용어가 나온다면, 수학 사전이나 국어사전을 찾아 뜻을 교과서에 직접 써본다. 이 단원에서는 처음 '분자', '분모', '분수'라는 용어가 등장하는데 수학 사전을 찾아 좀 더 자세히 알아볼 수 있다.

⑤ 모르는 내용 '?' 표시하기

예습할 때 가장 중요한 활동 중 하나가 아는 것과 모르는 것을 분명히 하는 것이다. 모르는 것이 무엇인지 명확히 하고 수업을 들으면 집중하게 되고 이해도 잘된다. 또한 준비된 질문을 할 수도 있다. 질문과 관련한 내용은 142쪽을 참고하자.

크게 다섯 가지 활동으로 나누었지만 꼭 순서대로 할 필요는 없으며, 모든 단계를 반드시 거쳐야 하는 것도 아니다. 교과 내용에 따라 변형할 수 있다.

복습은 언제, 얼마나, 어떻게 해야 할까?

복습은 이해를 다지는 기회다. 예습과 본 수업으로 이해한 수업 내용이 뇌의 깊은 곳에 자리 잡을 수 있도록 반복하는 과정이다. 또한 예습과 수업으로도 이해하지 못한 내용을 마무리 짓는 과정이다. 이러한 과정은 무척 수준 높은 자기 주도 학습 능력을 필요로 한다. 따라서 시간적 여유가 있는 초등학교 저학년 때부터 습관을 들여야 중고등학교에 가서 효과를 볼 수 있다. 만일 이러한 시기에 아이가 감당하기 어려운 수준의 사교육을 한다면 스스로 학습할 수 있는 기회를 놓치는 결과를 초래할 수 있다.

<u>예습보다 더 힘든 것이 복습이다.</u> 뇌가 반복을 싫어하기 때문이다. 재미없는 영화를 보는 것보다 더 힘든 것이 재미없는 영화를 다시 보는 것이다. 하지만 복습은 반드시 필요하다. 예습과 수업을 통해 배운 내용을 이제 완전히 자신의 것으로 만드는 활동이기 때문이다. 복습은 수업을 듣고 바로 해야 효과가 크다. 복습 역시 수업을 완벽히 이해할 수 있는 수준을 감안해 아이 스스로 시간을 조절해야 한다. 복습 시간은 수업 이해도에 따라 짧아지거나 길어질 수 있다. 시행착오를 거치면서 자신에게 가장 효율적인 방식도 찾아야 한다. 그럼에도 시작은 어렵다. 복습을 처음 해보는 거라면 다음 순서로 진행해보자.

① 교과서 읽기

오늘 배운 내용을 다시 읽어보며 기억을 떠올리게 한다.

② 배운 내용 요약정리

공책에 배운 내용을 요약정리하게 한다. 요약하기는 가장 어려운 사고 활동 중 하나다. 요약을 할 수 있다는 것은 내용을 잘 이해했다는 증거다. 쓰는 걸 싫어한다면 부모 앞에서 말로 설명해볼 수 있다. 이때 수학 개념과 용어도 설명하게 한다. 처음에는 교과서 설명을 그대로 반복할 것이다. 자신이 이해한 수준으로 풀어서 말할 수 있도록 옆에서 도와야 한다.

③ 문제 풀기

수업 시간에 다 풀지 못한 교과서 문제, 수학 익힘책, 문제집 문제를 푼다. 문제를 풀면서 자신이 배운 개념이 문제에 어떻게 응용되고 있는지 확인하는 것이 문제 풀이의 핵심 목표다.

보통 예습, 복습이라고 하면 학교 수업을 떠올리지만 학원 수업도 예습, 복습이 필요하다. 학원 수업을 들을 때도 앞에서 알려준 방법을 응용하길 바란다. 우리 아이가 학원을 다니면서 예습, 복습을 하지 않는다면 헛공부를 하고 있을 가능성이 크다. 사실 예습 없이 수업만 듣고 이해할 정도의 아이라면 애초에 그러한 사교육이 필요 없는 수준이다. 이런 예습, 복습 시간을 확보하려면 아이가 감당하기 어려운 수준으로 사교육을 받아서는 안 된다. 선행학습, 난도, 숙제, 학원 시간 등을 체크해 적절히 조절해야 한다. 예습, 복습, 이것이 시간과 비용을 아끼는 가장 효율적인 학습 방법이다.

대다수 아이들이 스스로 예습, 복습을 하지 않으니 학원에서는 강제로라도 학습량을 채우기 위해 '숙제'를 잔뜩 내주거나 자습실에서 학습을 강제한다. 하지만 예습, 복습이 아이가 자신의 이해력에 맞춰 주도적으로 하는 학습인 것과 달리 숙제는 강제된 학습으로 주도성과는 거리가 멀다. 이렇게 관리받는 공부는 한계가 있다.

우리 아이, 어떤 학원이 맞을까?

사교육을 한다면 학교 성적과 현행 실력을 높일 수 있도록 역량을 집중하는 것이 좋다. 요즘은 사교육 기관에서도 무조건 선행학습 진도만 나가지 않고 수학적 사고력을 높일 수 있는 다양한 프로그램을 운영하고 있으니 이러한 학원을 찾아 도움을 받으면 효과를 볼 수 있다. 학원도 많이 진화했다. 다음과 같이 운영하는 학원이 있으니 참고하자.

① 토의, 토론 중심의 수업 운영

수학 수업이지만 개념을 이해하거나 문제를 풀 때 아이들 간에 토의와 토론 활동을 하며 학습한다.
- 장점: 소외되는 아이 없이 모두에게 기회가 주어진다. 막연하게 알고 있는 수업에서 자신의 의견을 적극적으로 표현할 수 있다.
- 단점: 토의 팀과 아이의 수준이 맞지 않으면 학습 효과가 떨어지고, 내성적인 아이의 경우 스트레스를 받을 수 있다.

② 교사 되어보기 활동

아이가 수학 내용을 앞에 나가 칠판 등을 활용하며 마치 교사처럼 설명하고 다른 아이들이 질문하는 방식으로 이뤄지는 학원이다. 아이들과 다양한 피드백을 거치므로 수학 개념에 대해 깊이 이해하는 기회를 가질 수 있다.
- 장점: 막연한 앎에서 벗어나 적극적으로 자신의 생각을 표현하고 사고를 정교화, 확장할 수 있는 기회를 가질 수 있다.
- 단점: 토의, 토론 수업처럼 내성적인 아이라면 앞에 나가는 것이 지나치게 부담스러울 수 있다. 학원의 팀 분위기가 중요하다.

③ 거꾸로 수업

교사가 먼저 가르치는 것이 아니라 학원에서 학습 범위를 주고 아이가 미리 공부해와 자신이 공부한 내용을 친구나 선생님에게 발표하는 형식이다. 학원 강사가 올려놓은 수업 영상을 보고 가정에서 아이 스스로 학습한 후 학원에서 발표하며 학습 정도를 점검 받는다.

- 장점: 교사의 일방적인 설명을 듣는 수업에서 벗어나 아이 스스로 집중해서 수업을 듣고 이해할 수 있는 기회를 갖게 된다. 학습한 내용을 발표해야 하므로 부담이 될 수도 있지만 그만큼 집중하며 듣게 된다.
- 단점: 자기 주도성이 크지 않으면 스스로 공부하는 것이 어려워 학원에 갔을 때 발표할 내용이 많지 않을 수 있고, 중하위권에게는 이해하지 못한 부분이 많아 맞지 않을 수 있다. 스스로 공부하다가 생긴 오개념이 학원에서 걸러지지 않으면 계속 교정되지 않고 남을 수 있다.

④ 기타

이제 강사가 설명하고 아이들은 수동적으로 듣는 수업을 하는 학원은 별로 없다. 이런 식의 수업으로는 아이들의 집중력을 오래 유지하기 어렵기 때문이다. 갈수록 학원 간의 경쟁이 치열해져 교사 중심의 설명식 수업으로는 경쟁에서 살아남기 어렵다. 특히 스마트폰 등의 온라인 사용 시간 증가로 아이들의 집중 시간이 갈수록 짧아지고 있다. 한 보고서에 따르면 아이들의 집중 시간이 겨우 9초에 불과하다는 조사 결과도 있다. 이런 상황에서 학원들은 앞에서 설명한 몇 가지 방식 외에도 다양한 방식의 수업으로 진화하고 있으며, 한 가지 수업 방식이 아닌 다양한 방식을 혼합해서 운영한다.

1×2원리로
수업 효율 올리기

진짜 실력은 '수업 밖 학습'에서 만들어진다. 혼자서 예습, 복습을 하며 수업을 들을 준비를 하고, 배운 것을 점검하고 응용력을 키우기 위해 마지막에 하는 것이 문제 풀이다. 아무리 실력 있는 강사에게 수업을 들어도 듣는 수업만으로는 실력을 쌓을 수 없다. 수업을 들었다면 혼자서 자신의 것으로 만드는 시간이 반드시 필요하다. 수업 밖 학습과 수업 안 학습이 균형을 이뤄야 자기 주도적인 태도로 실력을 쌓을 수 있다.

3월, 고등학교 1학년 교실의 아이들을 조사해보면 고1 과정을 벌써 몇 번이나 반복한 아이도 적지 않다. 책상 위에는 가장 난도 높은 문제집이 놓여 있다. 하지만 고등학교 첫 중간고사를 치르고 나면 대다수 아이가 속절없이 무너진다. 학구열이 높은 지역이라도 다르지 않다. 고등학교 수학을 몇 번 반복하며 돌렸다는 자신감이 무너지는 데는 그리 오래 걸리지 않는다. 인터넷 강의든 학원 수업이든, 강사의 거침없는 설명으로 만들어진 진도를 자신의 실력으로 착각하는 경우가 많다. 몇 번 들었든 상관없다. 이러한 '듣는 수업'으로는 제대로 된 수학 실력을 기를 수 없다.

  손흥민 선수의 경기 모습을 본다고 손흥민처럼 축구를 할 수 없듯이, 듣는 수학은 자신의 실력으로 이어지지 않는다. 조금이라도 축구 실력을 키우려면 보는 축구를 멈추고 본인이 직접 뛰는 축구를 해야 한다. 수학도 마찬가지다. 듣는 수학에서 벗어나 스스로 푸는 수학을 할 수 있어야 제대로 된 실력을 기를 수 있다. 특히 혼자서 문제를 붙들고 얼마나 오래 고민을 했는지가 핵심이다.

  문제와 나, 둘만의 치열한 싸움을 하는 실전만이 아이의 수학 실력을 키울 수 있다. 누군가의 도움 없이, 어떤 힌트도 없이 문제를 푸는 것이 혼자 공부하는 수학, 즉 자기 주도적 '혼공 수학'이다. 수학 실력은 이러한 혼공 수학 시간의 절대량 위에서 싹트는 눈물겨운 열매다. 어렵다고 쉽게 답을 보거나 다른 사람의 설명을 들으며 쉽게 학습하려는 태도로는 실력이 늘지 않는다.

1×2원리로 학습 효율 올리기

수학 학습은 '듣는 공부'(수업 안 학습)+'혼공'(수업 밖 학습)의 조합으로 이루어진다. 이때 핵심은 혼공이다. 혼자 공부할 수 있어야 듣는 공부도 제대로 할 수 있다. 학습에서 교사의 설명을 듣고 그것을 자신의 실력으로 내면화하려면 많은 시간이 필요하다. 최상위권 아이들은 대략 1시간의 수업을 듣는다면 그것을 이해하고 자신의 것으로 완전히 만들기 위해 그 두 배인 2시간 정도의 학습을 하는 것으로 나타난다. 이것이 1×2원리다.

> **1×2원리**
> (혼공 수학) 시간은 (듣는 수업)의 두 배 정도 되어야 학습 효율이 높다.

물론 '1×2원리'도 아이의 수학 실력, 집중력, 의지 등에 따라 조정할 수 있다. 즉, 수업만 듣고도 쉽게 이해한다면 혼공 시간이 수업 시간의 두 배 이하여도 완전학습이 가능하며, 수업을 이해하는 데 많은 시간이 걸린다면 혼공 시간이 수업 시간의 두 배 이상이어야 완전학습이 가능할 수도 있다. 교실에서도 보충 문제를 따로 풀게 하는 경우가 있는데, 똑같이 수업을 들었던 아이들이지만 어떤 아이는 10분이면 뚝딱 풀어내고 어떤 아이는 30분이 넘어도 반도 못 푼다. 따라서 아이 스스로 혼공을 하며 완전학습을 위한 시간을 파악해야 한다. 이것은 누군가 해줄 수 있는 것이 아니다.

이 원리를 적용하면 수학 수업을 2시간 듣는다면 혼공 시간은 4시간이 필요하다는 계산이 나온다. 그런데 이것이 가능할까? 4시간을 혼자서 집중하며 공부하는 것도 쉬운 일은 아니지만, 그것도 수학만을 그렇게 해야 한다면 보통의 아이가 쉽게 할 수 있는 학습이 아니다. 그러다 보니 대부분의 아이가 듣는 수업과 비슷하거나 적은 시간의 혼공을 하게 된다. 이 말은 배운 내용을 완전히 이해하지 못하고 지나간다는 의미다. 여기에 문제의 실마리가 있다.

왜 수학 공부를 그렇게 열심히, 그리고 많이 하는데도 성적이 오르지 않을까? 왜 학년이 올라갈수록 성적이 떨어질까? 듣는 수학 수업을 자신의 것으로 만드는 데 필요한 최소한의 시간을 확보하지 못했기 때문이다. 그만큼 계속 학습 결손이 누적되고 있는 것이다. 이러한 학습 결손은 오랜 시간 동안 보이지 않게 꾸준히 쌓여 어느 순간 회복 불가능한 상태에까지 이르며, 이러한 상태에 빠진 아이를 흔히 '수포자'라고 한다.

여기에서 눈여겨볼 점은 공부를 게을리 해서 수포자가 되는 것이 아니라는 사실이다. 바로 듣는 수업에만 의존하고 스스로 공부하며 고민하는 혼공 시간의 부족이 수포자를 만든다. 학교 수업과 학교 수업을 위한 혼공 시간을 확보한 후 그 여력으로 사교육을 통해 심화 혹은 선행학습을 하는 것이 바른 순서다. 사교육 또한 반드시 혼공 시간을 확보해야만 효과를 얻을 수 있다. 혼공 시간은 학교 수업을 단단히 다져 개념을 완성하는 데 초점을 두어 이후 심화학습의 토대가 된다.

주당 수학 수업은 1·2학년은 2~3시간, 3·6학년은 3~4시간이다. 혼공은 교과서를 완전학습하기 위한 예습, 복습과 응용력을 기르기 위한 문제 풀이 등의 심화학습으로 구성된다. 상위권 아이는 혼공 시간을 통해 교과서를 기본서로 정리하는 데 시간을 보내지만, 하위권 아이는 혼공 시간 자체가 적고 그 시간에 교과서를 공부하는 데 시간을 보내지 않는다.

혼공 시간은 아이의 상황에 따라 달라지지만 주당 수업 시간 이상이 필요하다. 저학년은 주당 수업 시간이 2~3시간이므로 혼공 시간도 2~3시간 이상이어야 한다. 문제는 혼공을 통해 스스로 생각하고 깊은 사고력을 길러야 할 소중한 기회를 또다시 듣는 수업, 즉 사교육에 할애한다는 것이다. 사교육 자체가 문제가 아니다. 혼공 시간의 확보 없는 수동적인 '듣는 수업'으로는 절대 수학 실력을 키울 수 없다는 게 문제다.

학교 수업과 마찬가지로 예습, 복습 없는 사교육은 어떤 경우에도 도움이 되지 않는다. 특히 심화학습이나 선행학습을 위한 사교육일수록 반드시 예습, 복습 시간을 확보해야 한다. 예습, 복습 비율은 아이 스스로 수업에 대한 이해의 정도에 따라 조정하면 된다. 수업 시간에 들어도 이해가 되지 않는다면, 예습 시간을 늘려 미리 수업 내용을 어느 정도 소화하고 수업을 들어야 설명을 이해하며 따라갈 수 있다.

자녀의 집중력, 체력, 수학 실력에 맞게 혼공 시간을 확보해야 한다. 자녀와 수시로 대화하며 학습에 대한 부담, 어려움 등이 있는지 확인하고 상황에 맞게 조절할 수 있어야 한다. 다음 세 아이의 사례를 보면서 우리 아이에게 맞는 학습 환경을 고민해보자.

① A 아이

학교 수업을 듣기는 하지만 학교 수업에 대한 예습, 복습이 없다 보니 학교 수업을 완전히 이해하지 못한다. 방과 후에는 사교육을 받아야 해서 학교 수업을 복습할 시간적, 체력적 여유가 없어 학교 수업을 자신의 것으로 소화하지 못한다. 이러한 학습 태도는 학원 등의 사교육으로 이어져 학교에서의 문제점이 고스란히 이어진다. 학습 시간은 적지 않으나 스스로 공부하는 자기 주도 학습 시간이 거의 없고 '듣는 공부' 위주로 하다 보니 막상 문제를 풀 힘을 기르지 못한다. 가장 비효율적인 공부 방식이지만 많은 아이가 이런 식으로 공부한다.

② B 아이

사교육은 받지 않지만 예습 - 학교 수업 - 복습의 흐름으로 자기 주도 학습을 하며 완전학습을 한다. 학교 수업을 중심으로 공부하다 보니 공부 계획을 별도로 세울 필요가 없으며, 학교 교육 과정에 맞추어 학습할 수 있어 학교 수업을 최대로 활용할 수 있다. 사교육을 받지 않아 시간적, 경제적, 체력적으로 학교 수학 진도에 집중할 수 있다. 다만 학교 수업 내용에 초점을 맞추어 학습하므로 수업 시간에 이해하지 못한 부분을 스스로 보완하며 가야 한다. 초기 학습 습관이 자리 잡을 때까지 부모의 지도가 필요하다.

③ C 아이

B 아이와 마찬가지로 예습 - 학교 수업 - 복습의 흐름으로 학교 수학 수업에 대해 완전학습을 하며 시간을 효율적으로 관리한다. 동시에 자신에게 부족한 부분을 스스로 판단해 선택적으로 사교육을 활

용, 학교 수업만으로는 부족한 부분을 보완해 심화학습을 한다.

현실에서는 앞에서 제시한 세 가지 유형 말고도 다양한 유형의 아이가 존재한다. C 아이가 가장 이상적이지만 현실에서는 사교육을 선택적으로 그때그때 빼고 넣기가 쉽지 않다. 한번 자리 잡은 사교육은 늘지언정 줄지 않는 게 현실이다. 이런 이유로 초등학교 과정까지는 B 아이 정도만 해도 훌륭하다.

다시 정리하자면 습관처럼 학교나 학원을 오가지 않게 하는 것이 중요하다. 스스로 공부 계획을 세우고 자신에게 맞는 사교육을 적절히 이용할 수 있어야 한다. 이를 위해서는 저학년 때부터 스스로 계획을 세우고 공부하며 조절 능력을 키울 수 있도록 기회를 주어야 한다.

선행학습 제대로 알고 하기

학원에서 선행학습을 시키는 이유

학부모들과 상담을 해보면 내 아이의 학습 수준에 맞는 학원을 찾기가 너무 어렵다는 말을 자주 듣는다. 수학 실력이 부족해 학원에서 보충하고 싶어도 대다수 학원이 선행학습 위주로 진도를 나가 선택의 여지가 없다는 것이다. 그렇다면 학원에서는 왜 선행학습을 시키는 걸까?

첫째, 아이를 오래 붙들 수 있다. 학교와 달리 수요자가 자발적으로 선택하는 교육기관이다 보니 아이들이 오래 다니도록 하는 것은 학원의 사활이 걸린 문제다. 단기간 프로그램으로는 아이를 오래 붙들 수 없다. 그래서 학원 입장에서 가장 좋은 프로그램이 선행학습이다. 상위권 아이일수록 무작정 학원에 오래 다니기보다는 자신의 부족한 점을 스스로 진단해 그 점을 보충해줄 수 있는 학원을 선택하고, 문제가 해결되면 혼자 공부할 수 있는 시간을 더 늘린다. 이것이 혼공이다. 수학 실력의 차이는 이 혼공 시간의 양과 질에 따라 결정된다고 봐도 과하지 않다. 따라서 무조건 학원의 유명세를 믿고 선행학습 프로그램에 맡길 것이 아니라, 우리 아이의 현재 실력과 부족한 점을 충분히 상의한 후 그 부분을 보완해줄 수 있는 사교육을 선택하는 것이 효율적이다.

둘째, 학원 교육 프로그램의 제작비가 적게 든다. 아이들을 가르쳐본 사람이라면 가장 쉽게 활용할 수 있는 커리큘럼이 바로 선행학습임을 알고 있다. 선행학습 커리큘럼을 짜기가 쉬운 이유는 이미 국가가 정해놓은 교육과정에 맞추어 수업을 하면 되기 때문이다. 정말 어려운 것은 하위권을 위한 보충 수업이나 상위권을 위한 심화학습이다.

이러한 보충 수업이나 심화학습이 어려운 이유는 교육과정을 분석하고 재구성하는 데 많은 시간과 비용이 들기 때문이다. 우리 아이를 위해서 학원이 있는 것이지 학원을 위해서 우리 아이가 있는 것이 아니다. 자녀의 실력을 정확히 점검하고 부족할수록 선행학습에 신중해야 한다. 그런 아이일수록 선행학습은 학기 중에는 지양하고, 방학 때 한 학기 정도만 제대로 나갈 수 있게 하자.

셋째, 책임을 묻기 어렵다. 학원에 기말시험을 대비하는 프로그램이 있다고 치자. 그 프로그램의 효과는 한두 달 후의 시험을 통해 바로 알 수 있다. 학부모 입장에서는 그 결과에 따라 학원을 계속 보낼지 말지 고민하게 된다. 그렇다면 선행학습의 학습 효과는 언제 확인할 수 있을까? 내 아이가 6학년인데 중학교 진도를 나가고 있다면 최소한 1년 혹은 그 이상의 시간이 지나야 그 효과를 검증할 수 있다. 그러니 우리 아이가 정말 제대로 공부를 하고 있는지 검증하기가 어렵다.

넷째, 학원을 홍보하기에 가장 손쉬운 방법이다. 선행학습 자체가 학원의 홍보 수단으로 쓰이기도 한다. 몇 학기 혹은 몇 년씩 제 학년을 훨씬 앞서서 공부하는 아이들이 다니는 학원이라면 '잘 가르치는 학원', '실력 있는 아이들이 모이는 학원'이라는 이미지를 쉽게 얻을 수 있다.

사교육의 도움 없이 수학 공부를 시키다 어느 시점에 학원을 알아보는 많은 학부모가 소위 멘붕에 빠진다. "우리 학원에는 ○○○ 아이가 들어갈 수 있는 반이 없습니다"라는 날벼락 같은 소리를 듣게 된다. 수학 학습의 도움을 받기 위해 찾아갔는데 내 아이의 수학 실력에 맞는 반 자체가 없다는 얘길 듣고도 태연할 수 있는 부모는 많지 않다. 하지만 불안해할 필요 없다. 미리 배운다고 실력이 뛰어난 것은 아니다. 선행학습을 하든 안 하든 결국 고1 첫 시험에서 고등학교 3년간의 수학 점수가 결정된다는 이야기를 많이 한다. 중요한 것은 진도 자체가 아니라 난도 높은 시험을 해결할 수 있는 진짜 내공이다.

선행학습 프로그램 중심으로 운영하고 싶지 않아도 학부모들의 요구 때문에 어쩔 수 없이 해야 한다고 말하는 학원 관계자도 많다. 송파의 한 수학학원 원장의 말이다.

"아이 실력에 맞추어 진도를 나가야 하는데 무조건 선행을 해달라고 해요. 중1인데 고등학교 수학은 나가야 한다며 본인들이 더 전문가처럼 말해요. 자신의 자녀 상태는 전혀 모르고 말이죠. 제가 봤을 때 상위 3%는 돼야 그 정도 선행이 의미가 있어요. 보통 아이라면 딱 한 학기, 많아도 1년 정도만 선행해도 충분해요."

"학원을 10년 넘게 했어요. 나름 인기도 많아서 강남에서 저한테 개인 과외 받으려면 줄서야 했어요. 그런데 무조건 진도를 빼달라고 해요. 할 수 없이 선행학습을 하긴 했는데…. 돈도 많이 벌었지만 아이들에게 미안해서 그만뒀어요. 부모들은 선행학습을 하면 막연한 희망이 생기나 봐요."

선행학습 가능 조건

선행학습을 하려면 다음 조건을 만족해야 한다. 현행 기본 문제(학교에서 보는 단원평가) 점수가 90점 이상 꾸준히 나와야 한다. 상대적으로 도형같이 선수학습 개념이 없어도 높은 점수를 얻을 수 있는 단원뿐만 아니라, 어려운 단원에서도 90점 이하로 떨어져서는 안 된다. 또한 교과서에 나온 수학 개념을 단순히 암기하는 수준을 넘어 논리적으로 설명할 수 있는 수준으로 이해해야 한다(이 책에서 설명한 개념 이해 부분을 참고하자). 마지막으로 최상위 또는 고난도 문제집의 마지막 레벨 문제를 도움 없이 80% 이상 풀 수 있다면 선행학습의 효과를 볼 수 있다. 반면에 이 세 조건 중에서 하나라도 부족하다면 현행학습에 더욱 에너지를 쏟아야 한다.

> **선행학습 가능 조건**
> ① 90점 이상 + ② 수학 교과서 개념 이해 + ③ 심화문제 연습

위 조건을 만족한다고 해서 무리하게 선행학습을 해선 안 된다. 학원의 일방적인 진도만 믿고 놔뒀다가는 지나친 학습 부담으로 아이가 자신감을 잃을 수 있다. 수학에서 자신감은 자동차의 연료와 같아서 자신감 없이는 성적 향상을 기대하기 어렵다.

학원에서는 아이의 이해 정도에 맞추어 선행학습 진도를 나가기보다는 학원 프로그램에 아이를 맞춘다. 이렇게 되면 처음에는 잘 따라가다 어느 순간 힘들어하면서 자신감과 흥미를 잃어 득보다 실이 많다.

아이들은 힘들어도 부모가 걱정할까 봐 말을 못 하다가 뒤늦게 어려움을 호소하기도 한다. 따라서 선행학습을 할 때는 대화를 하며 잘 따라가고 있는지, 학습 부담은 없는지 점검해야 한다. 과제를 제때 하지 못해 학원에 별도로 남는 시간이 많은지, 학원 교재에서 지나치게 틀린 문제가 많은지, 학원에 가기 싫어하는지 등을 종합적으로 점검하자.

선행학습 최적 시기

현행학습을 제대로 이해하는 것이 중요하지만, 그렇다고 선행학습을 전혀 하지 않고도 계속 승승장구하기는 쉽지 않다. 결국 모든 수학 공부는 고등학교 수학 내신 성적과 수능 점수를 위한 것이라고 해도 과언이 아니다. 고등학교 수학은 그 학습량과 난도 면에서 중학교와 차원이 다르다. 초등학교, 중학교까지 닦아온 실력을 바탕으로 고등학교 수학 선행을 준비해야 한다.

중3 겨울방학이 끝날 무렵에는 최소한 고등학교 1학기, 여력이 된다면 2학기까지 끝내는 것을 목표로 삼아야 한다. 선행학습 진도가 빠른 학원은 중학교 때 고등학교 수학 전 과정을 끝내는 경우도 있다. 이 경우와 비교하면 겨우 한 학기 혹은 1년 치 진도를 나가는 것이 오히려 상당히 늦다고 여겨질 수도 있다.

실력이 된다면 얼마든지 진도를 빨리 나갈 수 있다. 중학교 때 고등학교 수학을 다 끝내고 가서 여유 있게 수업을 들으며 최상위 성적을 유지한다면 무엇이 걱정이겠는가. 그러나 90% 이상의 아이들에게 그러한 선행학습 과속은 사고만 일으킨다. 예를 들어 중학교 1학년 아이가 고등학교 1학년 수학 선행학습을 하는 것이 어떤 의미인지 살펴보자.

고1 수학은 갑자기 하늘에서 뚝 떨어진 독립적인 수학이 아니다. 중학교 전 과정을 충실히 학습했다는 전제하에 구성된 교육과정이다. 중학교 1학년의 경우 아직 1학년 과정도 제대로 마치지 않은 상태다. 중2, 중3 과정은 말할 것도 없다.

수학을 건물 짓기에 비유하는 이유는 수학의 위계성 때문이라고 여러 번 강조했다. 그 비유를 적용하면 중학교 1학년 아이가 고1 수학을 미리 공부하는 것은 건물 1층이 아직 굳기도 전에 2층, 3층을 대충 쌓아 올리고 4층에 콘크리트를 붓는 상황과 같다. 공교롭게도 지난 2022년 1월 아파트 공사 현장에서 사고가 발생했다. 무리한 공사 일정 때문에 서두르다 39층 타설 작업 중 23~38층이 무너져 결국 건물 전체를 철거해야 했다.

중1 때 중2, 중3 진도를 끝냈다고 고1 수학을 쉽게 할 수 있는 것이 아니다. 중1 때 고1 선행학습을 제대로 하려면 현재 배우는 중1 과정뿐만 아니라 중2, 중3 수학이 완벽히 이해된 상태로 머릿속에 있어야 한다. 단순하게 생각해서 중2, 중3 과정을 끝냈으니 그다음 과정을 자연스럽게 나갈 수 있는 것이 아니다. 왜 많은 아이가 중학교 때까지 고등학교 수학 전 과정을 끝내고도 고1 첫 시험을 보고 좌절하는지 짐작할 수 있을 것이다.

선행학습을 일찍 시작해 진도를 많이 나갈수록 비효율은 급격히 증가한다. 이는 아이의 부담이 엄청나게 크다는 말이다. 그 결과 모든 학년 수학을 대충 이해해 수박 겉핥기가 되기 십상이다. 이러한 어설픈 실력으로는 고1 수학의 높은 벽을 결코 넘을 수 없다. 그 이후의 과정은 불 보듯 뻔하다.

한편 중3 때 고1 수학 선행학습을 하는 상황을 살펴보자. 중3 수학은 고1 수학의 기초를 이루며 연결되어 있다. 따라서 현행학습이 선행학습과 시간적으로 크게 차이가 나지 않아 학습 부담이 줄고, 개념적으로 쉽게 확장할 수 있어 효율적이다. 물론 이러한 선행학습의 진도를 모든 아이에게 무조건 동일하게 적용할 수는 없다. 아이의 역량에 따라 조정해야 한다. 그러나 수학에 특별한 재능이 있는 아이가 아니라면 지나치게 이른 선행학습은 들인 노력에 비해 성과가 적고, 선행학습 없이 고등학교에 입학한다면 그 학습 부담 또한 수학을 포기하고 싶게 만들 수 있다.

지나친 선행학습으로 우리 아이는 시들어가고 있는데 단지 몇 년 치 진도를 미리 나가고 있다고 안심해서는 안 된다. 자녀의 컨디션을 잘 살피며 성취감을 충분히 느낄 수 있는 수준에서 선행학습을 조절해야 한다. 우리 아이는 제품 납기일을 맞추기 위해 밤새 돌리는 공장의 기계도, 주입하는 대로 흡수하는 스펀지도 아니다.

① 남들과 비교하지 말자. 옆집 아이 누가 얼마나 빨리 진도를 나갔는지가 좋은 로드맵의 기준은 아니다.

② 현행 성적이 미래 성적이다. 지금 잘하고 있다면 미래에도 좋은 성적을 받을 수 있다. 간혹 선행학습을 하지 않아서 상급 학교에서 어려움을 겪는다는 이야기를 하는데 이는 사실이 아니다. 그런 아이는 대부분 현행 공부가 제대로 되어 있지 않았을 뿐이다.

③ 현행학습이 진정한 선행학습이다. 수학 교과서는 개념이 긴밀하게 연결되어 선수

학습 개념이 이후 학습에서 결정적인 역할을 한다. 지금 제대로 하고 있는지 점검하자.

④ 심화학습은 생각보다 힘들다. 심화학습이 제대로 되어 있는지 점검해야 한다. 모든 열쇠는 심화학습에 있다.

⑤ 중3까지는 상위권을 유지하는 데 온 힘을 다하자. 미리 해둬야 한다는 불안감에 선행학습을 하느라 현행학습도 대충, 선행학습도 대충 하면 두 마리 토끼를 모두 잃는다.

⑥ 중하위권에게 선행학습은 효과가 없다. 중하위권이라면 현행학습도 완전학습을 하지 못한다. 이런 상태에서는 선행학습을 제대로 할 수 없다. 두 자리 수의 덧셈을 제대로 하지 못한다면 선행학습으로 세 자리 수의 덧셈을 시킬 것이 아니라 두 자리 수의 덧셈을 완벽히 하는 데 총력을 쏟아야 한다.

⑦ 상위권도 급이 있다. 단순히 점수만 높다고 상위권이 아니다. 초등학교와 중학교의 시험문제는 교과서 수준에서 많이 벗어나지 않는다. 따라서 개념을 정확하게 이해하지 않고 단순히 문제 풀이 절차나 공식만 외워도 100점을 받을 수 있다. 하지만 이렇게 공부해서는 고등학교에서는 따라가기 힘들다.

⑧ 완전학습이 완전한 선행학습을 만든다. 중3까지 완전학습을 했다면, 중3 2학기부터 선행학습 계획을 세워 고등학교 입학 전까지 한 학기 혹은 두 학기 선행학습을 한다.

⑨ 선행학습을 할 때는 학원의 프로그램에 무조건 맡기기보다는 아이가 이해하고 심화학습을 하는지 점검해줄 수 있는 학원을 이용하자. 수학 개념은 연결되어 있다. 진도를 많이 나가지 못했다고 해서 불안해할 필요 없다.

⑩ 중3 성적이 고1 성적이다. 그리고 고1 성적이 고등학교 성적이다. 교과서를 보면 같은 내용이 심화·확장되어 상위 학년에서 등장하는 것을 알 수 있다. 지금 잘하면 미래에도 잘한다. 걱정해야 할 것은 선행학습의 속도가 아니라 현행학습 이해도다.

상위권의 조건

- 수학 교과서 개념을 정확히 이해하고 설명할 수 있다. 단순히 교과서를 풀 수 있는 수준이 아닌 설명할 수 있는 수준이어야 한다. 계산에서 머물지 말고 설명하는 수준이 되어야 한다.
- 혼자서 공부할 수 있어야 한다. 자신에게 무엇이 부족한지를 스스로 분석하고 이를 보완하기 위해 어떻게 공부해야 하는지 알 수 있어야 한다. 시켜서 하는 공부로는 상위권이 될 수 없다.
- 도움 없이 최상위(고난도 문제집) 문제를 80% 이상은 맞힐 수 있어야 한다. 그리고 틀린 20%도 스스로 해결할 수 있어야 한다.
- 잘하고자 하는 욕심이 있으며 공부하라고 하기 전에 스스로 하므로 대체로 부모가 쉬었다가 공부하길 원한다.

6장

최상위 아이는 이렇게 수학 합니다

수학 완전학습 로드맵 2
교과서

"저는 교과서 중심으로 공부했습니다. 잠은 충분히 잤고, 학교 수업에 충실했습니다."

수능 만점자들과 전교 1등 아이들의 공부법을 인터뷰하는 영상에 매번 등장하는 말이다.

"저거 다 방송이라서 하는 말이야. 뒤에서는 시킬 거 다 시키면서 꼭 저렇게 말하더라."
"애초에 저렇게 할 만한 애라 저렇게 하지. 애들 머리가 다 똑같아? 저런 말 듣고 순진하게 따라 하다간 애 교육이 삼천포로 빠진다고. 흔들리지 말고 시킬 것은 시켜가면서 해야 해. 잠잘 것 다 자고 쉬운 교과서만 풀다가 고등 수학 만나보라고 해. 그게 가능한가?"
"교과서는 그림만 잔뜩 있고 문제가 너무 적어요. 교과서가 중요하다고 해서 다섯 번이나 풀었는데 교과서에서는 문제가 하나도 안 나왔어요. 교과서 풀어봐야 소용없다니까요."

"교과서가 얼마나 부실한데…, 적어도 '최상위 수학' 세 바퀴는 돌려야 감당이 된다니까요."

정말 교과서가 공부하는 데 중요할까? 정말 공부를 잘하는 아이들은 교과서를 중요하게 여길까? 두 질문에 대한 답은 모두 '그렇다'이다. 물론 내 주변에서 교과서를 중요하게 여기며 공부하는 아이를 찾기는 쉽지 않다. 그렇다 해도 교과서를 버리는 건 수업을 버리는 일이고, 수업을 버리는 일은 1년에 1,000시간 이상을 제대로 활용하지 못한다는 의미다. 그것이 중고등학교로 이어지면 내신 성적에도 심각한 영향을 미친다.

어느 과목 교과서가 가장 중요할까? 단연코 수학이다. 앞에서 학교 수업을 잘 활용하는 것이 수학을 효율적으로 공부하는 데 중요한 방법임을 살펴보았다. 그 학교 수업의 핵심은 바로 '교과서 공부'다. 모든 교과서가 중요하지만 그중에서도 수학 교과서는 매우 중요하다.

"건축가가 버린 돌이 집 모퉁이의 머릿돌이 된다"라는 말이 있다. 남들이 버린 교과서에서 보석을 발견할 수 있는 지혜를 얻길 바란다.

개념학습을 하는 최적의 교재는 교과서다

오랫동안 아이들을 가르치면서 수학 성적이 오르지 않아 고민하는 아이들을 보아왔다. 그중 일부는 열심히 하지 않거나 포기한 아이였지만, 대부분은 수학을 놓지 않기 위해 애쓰고 있었다. 수학을 포기한다는 것은 학교생활을 하면서 상당히 많은 것을 포기하는 일과 같기 때문이다.

부모들의 노력 또한 아이 못지않다. 직장생활을 하며 시간을 내어 여러 학원에 가서 상담하고, 정보를 얻기 위해 옆집 엄마에게 전화를 걸어 아쉬운 부탁을 하기도 한다. 틈만 나면 각종 교육 관련 서적을 읽으며, 수학이 걸림돌이 아닌 디딤돌이 될 수 있도록 애쓰고 고민한다. 하지만 결과는 기대 이하일 때가 많다.

혼란스럽고 오염된 정보가 많은 사교육 시장에서 진지하게 우리 아이의 미래를 걱정해주는 상대를 만나기는 쉽지 않다. 이럴수록 정도를 찾고 묵묵히 그 길을 따라가야 한다. 급해지면 오히려 길을 잃고 시간과 비용을 낭비하기 쉽다. 주변의 솔깃한 제안일수록 의심해야 한다. 우리 아이를 보호해줄 스카이 캐슬은 없다.

앞에서 수학 학습의 기본 틀을 제시했다. 새로울 것도 없지만 많은 사람이 놓치고 있는 예습-수업-복습의 사이클을 철저히 지키는 일이다. 그리고 그 학습의 핵심은 개념과 원리를 이해하는 데 있다. 수학 학습에서 개념과 원리가 중요하다는 데 동의한다면, 이제 수학 교과서를 다시 들어야 한다.

수학 교과서는 수업 시간에만 잠깐 보다 학교 사물함에 던져놓고 와도 되는 수준 낮은 문제집이 아니다. 작은 글자 하나, 말 주머니 속의 몇 글자조차 소홀히 해서는 안 된다. 용어(개념)를 학습할 수 있는 최적의 교재는 '교과서'다. 교과서는 문제보다 문제를 푸는 데 필요한 용어를 우선적으로 설명한다. 이제 교과서를 제대로 공부하는 방법을 알아보자.

초1·2 교과서를 활용한 개념학습법

저학년인 1·2학년 수학 교과서에는 수학 용어가 많이 등장하지 않지만, 수학을 시작하는 단계에 있으므로 세밀하게 접근해야 한다. 지루하게 많은 문제를 반복적으로 푸는 연산 문제집보다는 수학 교과서와 익힘책을 제대로 이해하는 것이 먼저다. 간혹 저학년 때부터 연산을 잡아야 한다며 단순한 문제를 반복적으로 풀게 하는 경우가 있는데, 수학 실력보다 아이의 수학 호기심과 공부하려는 의지부터 꺾을 수 있다. 다음의 예시를 보며 이해 정도를 점검해보자.

예시 1

- **범위**: 초등학교 1학년 1학기 1단원 9까지의 수
- **방법**: 두 수의 크기를 다양하게 비교할 수 있게 수를 바꿔가며 크다, 작다로 표현한다.
- **질문**: 8은 4보다 어떠하다고 말하면 좋을까? 그럼 반대로 4는 8보다 어떠하다고 말할 수 있을까?

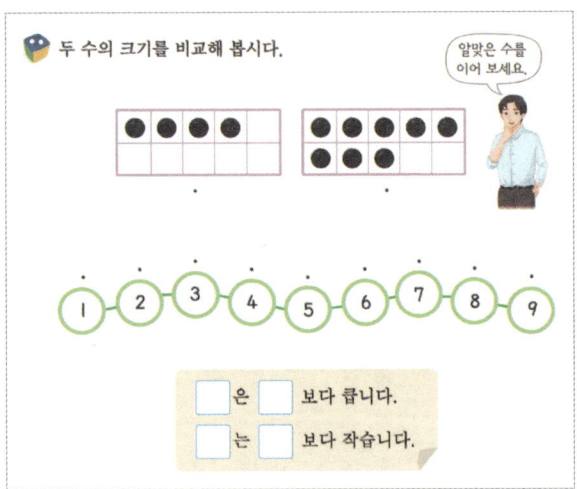

예시 2

- **범위:** 초등학교 2학년 1학기 1단원 세 자리 수
- **방법:** 수학 교과서는 보여주지 말고 교과서 내용을 물어본다. 이 방법을 어려워하면 포스트잇으로 일부분을 가리고 그 부분에 들어갈 내용을 묻는다.
- **질문:** ① 90보다 10만큼 더 큰 수는 얼마일까?, ② 10이 10개면 (   )입니다.

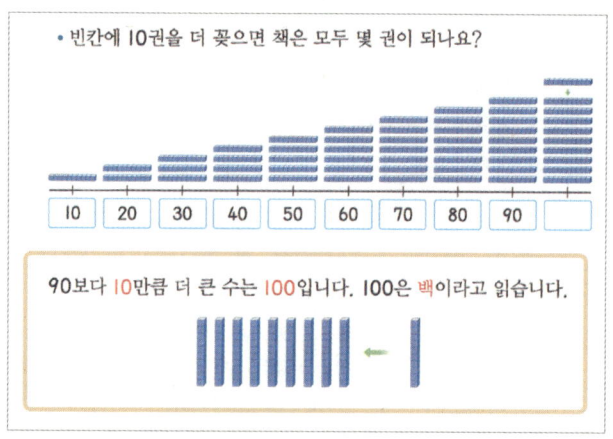

초3·4 교과서를 활용한 개념학습법

아이들의 수학 실력 차가 차츰차츰 벌어지는 시기다. 1·2학년 수학이 생활에서 친근하게 쓰이던 수학 개념을 다루었다면, 3·4학년부터는 일상생활에서 자주 쓰이지 않는 추상적인 수까지 다루어 수학에 대한 흥미를 잃기 쉬운 시기다. 예를 들면 이 시기에 처음 등장하는 분수, 나눗셈, 소수 등은 이후 수학 공부의 방향을 결정짓는 중요

한 개념이지만 아이들이 어려워하는 개념이기도 하다. 따라서 3·4학년부터는 수학 개념을 정확히 이해시켜 학습 결손이 누적되어 수학에 흥미를 잃지 않도록 하는 것이 중요하다.

예시 1

- **범위**: 초등학교 3학년 1학기 3단원 나눗셈
- **방법**: 3학년부터는 본격적으로 연산이 제시된다. 연산이라고 기계적으로 풀게 하지 말고 교과서를 보며 원리를 이해하고 풀 수 있게 하는 것이 핵심이다.
- **질문**: 8에서 2씩 4번 빼면 (0)이 됩니다. 이것을 나눗셈식으로는 어떻게 나타낼 수 있을까요?

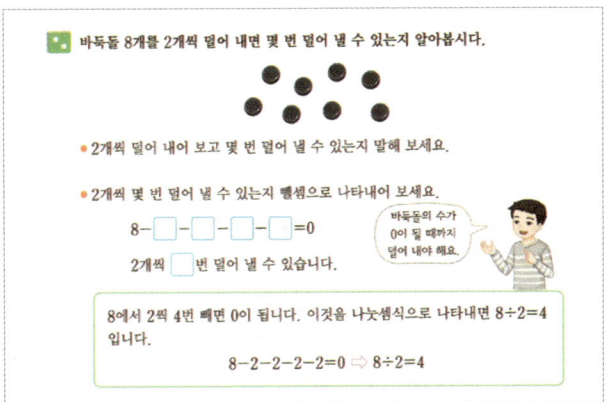

예시 2

- **범위**: 초등학교 4학년 1학기 2단원 각도
- **방법**: 도형의 경우 직접 그리거나 설명하게 한다.
- **질문**: 1도란 무엇인가?, 각과 각도는 어떻게 다른가?

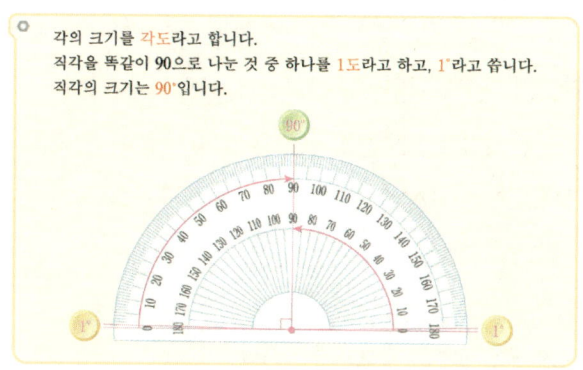

초5·6 교과서를 활용한 개념학습법

연산이 완성되고 중학교 때 배울 내용의 기초가 되는 개념들을 배우는 시기다. 그 자체로도 중요하지만 예비 중학생으로서 중학 수학의 기초를 닦고 자기 주도적인 습관을 들여야 하는 중요한 시기다. 초등 저·중학년과 달리 부모의 간섭과 도움보다는 스스로 규칙과 계획을 세우고 공부할 수 있도록 해야 수학에 흥미를 잃지 않고 성취감을 느끼며 공부할 수 있다.

등장하는 용어도 많고 개념도 어려워 부모가 도와주기 힘들 수도 있다. 이때 무조건 사교육에 맡기기보다는 스스로 공부하는 습관을 먼저 들이고 이를 보완하는 수준에서 사교육을 활용하는 것이 좋다. 본격적으로 선행학습에 많이 뛰어드는 시기지만, 아이들을 직접 가르쳐보면 기초적인 개념도 모르면서 선행 진도만 믿고 학습하는 아이가 의외로 많다. 이럴수록 더욱 수학 교과서의 개념을 정확히 이해했는지 점검해야 탄탄한 실력을 쌓고 중학교에 진학할 수 있다. 차츰 정서적으로나 지식적으로도 수포자가 생기는 시기다.

예시 1

- **범위**: 초등학교 5학년 2학기 5단원 직육면체
- **방법**: 개념을 정확히 모르면 밑면에 대한 설명을 일상 용어와 구분하지 않을 가능성이 크다. 일상 용어와 교과서 용어를 정확히 구분하는 것이 핵심이다.
- **질문**: 밑면은 무엇인지 설명해보라. 직육면체에서 밑면이 될 수 있는 면을 모두 그리시오.

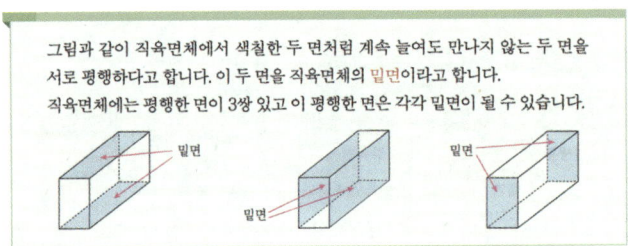

예시 2

- **범위**: 초등학교 6학년 1학기 1단원 분수의 나눗셈
- **방법**: 앞에서는 주로 수학 교과서에 나오는 용어의 정의를 묻는 질문을 했다. 그런데 풀이 방법을 유도하는 과정을 이해하는 질문도 중요해 이번 예시에 제시했다. 단순히 절차만을 암기해서 풀면 이해가 부족하고 기억에도 오래 남지 않아 응용력이 떨어지므로 풀이 과정의 이해를 묻는 질문이 중요하다.

- **질문**: 5÷4의 몫을 구할 때 가분수로 나타낼 때와 대분수로 나타낼 때의 풀이 과정을 도형을 이용해서 설명해보시오.(이런 응용 질문은 부모 입장에서 부담스러울 수도 있다. 정확히 확인하지 못하더라도 자녀가 스스로 대답할 수 있는지 없는지 확인하는 것만으로도 의미가 있다.)

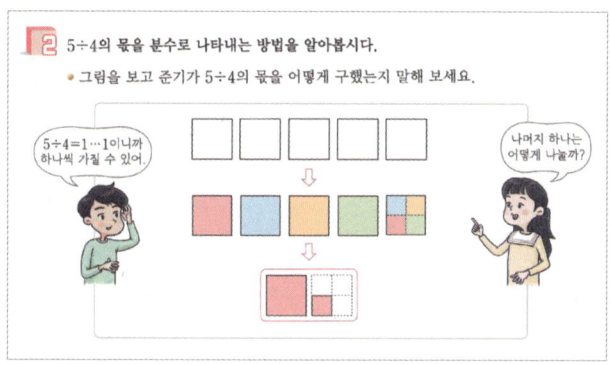

가분수로 설명하기

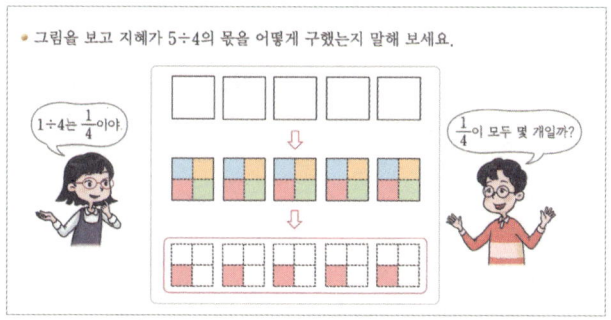

대분수로 설명하기

이 외에도 초등 학년별 수학 개념 문답 56개를 부록에 담아두었다. 해당 학년에 맞춰 살펴보자.

중1 교과서를 활용한 개념학습법

수학에 흥미를 잃거나 어려워하는 아이가 많아지는 시기다. 중학교 과정은 고등학교와 별개가 아니라, 고등학교 수학의 기초가 된다. 특히 개념 이해가 더욱 중요하다. 그런데 초등학교 때는 선행학습을 하지 않던 아이도, 주변 분위기에 휩쓸려 자신의 실력과 상관없이 무리한 선행학습을 하게 된다. 그렇게 되면 현행학습이 부실해지거나, 과도한 선행학습 부담으로 수학에 대한 거부감이 커져 자신감을 잃을 수 있다.

고1 1학기가 끝나면 대부분 2학기나 고2 수학 선행학습을 한다. 하지만 현실적으로는 고1 수학도 제대로 이해하지 못하는 아이가 너무 많다. 이때도 지난 고1 수학을 복습하는 것이 좋지만 그렇게 하는 아이는 많지 않다. 늘 현행을 완벽히 해야 한다. 중학교 과정을 완벽히 한다는 것은 고1 수학의 기초를 튼튼히 하는 것과 같다.

예시 1

- **범위**: 중학교 1학년 1학기 1단원 소인수분해
- **방법**: 중학생부터는 부모가 도와주기 어려울 수 있다. 전교 1등을 대상으로 한 조사를 보면 자녀와 부모 간의 친밀도가 상대적으로 매우 높았다. 어릴 때부터 일방적 지시가 아니라 조언을 하면서 자녀의 의견을 존중하는 대화를 해야 한다. 정서적 안정은 학업에도 영향을 미치며, 무엇보다 가족의 행복에 결정적인 역할을 한다.

- **질문:** 소수가 무엇인가?(이 질문에 대부분의 아이가 "1과 자신만을 약수로 가지는 수"라고 대답한다. 여기에서 눈여겨볼 부분은 '1보다 큰 자연수'라는 조건을 아무렇지 않게 생략한다는 것이다. 상위권과 중하위권이 여기에서 갈린다. 수학은 조건이 무척 중요하다. 이런 것을 평소 가볍게 생각한다는 것은 수학 공부를 진지하게 하지 않은 증거다.) 교과서를 펼쳐보자. 소수의 예시가 나오고, "1보다 큰 자연수 중에서 약수가 1과 자기 자신뿐인 수를 '소수'라고 한다. 그리고 소수가 아닌 1보다 큰 자연수를 '합성수'라고 한다"라고 정리되어 있다.

수학 교과서를 읽으면 수학 실력이 향상된다

모든 공부는 개념 공부다. 수학은 수학 개념, 사회는 사회 개념, 도덕은 도덕 개념. 그리고 개념은 말과 글에 담긴다. 말과 글은 개념을 나르는 수단이다. 요즘 문해력이 강조되고 있는데 문해력은 갑자기 생겨난 유행이나 공부법이 아니라 그냥 말과 글을 이해하는 능력, 더 쉽게 말하자면 '말귀'다.

말귀가 밝아야 공부도 잘할 수 있다. 이 책의 독자들도 자신의 '말귀' 혹은 '글귀'로 이 책을 읽는 것이다. '귀'는 언어 능력의 비유적 표현이다. 수학을 공부하기에 앞서 말귀부터 길러야 한다.

교과서를 읽으면 실력이 보인다

수학 교사들끼리 모이면 가르치기의 어려움에 대해 쏟아내며 공통적으로 하는 말이 있다. "수학을 떠나서 도대체 말을 이해하지 못한다"라는 것이다. 다음 내용을 교실에서 수학 수업을 듣는 상황이라 가정하고 읽어보자.

> 두 수를 나눗셈으로 비교하기 위해 기호 :을 사용하여 나타낸 것을 비라고 합니다. 두 수 3과 2를 비교할 때 3:2라 쓰고 3 대 2라고 읽습니다.
> 3:2는 "3과 2의 비", "3의 2에 대한 비", "2에 대한 3의 비"라고도 읽습니다.
> 비 3:2에서 기호 :의 오른쪽에 있는 2는 기준량이고, 왼쪽에 있는 3은 비교하는 양입니다.

6학년 1학기 4단원 '비와 비율' 첫 시간에 배우는 내용이다. 읽어보면 복잡한 계산이나 수학적 개념은 나오지 않는다. 그냥 두 수를 비교하면서 여러 가지 방법으로 읽는 예들을 제시한다. 하지만 이 특별할 것 없어 보이는 내용이 이후 비와 비율을 이해하는 데 결정적인 역할을 한다. 정말 강조하고 싶은 것은 모든 수학이 이처럼 처음에는 간단한 개념으로 시작해 나중에는 그 첫 개념을 짐작하기 어려울 만큼 복잡해진다는 사실이다. 여기에서 배우는 간단한 내용이 이후에 배울 비례식과 비례배분, 방정식, 함수까지 이어진다.

교과서에서 비를 설명하면서 3과 2를 비교하는 네 가지 표현에 대해 제시하고 있다. 간단한 것 같지만 위 다섯 줄을 제대로 이해하는 아이가 거의 없다. 물론 영어의 ratio를 번역(3:2 → ratio of 3 to 2)해서 가져온 표현이라 어색한 점이 없지 않으나, 어쨌든 한글 표현으로 풀어 설명해줘도 어려워한다. 예시 내용을 제대로 이해했는지 다음의 짧은 Q&A를 해보자.

Q1. ':'을 무엇이라고 읽는가?

A1. 아이들에게 물어보면 '대', '땡땡' 등 다양하게 답한다. 그건 원래 이름이 따로 없다고 하는 아이도 적지 않다. 모두 틀렸다. 정답은 쌍점이다. 의외로 아이들이 기호의 명칭과 기능을 알지 못한다.

Q2. 비는 무엇을 하려고 만들었는가?

A2. 이 질문의 답도 예시 내용 안에 모두 들어 있다. "두 수를 나눗셈으로 비교하기 위해" 만들었다.

Q3. 6:4를 읽는 방법으로 틀린 것은?
① 6 대 4
② 6과 4의 비
③ 4의 6에 대한 비
④ 4에 대한 6의 비

A3. 정답은 ③이다. 그 이유가 중요하다. 교과서를 대충 읽고 정확히 이해하지 않은 채로 넘어간 아이는 이 문제가 헷갈릴 수밖에 없다. 교과서에는 "기호 :의 오른쪽에 있는 수 2는 기준량"이라고 분명히 쓰여져 있다. 당연히 6:4에서 4가 기준이라는 걸 알아야 한다. 꼼꼼하지 않아서, 덜렁대서 놓쳤다고? 그런 것을 문해력이 부족하다고 말한다. 4가 기준이므로 ③의 '4의 6에 대한 비'에서 6에 대한 비가 틀렸다.

내용을 읽으면서 어떤 생각이 들었는가? 꼼꼼히 읽은 독자도 있겠지만 대략 훑어본 독자도 있을 것이다. 꼼꼼한 독해는 생각보다 쉽지 않다. 아이들도 마찬가지다. 이러한 꼼꼼한 독해가 가능해야 개념의 빈틈이 생기지 않고 제대로 탄탄한 수학 실력을 쌓을 수 있다.

교과서를 잡으면 개념이 잡힌다

단기간에 상위 학년 진도를 학습하려면 아이의 이해력이 뛰어나거나 학습량을 그에 맞게 늘려야 한다. 이해력은 아이의 역량에 해당하므로 쉽게 높일 수 없다. 한편 모두에게 하루는 24시간이다. 선행학습을 한다고 해서 아이에게 덤으로 2~3시간이 더 주어지지는 않는다. 이렇게 제한된 상황에서 학습량을 늘리려면 상당한 의지가 있어야 한다. 쉬운 일이 아니다.

① 6÷2는 얼마인가?
② 6÷2는 왜 3인가?

위 두 가지 질문은 얼핏 비슷해 보이지만 질적으로 다르다. ①은 답을 묻는 질문이고, ②는 '개념과 원리'를 묻는 질문이다. 위 질문에 답을 해보면 ②가 훨씬 어렵다는 것을 알게 된다. 왜 그런지 알아보자.

6÷2의 답 3을 어떻게 찾았는가? 대부분은 2×□에서 □의 값을 구구단으로 찾았을 것이다. '2×3=6'은 6÷2를 풀기 위한 절차적 방법이라고 볼 수 있다. 나눗셈 문제인데 ==나눗셈 개념을 전혀 사용하지 않고 풀이 방법만 암기해서 푸는 경우가 많다.== 문제는 이렇게 개념 이해 없이 풀면 심화학습에 방해가 되어 난도 높은 문제를 푸는 실력이 길러지지 않는다. 개념 중심의 계산은 어떻게 다를까? 교과서를 살펴보자.

6÷2의 답을 구할 때 간단히 2×③=6에서 3을 찾는 방식은 나눗셈에 대한 어떤 개념도 이용하지 않고 답을 찾는 것이 가능하다. 이러한 방법이 얼핏 보면 효율적이고 빠른 것 같지만 나눗셈이 필요한 다양한 상황에서 한계를 노출한다. 예를 들어 $1 \div \frac{1}{2}$은 $\frac{1}{2} \times (\ ) = 1$과 같이 변형해도 구구단으로 풀 수 없다. 반면 나눗셈의 개념을 알고 있다면 2라는 답을 쉽게 찾을 수 있다.

오른쪽 표와 같이 학교에서는 간단한 나눗셈의 개념과 원리를 익힐 수 있도록 교과서의 6쪽 이상을 할애하고, 수업으로 2주를 배정한다. 교과서를 보면 아이 스스로 개념을 찾아갈 수 있도록 다양한 활동과 질문을 제시한다. 그 수가 무려 40가지가 넘는다. 이러한 활동을 제대로 이해하며 배운 아이와 그냥 구구단으로 쉽게 답을 구하는 아이의 수학적 사고력은 갈수록 엄청나게 차이가 난다.

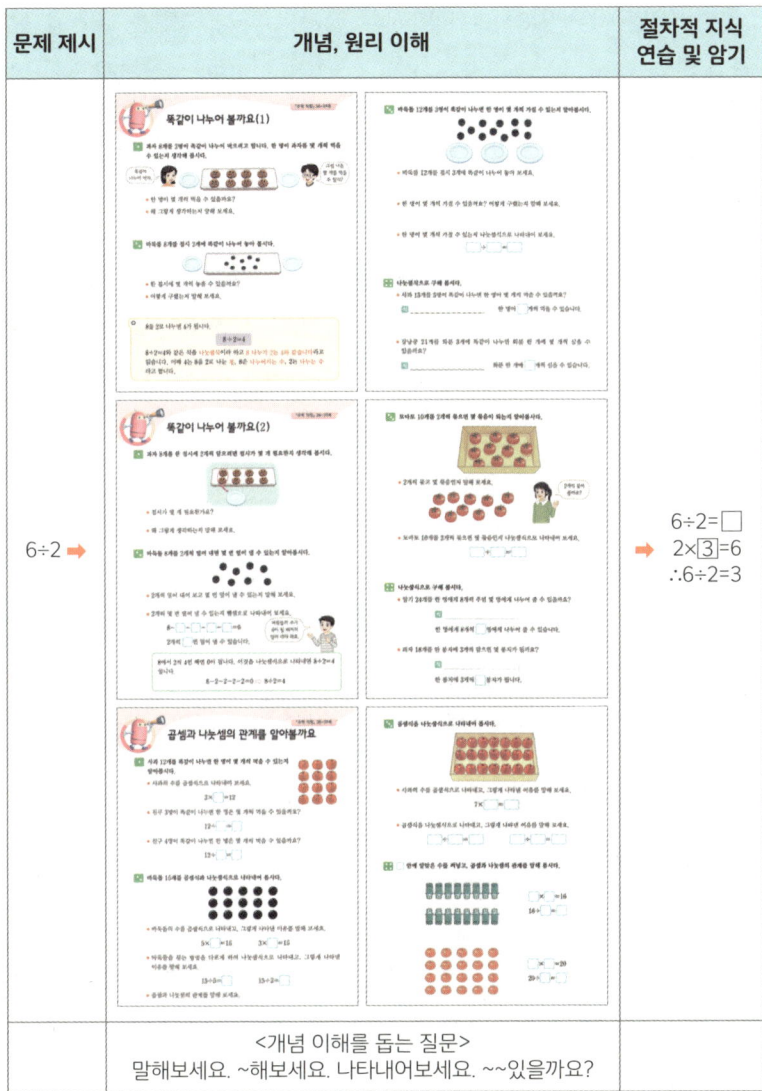

한편 개념 이해 없이 절차적 지식 암기로 하는 수업은 다음과 같다. 이렇게 되면 진도는 빨리 나갈 수 있지만 결국 사고력이 길러지지 않아 고등학교에 가서 고생한다.

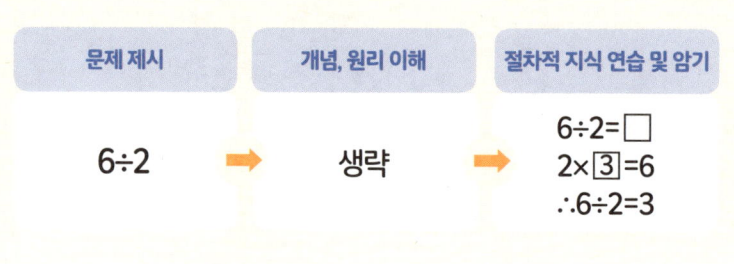

교과서를 보고 혼자서 예습이나 선행학습을 할 때, 풀이 과정은 자습서나 교사용 지도서를 구입해서 확인하면 된다. 교과서는 진학할 중고등학교에서 사용하는 것을 구매하면 예습 효과도 기대할 수 있다. 특히 교과용 지도서는 출제 의도와 지도 관점 등을 볼 수 있어 유익하다. 교사용 지도서는 '한국검인정교과서협회' 홈페이지에서 출판사별로 구입할 수 있다.

교과서로 먼저 개념과 원리를 익힌 후 학원 수업을 듣는다면 수동적인 학습에서 벗어나 능동적인 학습 태도를 기를 수 있다. 학원의 진도보다 조금 빠르게 교과서로 혼자서 자기 주도적인 학습을 한 후 학원 수업을 듣는 것이 선행학습의 단점을 보완하는 가장 좋은 방법이다. 다음 그림처럼 학습하면 개념도 잡고 응용력도 기를 수 있다.

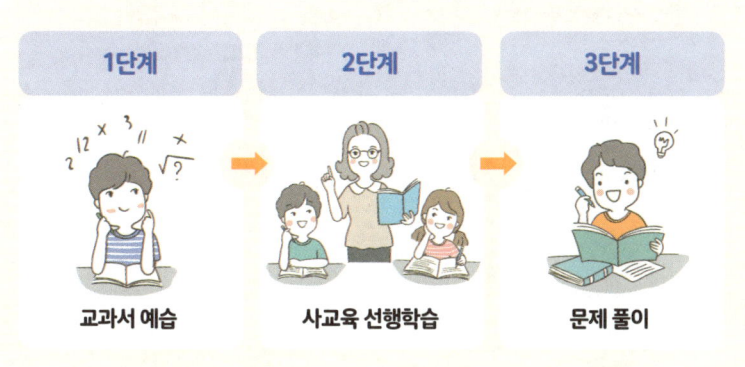

수학 교과서 완전 분석

수학 교과서는 독특한 교재다. 학습을 하면서 개념과 원리를 체득할 수 있도록 구성되어 있다. 그래서 수학 교과서는 질문과 질문으로 이어져 있고, 그 질문에 답하는 과정에서 개념이 형성되고 원리를 깨닫게 된다. 반면 수학 문제집은 앞부분에 개념과 용어를 정리해두긴 했지만 그 자체로는 개념학습이 어렵다. 수학 문제집의 첫 장은 이미 개념과 원리 학습이 끝난 아이가 내용을 요약정리해 보기 좋도록 집필되어 있다. 교과서와는 성격이 완전히 다르다.

다음 수학 교과서를 보면 종이를 '똑같이 넷으로 나누는 활동'을 제시하고 있다. 이 단순한 활동은 분수의 개념을 이해시키기 위해 등분할 경험을 제공하려는 의도로 제작한 것이다. 반면 문제집은 이미 개념을 이해했다고 전제하고 확인하는 용도로 제작된다.

3학년 1학기 6단원 분수와 소수 중에서

==수학 교과서와 문제집의 차이를 제대로 알아야 둘을 효과적으로 이용할 수 있다. 둘은 보완 관계다. 문제집이 교과서를 대체할 수는 없다. 수학 교과서가 먼저고, 문제집이 다음이다.==

교과서는 개념 공부를 할 수 있도록 만든 교재다. 교재는 단순히 좋은 문제를 만드는 것이 아니라, 아이의 사고력을 향상시키기 위해 여러 가지 최신 이론들을 근거로 많은 전문가가 오랜 시간 논의 끝에 만든다.

필자는 수학 문제집을 집필할 때 핀란드, 일본, 싱가포르, 미국 등 다양한 나라의 수학 교과서를 분석했다. 그런데 우리나라의 수학 교과서는 다른 나라들의 수학 교과서와 비교해도 절대 뒤지지 않았다. 실제로 많은 나라가 우리나라의 교과서를 참고해 자국의 교과서를 집필하고 있다. 그렇지만 수학 교과서가 완벽한 것은 아니다.

첫째, 수학 교과서는 너무 어렵다. 보통은 문제집이 어렵다고 생각하는데 사실은 수학 교과서가 더 어렵다. 수학 문제집에서는 점수가 잘 나오는 아이도 교과서 문제는 많이 틀리기도 한다. 특히 중하위권은 교과서를 이해하기가 쉽지 않다. ==학부모들의 생각과 달리 적지 않은 아이들이 수업을 제대로 따라가지 못하는 이유가 교과서 자체가 어렵기 때문이다.== 이는 중고등학교 선행학습을 하는 아이도 예외가 아니다.

수학 교과서나 익힘책의 문제를 틀리는 것은 단순한 실수가 아니다. 수학 교과서가 어려운 이유는 개념을 이해시키기 위한 의도로 구성되어 있기 때문이다. 이는 곧 교과서를 완전히 소화하면 실력이 올라가고, 결국 수학 문제를 잘 풀 수 있다는 말이다. 흔히 하는 실수가 문제를 많이 풀어 성적을 올리려는 것인데, 순서를 바꿔보자. 교과서를 완벽히 이해하고 문제집을 푸는 것이 더 효율적이다. 학년별로 교과서 개념과 질문을 예시로 제시한 207~215쪽을 다시 읽어보자.

둘째, 용어 및 개념 정리가 부족하다. 교과서는 어떤 개념을 전달하기 전에 다양한 활동을 통해서 그 용어 및 개념을 스스로 깨우치도록 만들어졌다. 즉, 개념 형성 활동을 통해 개념을 스스로 추론할 수 있도록 만들었다는 말이다. ==반면 문제집에 쓰여 있는 용어 및 풀이 방법은 이미 교과서를 잘 이해한 사람이 자신의 생각을 정리한==

<mark>노트라고 생각하면 된다.</mark> 따라서 문제집과 교과서는 서로 보완적인 관계에 있다.

셋째, 수학 교과서와 문제집의 문제는 성격이 다르다. 교과서가 어려운 이유는 개념을 스스로 찾도록 유도하기 때문이다. 예를 들어 "1÷3의 몫은 얼마인가?"가 교과서식 질문이다. 한편 문제집에서는 1÷3은 $\frac{1}{3}$과 같다 또는 △÷□에서 나누는 수를 분모로, 나누어지는 수를 분자로 하여 $\frac{△}{□}$로 나타낸다.

	표현 방식	의도
교과서	1÷3의 몫은 얼마인가?	개념과 원리의 이해에 초점
문제집	1÷3은 $\frac{1}{3}$로 나타낸다. (1÷3=$\frac{1}{3}$)	풀이 절차의 습득에 초점

교과서와 문제집의 문제 비교

교과서가 어려운 이유는 늘 개념과 원리를 설명할 수 있도록 구성되어 있기 때문이다. 문제는 이러한 활동을 통해 개념을 정확히 익히는 아이가 많지 않다는 것이다. 그래서 교과서는 수업 시간에만 잠깐 보고 마는 천덕꾸러기 신세가 된다.

<mark>원하는 점수가 나오지 않는다면 다시 기본, 즉 교과서로 돌아가 반복해서 공부하고 다시 문제집으로 테스트해야 한다.</mark> 모든 학교에서 모든 아이가 동일한 교과서로 공부한다. 그래서 그런지 교과서로 공부해서는 남들보다 잘할 수 없다는 생각을 갖는다. 그렇지 않다.

이제 관점을 전환해보자. 가장 효율적으로 실력을 올릴 수 있는 교재가 교과서다. 교과서를 완벽히 이해하는 것이 시간과 비용을 절약하는 가장 좋은 학습 방법이다.

수학 교과서 깊이 들여다보기

교과서를 보면 빈칸이 많다. 일반적으로 교과서는 '자료+질문+활동'으로 이루어져 있고, 문제집은 '내용 정리+문제'로 이루어져 있다. 이러한 구성이 교육적으로 어떤 차이점이 있는지 살펴보자.

	교과서	문제집
구성	자료+질문+활동	내용 정리+문제
목적	사고력 증진(역량)	성취도 측정(점수)
기간	장기	단기
활동 결과	쉽게 파악 안 됨	쉽게 파악됨
교재 구성 모형	<예시> 수학: 개념학습 모형 / 원리 탐구 학습 모형 / 귀납 추론 학습 모형 / 문제 해결 학습 모형 국어: 창의성 계발 학습 모형 / 지식 탐구 학습 모형 / 전문가 협동 학습 모형	다양한 문제 유형

교과서와 문제집의 구성 비교

아이나 학부모 모두 공부와 문제 풀이를 일대일로 생각하는 경향이 있다. 즉, '공부=문제집 풀기'로 여긴다. 그런데 우리 아이의 문제집을 한번 들여다보자. 학년이나 학기가 바뀌어도 점수가 비슷한 것을 확인할 수 있다. 왜 그럴까? 수학적 역량, 사고력의 변화가 거의 없기 때문이다.

오른쪽 표는 6학년 1학기 1단원 '분수의 나눗셈' 지도 계획이다. 이 표를 보면 교과서의 구성 특징과 실제 수업의 진행과정을 짐작할 수 있다. 단순히 아이들에게 문제를 풀게 하는 것이 아니라 수학적 사고력을 기를 수 있는 질문과 활동들로 채워져 있다. 동시에 이 과정은 메타인지를 자극해 아이들이 개념과 원리를 익힐 수 있게 한다.

개념과 원리에 대한 이해 없이 (분수)÷(분수) 계산을 배운 아이들은 마법과 같은 공식, 즉 나누기를 곱하기로 바꾸고 나누는 수를 역수로 바꾸어 쉽게 계산한다. 이런 방법을 학교 진도보다 미리 배운 아이들은 (분수)÷(분수)의 계산 원리를 이해하고 스스로 계산 방법을 찾는 활동에 집중할 수 없다.

수학 학습에서 개념과 원리가 중요하다고 하지만 실제로 개념과 원리를 배우지 못하고 단순한 풀이 절차, 방법만 암기해서 학습하는 경우가 많다. 장기적으로 고등학교 수학, 수능 수학까지 고려했을 때 상당히 위험한 학습 형태다. 이런 식으로 학습하면 짧게는 초등학교까지, 길게는 중학교까지만 버틸 수 있다.

단원	1. 분수의 나눗셈(교과서 10~11쪽)
학습 목표	분모가 같은 (분수)÷(분수)의 계산 원리를 이해하고, 계산 방법을 찾아 계산할 수 있다.

| 학습 단계 | 교수·학습 활동 ||
	교사	아이
도입	동기 유발 및 학습 목표 확인하기	
	• 친구들이 무엇을 하고 있나요?	- 물을 컵에 나누어 담으려 합니다.
문제 상황 제시	문제 상황 살펴보기	
	• 물 3/4L를 한 컵에 얼마씩 나누어 담으려 하나요? • 몇 개의 컵에 나누어 담을 수 있는지 구하는 식을 써보세요. (이하 생략)	- 1/4L씩 나누어 담으려고 합니다. - 3/4÷1/4입니다.
수학적 원리의 필요성 인식	(분수)÷(분수)의 계산 방법 생각해보기	
	• 여러분이 만든 식을 어떻게 구할 수 있을까요? (이하 생략)	- 그림으로 그려서 알아봅니다. - 분수로 나타냅니다.
수학적 원리가 내재된 조작 활동	그림으로 (분수)÷(분수)를 계산하는 방법 생각해보기	
	• 그림에 6/7을 나타내어보세요. • 6/7에서 2/7를 몇 번 덜어낼 수 있나요? (이하 생략)	- (그림에 6/7만큼 색칠한다.) - 세 번 덜어낼 수 있습니다.
수학적 원리의 형식화	(분수)÷(분수)의 계산 방법 형식화하기	
	• 6/7÷2/7의 계산 방법을 이야기 해보세요. (이하 생략)	- 나누어지는 수를 나누는 수로 몇 번 덜어낼 수 있는지 알아봅니다. - 6/7에서 2/7를 세 번 덜어냈으므로 3입니다.
원리 익히기 및 적용	(분수)÷(분수)의 계산 익히기	
	• 계산해보세요.	- 4/5÷1/5=4

2015 개정교육과정 6학년 수학 교사용 지도서 중에서

효율적인
수학 교과서 활용법

　교과서로 공부하는 것을 좋아하는 아이는 많지 않다. 대부분이 수업 시간에 어쩔 수 없이 보는 데서 그친다. 일단 교과서가 생각보다 어렵기 때문이다. 일반 문제집을 풀면 거의 다 맞는 아이도 교과서 문제는 틀리는 경우가 많다. 또한 교과서에는 사고력을 키울 수 있는 다양한 열린 질문이 많다. 생각하는 힘이 약한 아이들은 열린 질문에 답하기를 쉽게 포기한다. 포기하지 않고 스스로 답을 찾는 과정에서 수학적 사고력이 향상되는데 안타깝다.
　앞에서 살펴본 '분수의 나눗셈' 수업 과정과 일반 수학 문제집을 비교해보자. 한눈에 봐도 교과서 학습과 수업이 쉽지 않아 보인다.

학습 교재	학습 과정
교과서	도입 → 문제 상황 제시 → 수학적 원리의 필요성 인식 → 수학적 원리가 내재된 조작 활동 → 수학적 원리의 형식화 → 원리 익히기 및 적용 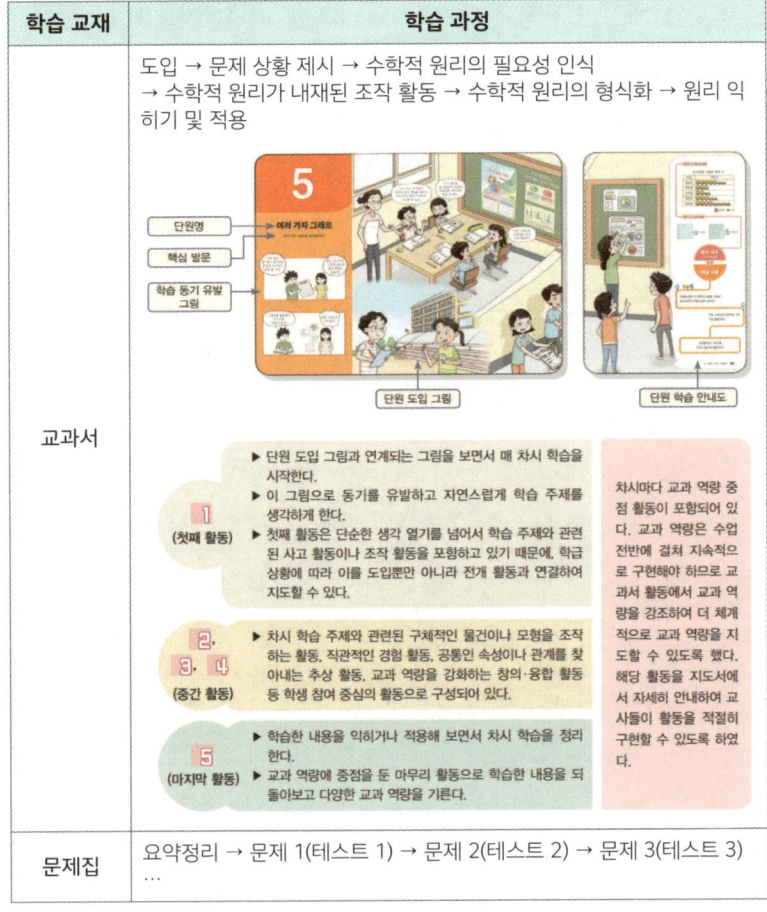
문제집	요약정리 → 문제 1(테스트 1) → 문제 2(테스트 2) → 문제 3(테스트 3) …

교과서의 구성을 보면 아이가 학습하는 과정에서 수학적 개념과 원리를 스스로 익힐 수 있도록 구성되어 있다. 즉, 교과서는 수학적 사고력, 수학 실력의 핵심을 이루는 수학적 개념과 원리를 익히는 데 초점을 둔다.

한편 문제집의 구성은 간단하다. 내용을 요약정리해서 한눈에 볼 수 있게 제시한 후 관련 문제를 계속 나열한다. 계속되는 테스트다. 이러한 테스트 과정에서 막연하게 알던 개념과 원리를 더욱 분명하게 이해하고 응용력을 키울 수 있다. 이 때문에 문제집을 푸는 것이다. 그런데 문제집을 풀기 전에 개념과 원리를 집중적으로 학습하지 못한 아이는 어떻게 될까? 문제 속에 담긴 개념과 원리를 이해하지 못하기 때문에 많이 틀리고, 계속 틀리고, 쉽게 개선되지 않아 결국 수학 실력이 향상되지 않는다.

==수학뿐만 아니라 모든 문제집은 공부를 얼마나 열심히 했는지 테스트하기 위한 것이지 그 자체가 본격적인 공부 대상은 아니다.== 이 점이 중요하다. 수학 문제를 푸는 이유는 수학적 개념과 원리를 얼마나 잘 이해했는지 테스트하기 위한 것이다. 그러므로 먼저 교과서로 개념과 원리를 충분히 공부하고 문제를 푸는 것이 올바른 순서다. 다음에서 문제집으로만 공부하는 아이와 교과서로 개념을 먼저 공부하는 아이의 공부 방법이 어떻게 차이가 나는지 살펴보자.

문제 풀이 중심 학습 과정

많은 아이가 공부하는 방식이다. 수학 교과서는 수업 시간에만 잠깐 보고, 방과 후에는 문제집을 반복해서 푼다.

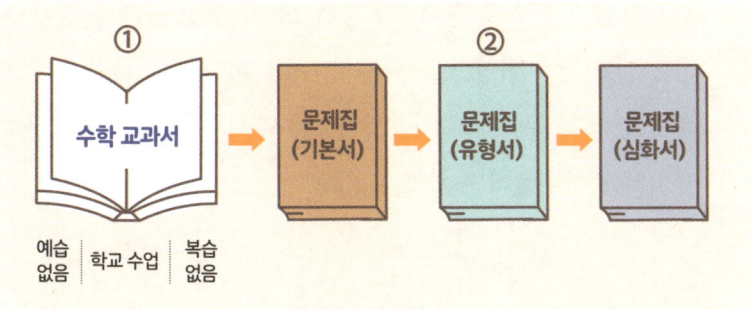

① 예습 없이 학교 수업을 듣다 보니 수업을 완전히 이해하지 못한다. 수업 후에 따로 복습을 하지 않아 한번 이해하지 못한 개념은 놓치고 넘어간다. 수학 교과서와 익힘책은 수업 시간과 숙제할 때를 빼고는 들춰보지 않는다. 교과서를 등한시하니 개념과 원리를 정확하게 이해하지 못하고 넘어가는 경우가 늘어난다. 이렇게 공부하면 교과서 내용을 이해할 수 없다. 교과서는 수업을 듣는 것만으로 이해할 수 있는 쉬운 교재가 아니다. 고등학교까지 교과서만 제대로 이해해도 3등급 안에 들 수 있을 정도다.

② 문제집은 개념과 원리를 교과서에서 배웠다고 가정하기 때문에 개념과 원리를 간단히 요약해서 보여주고 넘어간다. 당연히 개념을 적용하고 확인하는 문제가 부족하다. 문제집 위주로 공부하는 경우라면 개념을 따로 설명해줄 수 있는 사람이 필요해진다. 이런 상태로 문제를 풀라고 하면 풀이 절차와 공식 등

을 암기해서 풀어야 한다. 이 상태로는 아무리 문제를 많이 풀어도 일정 점수 이상으로는 올라가지 못한다. 그러다 초등학교에서 중학교, 중학교에서 고등학교로 학교 급이 바뀌면 그나마 유지하던 점수마저 크게 떨어진다.

개념·원리 중심 학습 과정

수학 교과서로 개념과 원리를 충분히 학습하는 데 초점을 둔다. 예습(가정)-본 수업(학교)-복습(가정)으로 이어지는 최적화된 학습 과정으로 효율성을 극대화시킨다.

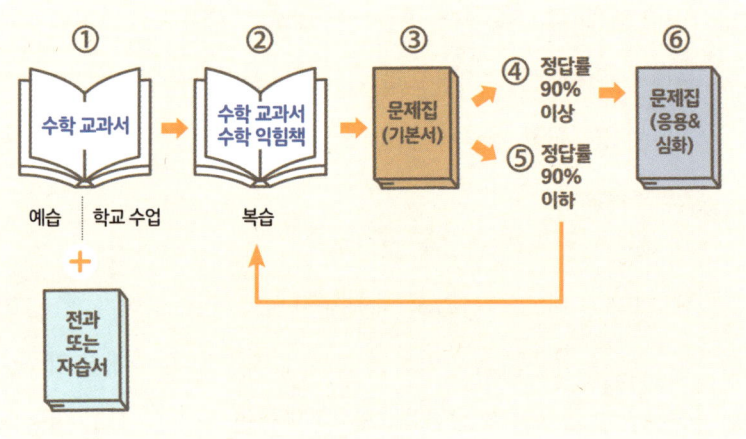

① 학교 수업은 자기 주도적 예습을 보완하는 과정으로 자신의 이해 정도와 교사의 설명을 비교하며 부족한 부분을 보충한다. 이때 이해되지 않는 내용은 전과나 자습서로 보완한다.

② 수학 수업을 들은 뒤 수학 익힘책으로 점검하고 보완한다. 수학 익힘책은 교과서를 보충·보완하는 최적의 교재임을 잊지 말아야 한다. 보조적인 문제집 이상이다.

③ 문제집을 통해 수학적 개념과 원리를 얼마나 잘 이해했는지 테스트하고 응용력과 실전 경험을 쌓는다.

④ 기본 문제집의 정답률이 90% 이상이면 완전학습 상태로 본다. 혼자서 오답을 점검하고 푸는 게 가능한 수준이므로 틀린 문제를 다시 풀고, 오답 노트를 작성한다. ⑥ 이후 난도가 높은 문제집을 풀면서 심화&응용 실력을 기른다.

⑤ 기본 문제집의 정답률이 90% 이하면 불완전학습 상태로 본다. 혼자서 오답을 바르게 푸는 게 힘든 상태이므로 ② 교과서의 개념을 다시 복습한 다음에 틀린 문제를 다시 풀어야 한다.

이제 수학 교과서를 다시 보는 일만 남았다. 수학 교과서를 보며 빈칸에 답하고, 이해가 되지 않는다면 반복해서 보자. 개념과 동시에 실력이 쌓일 것이다.

수학 실력 제대로 확인하기

수학 실력을 평가하는 방법은 다양하다. 평가의 목적은 단순히 점수를 매겨 수준을 확인하는 데서 그치지 않고 부족한 점을 보완하는 좋은 기회가 되어야 한다.

① 수학 교과서 빈칸 체크하기

수학 수업이 있는 날 방과 후에 자녀의 수학 교과서와 익힘책을 보고 모두 풀었는지 확인해야 한다. 수업 시간이 충분하지 않아 다 못 풀고 넘어간 문제가 있는지, 교과서에 답을 적지 않은 빈칸이 있는지, 틀린 문제가 있는지 확인하는 것이 가장 효과적이다. 이렇게 하면 최소한 학교 수업을 따라가는 데 문제가 없다. 여기에 더해 수학 익힘책을 푸는 데 어려움이 없다면 일단 걱정은 놓아도 좋다. 수학 익힘책이 생각보다 어렵다.

② 수학 교과서 용어 체크하기

문제는 다 풀었지만 수학 개념은 정확히 이해하지 못했을 수도 있다. 수학 교과서나 익힘책을 다 풀었더라도 용어나 풀이 과정에 대한 질문을 해서 이해 정도를 확인하는 것만으로도 완전학습에 큰 도움이 된다.

③ 수학 사전 이용하기

저학년 수학처럼 수학 용어가 명확히 제시되어 있지 않을 때는 다양한 수학 사전을 활용해 도움을 받을 수 있다. 예를 들어 수학 용어는 아니지만 수학 사전에 등장하는 '앞으로 세기'와 같은 활동에 대해 물으며 확인할 수 있다.

④ 수학 문제집 풀기

가장 일반적인 방법이다. 하지만 이 책에서 마지막으로 제시한 이유는 순서상 가장 마지막에 해야 할 공부 방법이기 때문이다. 수학 교과서나 익힘책에 빈칸이 수두룩하고, 머릿속에 수학 용어도 정리되지 않은 상태에서 문제를 푸는 것은 비효율적이다.

7장

최상위 아이는 이렇게 수학 합니다

수학 완전학습 로드맵 3
문제집

"현지 엄마, 매번 수학 1등급 비결이 뭐야? 어느 학원 다니는지 좀 알려줘."
"학원 많이 안 다녔어. 애가 모르는 내용을 바로잡아줄 사람이 필요하다고 해서 방학 때 ○○학원에 다녔는데, 그것도 개학하고 나니 혼자서 복습하겠다고 해서 그만뒀어."
"어라? 그 학원 우리 애도 다니고 있는데, 세영이도 거기 다니잖아?"

여기저기서 엄마들이 웅성거린다. 같은 학원에 다닌 경험이 잠시라도 있었다면 뭔가 빛이 보이지 않을까 하는 한 가닥 희망에 찬 목소리다.

"흠… 오케이. 학원이 아니라 문제집에서 차이가 나나 보다. 그럼 현지는 무슨 문제집 풀어?"
"문제집을 많이 풀진 않고, 교과서를 볼 때 오래 걸리더라고. 교과서는 문제만 푸는 게 아니라 마치 백과사전 읽듯 교과서를 한 자 한 자 보고, 문제집 풀면서도 옆에 끼고 계속 펼쳐봐."
"에이 설마. 그래도 '블랙라벨' 정도는 거뜬히 풀지? 어쨌든 문제집 이름 좀 가르쳐줘."
"교과서 하나랑 문제집 두 권 정도 꼼꼼히 푸는 게 다야. 문제집은 '개념원리'

랑 '자이스토리 기출문제' 정도고…."
"어? 이상하다. 우리 애들도 그 문제집 다 푸는데…."
"우리 애들도 학원에서 숙제로 다 풀었던 문제집인데…."
"그거 애들 다 푸는 문제집 아니야?"

'아니, 학원도 같고 문제집도 같은데 도대체 뭐가 문제야?' 엄마들 머릿속에 물음표가 더해진다. 초등이든 고등이든 부모들의 대화는 이렇게 늘 비슷하다.

'수학 공부' 하면 유명 문제집이 줄줄 떠오를 정도로, 문제집은 수학 공부에서 중요한 부분을 차지한다. 그런데 부모나 아이 모두 수학 교과서는 문제집으로 인식하지 않는 듯 보인다. 누구나 보는 교재이다 보니 교과서는 이도 저도 아닌 교재로 취급한다. 남들이 푸는 혹은 공부 잘하는 아이가 푸는 문제집이 반드시 우리 아이에게도 유익한 것은 아니다. 그런데 부모들의 문제집 선택 기준에 내 아이가 없는 경우가 많다. 단순히 많이 팔리는 문제집, 제목이 자극적인 문제집, 1등 하는 아이가 사는 문제집을 무턱대고 고르는 경우도 있다. 이 장에서는 우리 아이에게 가장 적합한 교재를 선택할 수 있는 가이드라인을 제시할 것이다.

교과서보다
좋은 문제집은 없다

 수학 공부를 하는 이유는 수학적 사고력을 기르기 위해서다. 수학적 사고력은 '자신의 수학 지식과 기능을 활용해 해결 전략을 탐색하고, 최적의 해결 방법을 찾아 문제를 해결하는 능력'이다. 그렇다면 수학적 사고력은 어떻게 기를 수 있을까? 왜 어떤 아이는 수학 문제를 보면 어떻게 풀어야 할지를 쉽게 생각해내고, 어떤 아이는 그렇지 못할까? 이러한 수학 실력의 차이는 왜 생겨나는지, 어떻게 수학적 사고력을 기를 수 있을지 생각해보자.

 다음은 2022학년도 수능 수학 홀수형 2번 문제로 $f'(1)$의 값을 구하라고 한다. 구하라는 것이 미분한 값이므로 함수를 미분해서 풀어야 한다는 생각을 쉽게 떠올릴 수 있다. 그래서 낮은 배점 2점이 주어졌다. 이러한 문제는 복잡한 해결 전략이 없어도 단순한 미분 지식을 이용해 풀 수 있다. 한편 미적분 29번 문제는 주어진 도형에 보조선을 긋는다든지 해서 필요한 식을 만들고 그 식을 변형시키는 등의 다양한 지식과 해결 전략이 필요하다. 그 차이가 2점과 4점을 가른다.

2. 함수 $f(x)=x^3+3x^2+x-1$ 에 대하여 $f'(1)$ 의 값은? [2점]

① 6 ② 7 ③ 8 ④ 9 ⑤ 10

29. 그림과 같이 길이가 2인 선분 AB를 지름으로 하는 반원이 있다. 호 AB 위에 두 점 P, Q를 $\angle PAB = \theta$, $\angle QBA = 2\theta$가 되도록 잡고, 두 선분 AP, BQ의 교점을 R라 하자.
선분 AB 위의 점 S, 선분 BR 위의 점 T, 선분 AR 위의 점 U를 선분 UT가 선분 AB에 평행하고 삼각형 STU가 정삼각형이 되도록 잡는다. 두 선분 AR, QR와 호 AQ로 둘러싸인 부분의 넓이를 $f(\theta)$, 삼각형 STU의 넓이를 $g(\theta)$라 할 때,
$$\lim_{\theta \to 0+} \frac{g(\theta)}{\theta \times f(\theta)} = \frac{q}{p}\sqrt{3}$$ 이다. $p+q$의 값을 구하시오.
(단, $0 < \theta < \dfrac{\pi}{6}$이고, p와 q는 서로소인 자연수이다.) [4점]

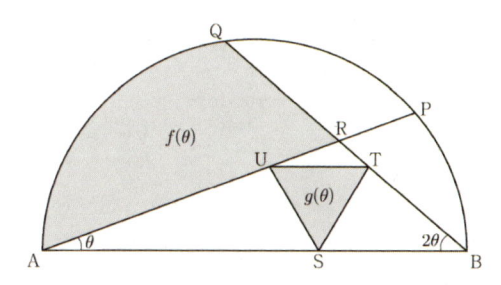

수학적 사고력이 부족한 아이는 29번 문제를 봤을 때, '어떻게 풀어야 하지?'라는 전략을 생각해내기 어렵다. 연산을 하는 데 그치는

것이 아니라, 해결 전략을 세울 수 있어야 하기 때문이다. 이러한 능력은 어떤 훈련을 통해 기를 수 있을까? 초등학교 원의 넓이를 구하는 과정을 보자. 원의 넓이를 구하는 공식은 다음과 같다.

> **공식** 원의 넓이=(반지름)×(반지름)×(원주율)

여기에서 중요한 것은 공식이 아니라 공식이 만들어진 개념과 원리를 이해하는 일, 즉 공식을 증명할 수 있는 능력이다. 그것이 바로 수학 실력 차이를 만드는 수학적 사고력이다. 다음 수학 교과서를 보자.

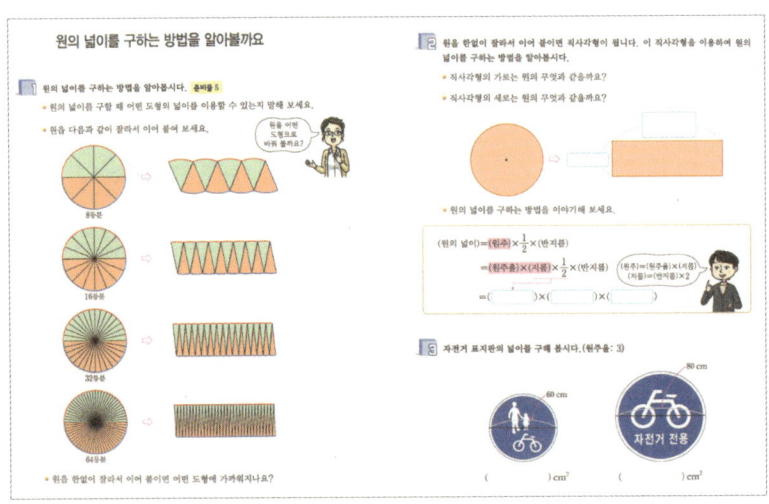

6학년 2학기 5단원 원의 넓이 중에서

해당 페이지는 원의 넓이를 구하는 과정을 이해시키기 위해 다양한 질문을 던지고 있다. 이 질문들이 뇌를 자극해 생각하게 만들고, 그러한 생각의 훈련이 수학적 사고력으로 이어진다. 여기서 강조하고 싶은 것은, 오직 수학 교과서만이 이렇게 구성되어 있다는 사실이다. 이러한 과정을 무시하고 공식이라는 (반지름)×(반지름)×(3.14)만 암기해서 푼다면 정말로 중요한 사고력을 기를 수 없다. 이러한 교과서의 특징을 문제집과 비교해서 살펴보자.

수학 교과서	문제집
• 왜 그런지 알아보자. • ~을 생각해보세요. • 문제를 어떻게 해결하면 좋을지 말해보세요. • 어떻게 ~했는지 말해보세요. • ~을 만들어보세요. ➡ 사고력을 자극하는 질문	• ~을 구하시오. • ~은 얼마인가? • ~을 쓰시오. ➡ 답을 요구하는 명령문

교육 평론가 이범 씨는 〈세바시 인생질문〉에서 다음과 같이 말한다.

"문제집을 푼다고 해서 그다음 단계의 대응력이 커지느냐? 그렇지 않아요. 문제를 푼다는 것은 테스트를 한다는 것이거든요. 비유적으로 표현하면 그릇에 물이 얼마나 담기느냐를 테스트하는 거예요. 그런데 그릇에 물이 얼마나 담기느냐를 오늘 테스트하고 내일도 테스트하고 모레도 테스트한다고 해서 그릇의 크기가 커지냐고요. 이것은 전혀 다른 차원의 문제라는 거예요. 그러면 이 그릇의 크기를 키우는 교육이 뭐냐? 이게 이른바 역량교육인데 우리나라 교육은 너무 지식 중심으로 가는 경향이 있어요."

문제집 풀이도 수학적 사고력을 높여주는 부분이 있다. 그러나 문제집 풀이는 그릇의 비유처럼 이미 알고 있는 것을 테스트하는 역할이 크다. 문제집을 푸는 동시에 수학적 사고력이 늘면 좋은데 이게 꼭 그렇지 않다.

수학 공부를 하지 않아서 성적이 떨어지는 경우는 많지 않다. 많은 아이가 학년이 올라갈수록 수학 공부에 더 많은 시간을 할애한다. 그럼에도 성적이 떨어지는 것은 수학적 사고력을 키우는 공부를 하지 않기 때문이다.

문제집은 교과서를 대체할 수 없다. 어떤 수학 문제집도 수학 교과서와 같지 않다. ==수학 실력을 기를 수 있는 최적의 문제집은 바로 수학 교과서다.== 수학 문제집 푸는 시간을 조금 줄이더라도 수학 교과서를 완벽히 이해해 그 속에 담긴 수학적 개념과 원리를 자신의 것으로 만드는 것이 수학 실력을 키우는 가장 효율적인 방법이다.

수학 문제집
제대로 활용하기

수학 실력을 기를 수 있는 최적의 문제집은 수학 교과서지만, 수학적 개념과 원리를 얼마나 잘 이해했는지 테스트하고 응용할 수도 있어야 한다. 그런데 수학 교과서와 익힘책은 문제 수가 부족하다. 이를 보완하려면 문제집을 곁들여야 한다. 이왕 풀어야 하는 문제집이라면 제대로 활용하는 방법을 알아보자.

① 문제는 규칙적으로 풀자

한꺼번에 몰아서 많이 푸는 것보다 매일 꾸준히 양을 정해놓고 푸는 것이 효과적이다. 매일 2쪽만 풀어도 꾸준히 하면 한 학기에 서너 권은 쉽게 풀 수 있다. 대신 거르지 않고 풀어야 한다. 공휴일이나 행사가 있는 날도 2쪽이 힘들면 1쪽이라도 풀게 하고, 여행이나 집안 행사 등이 자주 있을 때는 학습 흐름이 끊기지 않도록 신경 써야 한다.

② 문제집은 아이가 직접 고른다

이왕이면 부모가 아이와 함께 서점에 가서 눈으로 보고 고르게 하는 게 좋다. 처음에는 아이가 기본서, 심화서, 연산서 등을 구분하지 못할 수 있다. 그럴 땐 부모가 네댓 권 정도 가져다주며 고르라고 해도 좋다. 부모들은 아이들이 무조건 얇고 쉬워 보이는 문제집을 고를 거라 예상하지만 꼭 그렇지만은 않다. 아이마다 선호하는 스타일이 달라 조금 어려워 보이는 문제집을 고르기도 한다.

문제집마다 특장점이 있지만 수준이나 품질은 고른 편이라, 어떤 문제집을 골라도 상관없다. 문제집조차 스스로 고를 수 없다면 수학보다 그것이 오히려 문제일 수 있다. 자신의 수준과 흥미를 가장 잘 아는 것은 본인이다. 잘못된 문제집을 골라 큰일 날까 걱정하지 말고 선택권을 넘기자.

③ 마스터 문제집을 만들자

아이들이 푼 문제집을 보면 채점만 하고 틀린 문제는 그냥 넘어가는 경우가 적지 않다. 채점은 틀린 문제를 찾기 위함이고, 틀린 문제를 찾는 것은 그 문제를 통해 자신이 모르는 것을 확인해 보완하기 위해서다. 그런데 틀린 문제를 그냥 넘어가거나 대충 답안지를 보고 이해했다고 여긴다면, 그 아이는 다음에 그와 같은 유형의 문제를 만났을 때 다시 틀릴 수밖에 없다.

많은 문제집을 대충 풀기보다는 한 권이라도 완벽하게 마스터할 문제집을 정해서 푸는 것이 효율적이다. 특정 문제집을 마스터 문제집으로 정해서 풀게 하자. 문제집을 많이 풀게 할수록 학습 부담 때문에 틀린 문제도 대충 보고 넘어가게 된다. 한 문제라도 천천히, 깊게 생각해야 수학 개념이 머릿속에 자리 잡는다. 특히 이 방법은 중하위권일수록 효과가 크다. 여러 방법을 써도 성적이 오르지 않는다면, 한 권을 반복해서 학습시키며 모든 문제를 확실히 이해하게 하자. 아이의 성적이 크게 오를 것이다.

④ 연습장을 활용하자

문제를 많이 틀리는 아이일수록 자신이 어디에서 무엇 때문에 틀렸는지 확인하게 하고, 그 문제를 여러 번 풀게 해야 효과적이다. 그러려면 문제집보다는 연습장에 풀어서 문제집에 풀이 과정이 남지 않게 해야 한다. 그리고 연습장에 틀린 이유를 적어보는 활동을 하면 더욱 효과적이다.

문제집의 종류와 권수는 아이마다 수준이나 스케줄이 다르므로 적절히 조절해야 한다. 교과서 예습-수업-복습을 충분히 마친 아이라면 보충용으로 한 학기에 한 권만 풀어도 충분하지만, 보통은 학기 중에 두 권을 풀고 방학 중에 한 권을 푼다. 아이의 학년과 수준에 따라 기본+응용 문제집 또는 심화 문제집 중 한 권을 풀거나, 기본+응용 문제집 → 심화 문제집 순으로 두 권을 풀거나, 기본 문제집 → 유형 문제집 → 심화 문제집 순으로 세 권을 푸는 경우가 많다. 물론 여기에 연산 문제집, 사고력 문제집, 경시대회 문제집 등을 더하기도 한다.

기본 문제집

출판사마다 기본 문제집을 한 종 이상씩 내는데 EBS는 〈만점왕〉과 〈만점왕 플러스〉, 좋은책신사고는 〈우공비〉와 〈쎈〉, 디딤돌교육은 〈기본〉과 〈기본+응용〉, 비상은 〈개념+유형 기본라이트〉와 〈개념+유형 응용파워〉, 천재교육은 〈수학리더 기본〉, 동아출판은 〈큐브수학 개념〉과 〈큐브수학 실력〉을 낸다.

서점에 들러 문제집을 하나씩 들춰보면 문제집별 특징을 알 수 있다. 캐릭터를 넣어 친근하게 접근하는 문제집이 있고, 문제를 빽빽하게 넣어 다양한 문제와 양으로 승부하는 경우도 있고, 여백을 시원하게 둬서 깔끔하게 편집한 경우도 있다.

  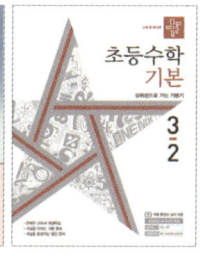 

    기본서는 어떤 문제집을 선택해도 무방하다. 개념을 이해하고 확인할 수 있는 문제는 어느 문제집에나 충분히 들어 있기 때문이다. 그러니 부모가 굳이 골라줄 이유가 없다. 아이에게 맡기자.

    문제집에 부제로 '개념', '기본', '원리'가 붙은 경우가 많은데 '유형', '응용', '플러스', '실력' 등이 붙은 경우도 있다. '유형'이 붙은 문제집은 유형을 반복해서 익히도록 하는 게 목적이므로 문제 수가 다른 문제집보다 많다. '응용', '플러스', '실력'이 붙은 문제집은 난도를 살짝 올린 문제를 추가하는 경우라 역시 문제 수가 조금 늘어난다.

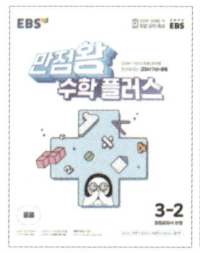   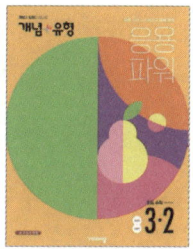

심화 문제집

기본 문제집과 마찬가지로 출판사마다 '심화'라는 이름이 붙은 문제집을 내고 있다(엄밀히 말해 이 문제집들은 심화 문제집이라기보다 고난도 문제집이지만 대중적으로 그렇게 부른다). 대표적인 문제집이 디딤돌교육에서 나오는 〈최상위 수학〉이다. '심화 문제집'이라는 말 대신 쓰일 정도로 유명하다. 이 외에도 좋은책신사고의 〈최상위 쎈〉, 비상의 〈최상위 탑〉, 천재교육의 〈최고수준〉 등이 있다.

심화학습이란 단순히 심화 문제집을 푸는 것이 아니다. 앞서 말했듯 심화 문제집이라고 불리는 문제집은 대개 어려운 문제를 담은 문제집이다. 그런데 어려운 문제가 곧 심화문제는 아니다. 심화학습은 문제를 푸는 아이의 뇌가 생각하는 방식이다. 깊은 생각을 하며 스스로 해결 방법을 떠올린다면 심화학습을 하고 있다고 할 수 있다.

정답률이 70%도 안 되는데 부모나 학원의 도움으로 어찌어찌 진도만 나가는 것은 심화학습이라고 할 수 없다. 그렇게 공부해서는 소위 심화 문제집을 풀고도 수학 실력이 향상되지 않는다. 기분만 좋을 수 있다. 심화학습은 많은 문제를 풀 때보다 적은 문제를 오래 그리고 깊이 생각할 때 경험한다.

학기 중에 교과서를 제대로 공부했고 수학을 제법 잘한다면, 나열한 문제집 중 한 권만 선택해 풀게 해도 괜찮다. 단, 하루 2쪽이면 충분하다. 대신 혼자 힘으로 풀게 해야 한다. 모든 문제를 다 푸는 것이 목적이 아니라 혼자서 깊게 생각하며 교과서에서 배운 개념을 문제에 적용하는 연습을 하는 것이 목적이라는 걸 기억하자. 문제를 보고 어떤 수학적 개념을 적용할지 떠올릴 수 있다면 성공이다.

이렇게 말하면 심화 문제집을 필수라고 여기는데 꼭 그런 것만은 아니다. 심화 문제집을 잘 활용하는 방법을 알아보자.

① 1·2학년이라면 심화 문제집은 피하자

이제 막 수학을 배우기 시작한 시기다. 실력을 쌓기보다는 수학에 대한 지적 호기심과 배움의 기쁨을 누릴 시기다. 아이가 수학을 좀 한다고 욕심을 부려 심화 문제집을 풀게 하니 아이가 수학을 거부하는 경우를 많이 봐왔다. 소탐대실이다. 어릴 때 정서적으로 싫어하는 경험을 하게 되면 나이가 들어서도 회복하기 어렵다. 정말 수학에 집중해야 하는 시기에 수학을 멀리할 수 있으니 욕심을 조금 내려놓고 교과서 정도만 잘 따라갈 수 있게 하자.

② 지나치게 복잡한 문제는 피하자

문제집을 만드는 입장에서 보면, 심화문제를 만드는 것은 상당히 어려운 일이다. 문제를 어렵게 만들기가 어려운 것이 아니라, 제 학년의 개념 수준에서 벗어나지 않으면서 어려운 문제를 만들기가 어렵다.

그러다 보니 심화문제 중 적지 않은 문제가 상위 학년의 문제를 조금 바꾸어내는 수준이다. 이런 문제는 상위 학년의 수학 개념으로 풀어야 하는데 그걸 모르니 다른 방법을 찾아야 한다. 당연히 현행 개념으로 풀어야 하므로 시간만 낭비하게 된다. 그냥 해당 학년에 올라가면 쉽게 풀 수 있는 문제를 심화문제라는 이름으로 문제 풀이 노동을 시킬 필요가 없다. 이러한 문제는 수학적 사고력을 기르는 데도 크게 도움이 되지 않는다.

③ 심화 문제집보다는 응용 문제집이 먼저다

심화문제보다는 응용문제가 해당 학년 수준에서 개념을 잘 활용해 만든 경우가 많다. 중학교까지는 응용 문제집만 잘 풀어도 A등급을 받는 데 무리가 없으니 응용 문제집을 잘 활용하는 것도 좋다.

물론 고등학교 이후부터는 문제가 무척 어려워진다. 특히 학교 내신 시험이 변별력을 갖추기 위해 꼬아내는 수준으로 출제되기도 한다. 그렇다 해도 초등학교 때부터 고등학교 문제를 대비할 필요는 없다. 기본이 탄탄하면 응용이 되는 것이니 중3 이후부터 대비해도 늦지 않는다. 오히려 기본을 탄탄히 하지 않고 심화문제 풀이 연습만 하는 것을 경계해야 한다.

④ 심화 문제집은 선택이다

심화 문제집을 푸는 것이 무조건 나쁜 것은 아니다. 어쨌든 수학은 열심히 공부한 아이가 잘하게 되어 있다. 하지만 억지로 시켜서는 원하는 성과를 얻기 어렵다. 수학 실력이 우수해 어려운 문제에 도전하고자 하는 의지가 있는 아이라면 스스로 원하는 수준의 문제집을 골라 풀게 하면 된다. 중요한 것은 심화문제를 풀게 하기 전에 우리 아이가 그러한 실력에 이르렀는지 생각해보는 것이다. 기본 문제집의 정답률이 90% 이하라면 심화 문제집을 풀지 않는 것이 낫다. 틀린 문제 대다수가 심화 문제집에 그대로 담겨 있기 때문이다.

연산 문제집

연산 문제집은 종류별로 크게 세 가지가 있다. 첫 번째는 문제집이 아니라 방문 학습지다. 매일 풀어야 할 양이 정해져 있어 꾸준히 할 수 있다는 생각에 많이 선택한다. 하지만 많은 아이가 학습지 때문에 공부가 싫어졌다는 이야기를 자주 한다. 학습지를 신청할 때 연산만 신청하는 경우가 드물기 때문이다. 학습지도 일단 시작하면

과목이 늘지언정 줄지는 않는다. 그렇게 늘어난 숙제량은 아이들을 지치게 만든다. 학습지를 권하지 않는 이유다.

두 번째는 학년별 또는 단계별로 나오는 연산 문제집이다. 학습지 형식으로는 미래엔의 〈하루한장 쏙셈〉, 문제집 형식으로는 좋은책신사고의 〈쎈 연산〉이 있다. 이 외에도 EBS의 〈만점왕 연산〉, 비상의 〈개념+연산 라이트〉, 디딤돌교육의 〈최상위 연산〉, 천재교육의 〈빅터 연산〉 등이 있다.

세 번째는 한 가지 영역을 집중적으로 다루는 연산 문제집이다. 예를 들면 덧셈, 뺄셈, 나눗셈, 분수, 소수 등이 있다. 연산은 아니지만 시계와 날짜나 도형만 다룬 문제집도 있다. 이런 문제집은 학년을 마무리하면서 유독 약한 부분을 보충하고자 할 때 유용하다. 분수의 경우 키출판사의 〈초등 분수 개념이 먼저다〉, 이지스에듀의 〈바쁜 ○학년을 위한 빠른 분수〉, 하우매쓰의 〈분수 비법〉, 동아출판의 〈초능력 분수〉 등이 있다.

연산 문제집 역시 필수가 아니다. 연산을 특별히 어려워하지 않는다면 연산 문제집을 풀지 않아도 괜찮다. 반대로 연산 개념을 익혔어도 연습이 덜 돼 실수가 잦다면 풀게 하는 게 낫다. 실수가 잦아지면 아이가 위축될 수 있어서다. 그렇다 해도 부모가 분량을 마음대로 정하면 곤란하다. 아이 스스로 풀고 싶은 분량을 정하게 하고, 지루해질 수 있으므로 조금만 풀게 하자.

'연산' 하면 기계적으로 반복해서 많이 풀게 해야 한다고 말하는 사람이 있는데, 그건 수학을 모르고 하는 소리다. 연산은 인류가 오랜 세월 동안 고민하며 개념과 원리를 축적해 만들어놓은 수학의 중요한 부분이다. 연산의 개념을 이해했다면 조금씩 풀면서 연습하는 게 바람직하다. 연산 문제집을 샀다고 해서 문제집에 담긴 모든 문제를 남김없이 풀게 할 필요도 없다. 특별히 어려워하지 않고 더 이상 오답이 나오지 않는다면, 과감하게 문제집을 버려도 된다.

기본 문제집이나 심화 문제집은 무엇을 선택해도 문제가 없지만, 연산 문제집을 고를 때는 몇 가지를 유의해야 한다.

① 수학 교과서 내용과 동일한 구성인지 확인한다

연산 문제집 중에는 학년으로 구분하지 않고 단계별로 구분한 것이 있다. 대개 이런 문제집은 교과서 진도와 달라 제 학년 문제와 위 학년 문제가 섞일 수밖에 없다. 아직 배우지 않은 연산 개념을 미리 배워서 연습해야 하므로 아이에게 어려울 수 있다.

② 학교 수학 교과서와 풀이 방법이 다른 경우는 피한다

교육과정이 개정될 때마다 학교 수업에서 제시하는 연산의 순서와 풀이 방법이 조금씩 달라지는데, 이를 반영하지 않은 문제집은 피해야 한다.

개정 없이 계속 내는 문제집 중에는 교육과정을 반영하지 않는 경우가 많다. 현행 교육과정에서 제시하는 풀이 방식과 다른 방식을 알려주는 문제를 풀면 아이가 학교 수업을 들을 때 혼란을 겪는다. 수학 교과서와 풀이 방법이 동일해 복습할 때 도움이 되도록 구성된 문제집이라야 한다. 헷갈릴 때는 학년별로 구분된 문제집 중 '2015 개정교육과정', '교과서 연계', '2023년' 등이 표시된 문제집을 산다.

③ 난도 높은 문제로 구성된 연산 문제집은 피한다

소위 고난도 연산 문제집은 셈을 일부러 복잡하게 만들고, 제 학년에서 다루지 않는 큰 수를 다루는 경우가 많아 애초에 연산 학습의 목적에서 벗어난다. 아이들이 연산을 틀리는 것은 '연습이 덜 되어 있어서'가 아니라 연산에 대한 개념이 부족해서다. 비슷한 문제를 계속 푼다고 개념 부족이 개선되지는 않는다. 교과서의 풀이 방법을 한 번 더 보는 것이 시간과 비용을 아끼는 방법이다.

④ 문제 수가 너무 많은 문제집은 피한다

저학년에게 너무 많은 문제를 풀게 하면 수학에 대한 거부감이 생길 수 있다. 연산은 시간이 흐르면 자연스럽게 반복되므로 어느 순간 숙달되는 경우가 많다. 처음부터 실수를 반드시 잡겠다는 강경한 자세는 바람직하지 않다. 문제 수가 너무 많다면 문제 중 일부만 풀게 하는 것이 낫다. 어차피 숫자만 바뀔 뿐 거의 비슷한 문제의 반복인 경우가 많기 때문이다.

⑤ 개념 이해에 도움이 되는 문제집을 고른다

연산 문제집이라고 개념 이해가 필요 없는 것은 아니다. 연산도 수학이다. 따라서 문제만 가득 찬 문제집보다는 중간에 개념과 풀이 원리를 설명해놓은 문제집을 고르는 것이 좋다.

사고력 문제집

학부모 상담에서 꽤 자주 나오는 질문 중 하나가 "사고력 학원을 보내야 할까요?"와 "사고력 문제집을 풀게 해야 할까요?"다. 저학년 학부모일수록 많이 묻는다. 그럴 때마다 모든 수학 학습은 사고력을 기르는 데 도움을 주고, 사고력을 기르는 수학이 별도로 존재하는 것은 아니라고 말한다. 사고력 문제를 풀어야 사고력이 높아지는 게 아니라는 말이다. 흥미를 보이지 않는 아이를 고생시켜가며 억지로 풀 문제는 아니라는 의미이기도 하다.

그럼에도 수학 퍼즐처럼 수를 가지고 노는 걸 좋아하는 아이라면 권해볼 만하다. 문제집마다 차이가 있지만 개념 조합형 문제, 수학 퍼즐형 문제, 주제 융복합형 문제 등 기본 문제집에서 덜 다루는 색다른 문제를 다양하게 접할 수 있기 때문이다. 다만 이런 문제에는 문장제 문제가 많아 독해력이 뒷받침되어야 수월하게 풀 수 있다. 영재원이나 경시대회를 준비하는 아이에게도 권할 만하다. 애초에 수학에 재능이 있는 아이들이라 평소 접하는 문제와 달라 오히려 흥미를 보이며 재미있어 한다.

사고력 문제집으로는 매스티안의 〈팩토〉, 시매쓰출판의 〈1031〉, 와이즈만북스의 〈와이즈만 창의사고력〉, 디딤돌교육의 〈최상위사고력〉 등이 있다.

 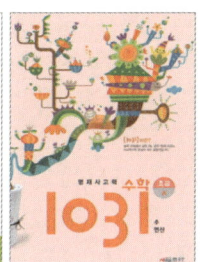  

수학 사전으로 개념 보완하기

학부모들은 수학 교과서가 담고 있는 내용이 쉽고 양이 부족하다고 이야기한다. 반은 맞고 반은 틀린 말이다. 수학 교과서를 집필할 때 저자들에게 일정한 쪽수를 배분한다. 그런데 이렇게 지면이 제한되다 보니 자세한 설명이나 예시 자료를 충분히 넣기가 어렵다. 수학은 용어의 정의에서 시작하는데 이러한 용어 정의가 부족하다는 비판도 많이 받는다. 특히 초등 수학 교과서는 예시 상황을 제시하고 결과를 정리하는 귀납적인 방법을 활용하다 보니 이러한 문제점이 더 크게 느껴지기도 한다. 수학 교과서가 이러한 한계점을 가진 것은 교과서는 '학교 수업'을 위해 제작하기 때문이다.

또한 많은 교사가 한 차시(초등학교 40분, 중학교 45분, 고등학교 50분)

안에 정해진 수업 내용을 전하는 것을 힘들어한다. 상황이 이렇다 보니 내용 중 일부는 충분히 설명할 수가 없고, 그 부족 부분만큼 아이들은 어려움을 느끼게 된다.

부족한 용어에 대한 설명은 학원을 통해서도 해결하기 어렵다. 학원은 학교와 비교했을 때 짧은 시간에 더 많은 진도를 나가며, 문제 풀이 중심으로 가기 때문에 아이 입장에서는 충분한 용어 설명을 듣기가 어렵다. 이러한 부족을 보충하려면 아이의 주도적인 학습 태도가 필요하다. 다음의 세 가지 방법으로 보충하면 효율적이다.

① 문제집의 첫 페이지를 활용하라

수학을 어려워하는 아이일수록 상위권이 푼다는 문제집을 따라 풀 것이 아니라, 개념 설명이 풍부한 쉬운 문제집을 고르는 것이 효율적이다. 문제집 첫 페이지의 개념 설명은 저자가 임의로 집필한 것이 아니라, 해당 수학 교과서에 철저히 맞추어 개념을 가장 쉽게 이해할 수 있도록 정리한 부분이다. 교과서의 설명이 이해되지 않을수록 이 부분을 정독해야 한다.

② 수학 사전을 활용하라

수학 사전은 교과서의 부족한 부분을 보충하는 데 초점을 맞춰 제작한다. 저자들은 교과서 설명의 부족한 부분을 파악해 다양한 예시를 제시하며, 아이들이 쉽게 전체적인 개념을 이해하고 잘못된 개념에 빠지지 않도록 돕는다.

③ 인터넷 사전을 활용하라

대부분의 포털에서 인터넷 사전 서비스를 제공하고 있다. 인터넷 사전을 활용하면 원하는 정보를 빠르게 찾을 수 있다. 물론 워낙 정보의 양이 많아 잘못된 정보와 참된 정보를 구별할 수 있어야 한다. 수학이지만 국어사전을 참고해야 할 때가 의외로 많다. 그럴 때는 인터넷 국립국어원 표준국어대사전을 활용하면 좋다.

예를 들어 '마름모'를 검색하면 "마름-모: 네 변의 길이가 같고, 두 쌍의 마주 보는 변이 서로 평행하며, 두 대각선이 중점에서 서로 수직으로 만나는 사각형"이라는 설명이 나온다. '마름-모'는 마름 모양을 뜻하므로 '마름'이 무엇인지 궁금해진다. '마름'은 "마름과의 한해살이풀. 잎은 줄기 꼭대기에 뭉쳐나고 삼각형이며, 잎자루에 공기가 들어 있는 불룩한 부낭이 있어서 물 위에 뜬다"라는 설명이 나온다.

마름을 이미지 검색해보면 정말 마름모와 비슷해 왜 마름모가 마름모라는 이름을 갖게 되었는지 알 수 있다. 그 풀 모양이 '마름'의 '모'양과 닮았다고 해서 마름모가 된 것이다. 인간의 뇌는 무턱대고 외울 때보다 의미를 알고 외울 때 정보를 훨씬 오래 기억하는 특성이 있다. 마름의 이미지, 마름의 명칭, 마름의 뜻을 뇌 곳곳에 분산 저장해서 그 정보가 필요할 때 유기적으로 신호를 보내 사용할 수 있게 만들어준다.

수학 사전 제대로 활용하기

수학 교과서는 구성주의 교육 원리에 근거해 제작하는데 초등 수학과 중등 수학은 차이가 있다. 중등 수학은 먼저 용어를 소개하고 용어의 뜻을 설명한 후, 문제를 풀면서 용어의 뜻을 정확히 이해하게 한다. 반면에 초등 수학은 상황을 관찰하고 그 안에 숨겨진 규칙을 찾아 일반화하는 과정으로 교과서를 제작한다.

이렇게 제작한 의도는 아이가 지식을 능동적으로 만들어갈 수 있도록 하기 위해서다. 하지만 추론 능력이 부족한 초등학생에게는 수학 교과서가 너무 어렵고 질문만 가득해 부담스러울 수 있다. 결국 수학 개념을 명확히 이해하지 못하고 수업이 끝날 위험이 있다.

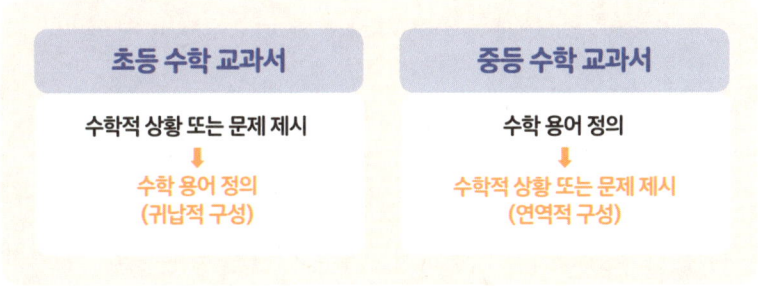

추론 능력이 부족한 아이에게는 이러한 수학 교과서의 구조 때문에 수학이 더 어렵게 느껴진다. 하지만 수학 사전을 활용하면 수학 교과서의 문제점을 보완할 수 있다. 특히 수학 사전은 아이들이 쉽게 이해하고 관심을 가질 수 있도록 만화와 사진 등을 수록해 학습을 돕고 있다.

자녀의 공부를 도와주다 보면 대답할 수 없는 질문들을 만나게 된다. 이때도 수학 사전을 활용하면 아이 스스로 공부하는 데도 도움이 되고 부모의 부담도 덜 수 있다.

수학 사전을 구입할 때는 가급적 최근에 출판된 것을 선택하자. 수학 교과서는 몇 년마다 개정되는데, 오래된 사전은 개정된 내용이 반영되지 않기 때문이다. 또한 최신판은 용어 편집이 수학 교과서 진도와 일치해 교과서 보조 학습 교재로 활용하기도 쉽다.

수학 교과서로 개념을 공부할 때 옆에 수학 사전을 펴놓고 용어를 찾아보면서 하면 개념을 더 깊이 이해할 수 있다. 올바른 개념에 대한 설명뿐만 아니라 잘못된 개념, 즉 오개념을 바로잡을 수 있어 더욱 유용하다. 이 외에도 수학 사전을 잘 활용하는 방법을 정리하면 다음과 같다.

첫째, 처음부터 끝까지 공부하기보다는 필요한 어휘를 그때그때 찾아본다. 물론 아이가 자발적으로 처음부터 책 읽듯이 볼 수도 있다.

둘째, 대체로 만화가 곁들여져 지루하지 않게 볼 수 있다. 만화의 말 주머니에도 주목하자.

셋째, 초등학교뿐만 아니라 중학교, 고등학교 때도 유익하게 활용할 수 있다.

서점에 가면 다양한 종류의 수학 사전을 만날 수 있다. 이왕이면 초등 중학년까지는 '초등용'을 보는 게 좋다. 중고등용은 욕심이 나더라도 초등 고학년이 될 때까지 미루자. 그리고 문제집과 마찬가지로 사전 역시 아이가 직접 고르게 하는 게 좋다.

수학 완전학습 Q&A

Q1. 어떤 학원이 좋은 학원인가?

A1. 입소문이 난 학원일수록 시스템이 체계적이라는 인상을 준다. 하지만 치열한 사교육 시장에서 학원의 시스템은 대동소이하다. 입소문이 난 학원은 훌륭한 강사가 있거나 시스템이 체계적이어서 학습 결과가 좋은 것이 아니라, 상위권 아이들이 몰려 그 아이들의 성적으로 유지될 가능성이 높다. 학원의 성패는 우수한 학생들을 어떻게 유치하느냐에 달려 있다. 학부모들은 여기저기 발품을 팔아 정보를 얻고 고민하며 선택하지만, 대다수 학원은 진도 나가고, 숙제 확인하고, 남겨서 학습량을 채울 수 있도록 관리하는 획일화된 방식으로 운영된다. 그리고 그날 아이의 점수를 집으로 전송하는, 어쩌면 철저한 감시 시스템이기도 하다. 자기 주도적이고 어느 정도의 실력이 있는 아이라면 강사의 강의 질만 보면 된다. 스스로 동기를 이미 충족한 아이이기 때문이다. 반면 스스로 공부하기를 어려워하고 기초가 부족한 아이라면 개별적인 관리가 더욱 중요하다. 이러한 아이는 입소문보다는 친절하게 일대일로 관리해줄 수 있는 소규모 학원이 더 낫다.

Q2. 예습과 복습은 어느 정도 해야 하나?

A2. 수학을 잘하는 아이일수록 학습량이 많다. 예습, 복습은 학교 수업에만 해당되는 것이 아니다. 사교육에도 반드시 예습, 복습이 필요하다. 예습, 복습 중 어떤 것을 더 많이 해야 하는지에 대한 정답은 없다. 자신의 학습 성향에 따라 조절해야 한

다. 1년 내내 평가 시험을 한 문제도 틀리지 않는 아이가 있었다. 평일은 물론 주말까지 예습은 30분, 복습은 1시간 30분을 하는 아이였다. 예습, 복습 시간은 부모가 아니라 아이 스스로 정했다. 여러 해를 반복하면서 이 정도 해야 완전히 이해할 수 있는 시간이라고 정한 것이다. 기준은 다른 아이가 아니라 내 아이다.

Q3. 요즘 태블릿을 이용해 듣는 인터넷 강의도 많아졌는데 괜찮은가?

A3. 코로나 이후 아이들도 온라인 수업에 익숙해졌다. 사교육 업체에서는 발 빠르게 새로운 교육 시장을 내다보고 온라인 수업을 만들었다. 해가 되는 수업은 없다. 모든 것은 아이가 활용하기 나름이다. 스스로 공부하는 것이 힘든 아이라면 온라인 강사가 규칙적으로 수업을 개설해 관리하므로 동기 부여가 될 수 있다. 그리고 이러한 학습은 중고등학교에 진학해 온라인 수업에 적응하는 데도 도움이 될 수 있다. 다만 수학 공부는 문제를 앞에 두고 고민하며 푸는 것이 가장 기본이다. 아이가 원하고 꾸준히 할 수 있다면 학습 동기 부여 기회로 제공할 수 있다.

Q4. 수학 동화나 교구가 수학 공부에 도움이 되나?

A4. 도움이 안 된다고 말할 수는 없지만, 크게 그 효과가 검증된 것은 없다. 학교 입학 전에 사용하는 비싼 교구도 마찬가지다. 이는 독서와 국어 성적의 관계와 비슷하다. 독서를 많이 하면 국어 공부에 도움이 되지만, 독서를 하지 않아도 국어 성적을 잘 받을 수 있다. 수학을 잘하려면 수학 공부를 열심히 해야 한다. 수학 동화를 아무리 많이 읽어도 수학 공부를 열심히 한 아이를 따라갈 수는 없다. 수학에 대한 흥미를 높이고 자신감을 길러주는 정도로 만족하자.

Q5. 기초가 부족해 사교육도 효과가 떨어진다. 어떻게 해야 하나?

A5. 기초가 부족한 아이를 가르칠 수 있는 학원은 많지 않다. 대다수 학원은 상위권 중심으로 운영된다. 그래야 입소문을 타고 학원생을 계속 유치할 수 있기 때문이다. 그럼에도 기초가 부족한 아이를 친절하게 가르치는 학원도 분명 있으니 발품을 팔아야 한다.

기초가 부족한 것과 수학적 사고력이 부족한 것은 조금 다르다. 어느 시기라도 수학을 게을리 공부하면 수학 머리가 나쁘지 않아도 수학을 잘하기 어렵다. 이런 아이라면 특정 영역(수와 연산, 도형, 규칙성 등) 중 어떤 영역이 약한지를 먼저 파악해 그 부분의 수학을 집중적으로 가르치는 것이 효율적이다. 만일 분수가 부족하다면 3학년부터 분수만 모아 학년별로 흩어진 분수만 이어서 가르치면 의외로 쉽게 분수를 이해하기도 한다. 이와 관련해서 교과서 분철하는 방법을 61쪽에 설명해두었으니 참고하자.

Q6. 문제집은 몇 권이 적당할까?

A6. 아이마다 다르다. 수학을 싫어한다면 한 권이라도 제대로 푸는 것이 열 권을 대충 푸는 것보다 낫다. 우리 반에서 수학을 제일 잘하던 아이가 있었다. 당시 그 아이는 학기별로 수학 문제집을 여덟 권씩 풀었다. 그러던 아이가 중학교에 가서 수학을 놓아버렸다. 수학을 너무 일찍, 너무 많이 하다 질려버린 것이다. 길게 보고 욕심을 조절할 수 있어야 한다. 지금 자녀가 어리다고 부모가 무리하게 밀어붙이면 중학교 이후에 후유증이 올 수 있으니 주의하자.

Q7. 방학을 어떻게 보내는 것이 좋을까?

A7. 방학은 수학 실력을 높일 수 있는 소중한 기회다. 일단 다음 학기·학년 학습보다 지난 학기 학습을 복습하는 데 모든 시간을 써야 한다. 다음 학기나 학년은 그 이전 학기나 학년의 연속이다. 따라서 복습을 잘해놓으면 다음에 배울 내용을 선행 학습하는 것과 같은 효과를 거둘 수 있다. 교과서나 익힘책에 다 풀지 않고 빈 상태로 둔 곳이 분명히 있을 것이다. 우선 교과서나 익힘책을 다시 풀고, 그 학기에 다 풀지 않은 문제집을 다시 풀거나 방학용 복습 문제집을 사서 풀게 하자.

부록

최상위 아이는 이렇게 수학 합니다

초등 수학
개념 총정리
문답 56

마지막으로 56가지 문답을 통해 학년별 핵심 포인트를 정리했다. 이 내용만 잘 읽어도 학부모는 자녀의 수학 교육에 큰 도움을 줄 수 있을 것이며, 아이는 '별것 아니지' 하고 넘어가는 잘못된 학습 습관을 바로잡을 수 있을 것이다.

각 학년별 개념 확인 질문을 통해 아이들은 더 깊이 사고하고, 수학 개념을 심화하며, 이를 토대로 심화 사고력을 기를 수 있다. 또한 학부모가 해당 학년 진도에 맞춰 자녀에게 질문하면, 개념학습 습관을 들이는 데 도움을 줄 수 있다. 수학 기초가 부족한 아이들에게는 지난 학기나 학년의 수학에 대해 질문을 해보자. 어떤 부분의 개념이 부족한지 알 수 있다.

학부모가 모든 단원에 대해 질문을 하며 자녀의 수학 개념을 점검하기는 어렵다. 또한 자녀의 대답이 맞는지 틀리는지 판단하기도 쉽지 않다. 그럼에도 권하는 이유는 질문을 통해 자녀가 개념을 정확히 이해하는 습관을 기를 수 있도록 동기 부여를 할 수 있어서다. 여기에 제시한 예시 외에도 자녀와 같이 배운다는 친근한 태도로 궁금한 것들을 물어보자. 상식적인 질문, 뻔한 질문이 오히려 좋은 질문이 될 수 있다. 부모가 꼭 수학을 잘해야 하는 것은 아니다. 부모를 동생이라고 생각하면서 자세히 설명해보라고 하자.

1학년 1학기

1단원 9까지의 수

Q1. 3을 두 가지 방법으로 읽어보자.

A1. 셋, 삼.

개념 확인 Point

초등학교에 입학해 수학을 시작하는 시기다. 대다수 아이에게 이 시기의 수학은 크게 어렵지 않다. 입학하기 전 일상생활에서 사용한 수 개념을 반복하고 정교화하는 수준이기 때문이다. 문제는 부모의 욕심으로 지나치게 어려운 문제집을 풀게 하거나, 선행학습을 시켜 수학에 대한 거부감을 키우는 일이다. 어릴수록 부정적인 경험은 쉽게 회복되지 않는다. 수학 교과서는 아이의 인지적 발달 단계를 고려해서 제작되었다. 우리 아이가 수학 영재가 아니라면 학교 수업을 잘 따라가는 것에 만족하자. 아이들의 뇌는 무엇이든 흡수하는 스펀지가 아니다.

수를 읽는 방법은 '하나, 둘, 셋…'과 같이 우리말로 읽는 방법과 '일, 이, 삼…'과 같이 한자어로 읽는 방법이 있다. 상황에 따라 우리말 혹은 한자어로 읽어야 하는데, 규칙은 있지만 예외도 적지 않아 어른들도 혼동해서 쓸 때가 있다. 따라서 '나는 팔 살', '사람 오 명'과 같이 읽지 않도록 그때그때 지도하는 것이 낫다.

Q2. 안전모는 자전거보다 (많습니다, 적습니다).

5는 3보다 (큽니다, 작습니다).

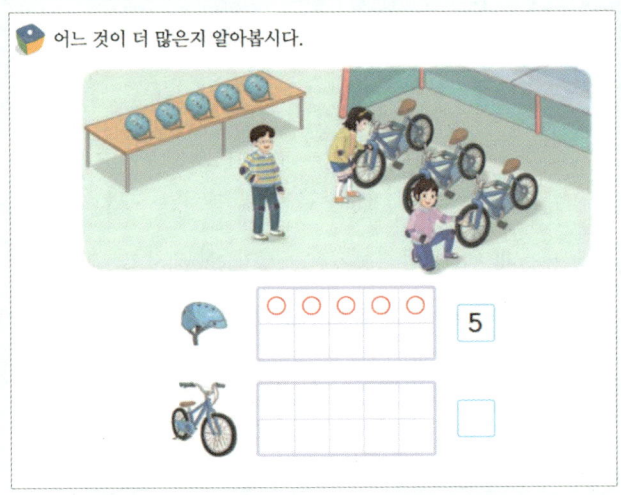

A2. 차례로 '많습니다', '큽니다'.

 물건의 수를 비교할 때는 '많다'와 '적다'로 말하지만, 수를 비교할 때는 '크다'와 '작다'로 말한다는 점을 기억하자.

아이들의 실제 오답 사례

'적다'를 써야 할 곳에 '작다'를, 반대로 '작다'를 써야 할 곳에 '적다'를 쓰는 경우가 많다.

3단원 덧셈과 뺄셈

Q3. 3+1=4를 두 가지 방법으로 읽어보자.

A3. 3 더하기 1은 4와 같습니다.

3과 1의 합은 4입니다.

개념 확인 Point

한 자리 수의 덧셈은 수학의 기초가 되는 중요한 내용이다. 실제 덧셈은 할 수 있는데, '식으로 쓰거나', '식을 읽거나', '식의 의미를 이해하는 것'을 어려워할 수 있다. 부모가 보기에는 너무 쉽고 당연한 내용인데 아이가 어려워하면 당황스럽거나 답답할 수 있다. 저학년일수록 아이의 인지 발달 상황은 차이가 많이 난다. 저학년 시기에는 생일이 빠른 아이가 성적이 우수하다는 논문이 있을 정도다. 물론 시간이 해결해준다. 당장 이해하지 못한다고 해서 수학에 소질이 없는 것은 아니니 긍정적인 마음으로 기다려주자. 아이들은 '='를 '답'으로 오해하는 경우가 많다. 그렇다고 '등호'라는 용어를 가르칠 필요는 없다. 아이들에게 한자어 '등호'는 여전히 새로운 개념일 뿐이다. 다만 등호(=)의 역할은 가르치는 것이 좋다. 즉, 등호(=)를 기준으로 양쪽이 같음을 나타내는 기호라고 설명해주자.

아이들의 실제 오답 사례

더하기와 합은 비슷하지만 다르다. 더하기는 과정이고, 합은 더한 결과다.

Q4. (5+3)은 왜 8일까?

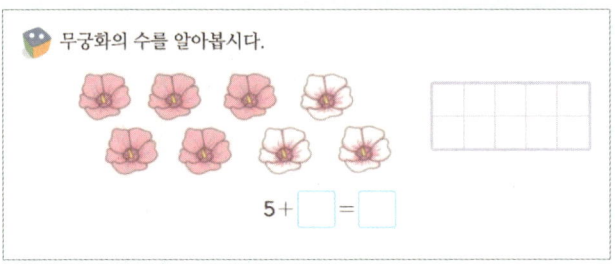

A4. 무궁화의 수만큼 바둑돌을 수판에 놓으면 5개에 3개가 더 있으니까 5 다음에 6, 7, 8로 세어 8송이가 된다.

개념 확인 Point 대다수 아이가 한 자리 수의 덧셈은 어렵지 않게 해낸다. 다만 수 세기가 어려운 아이도 있을 수 있으니 조급해하지 말고 기다리자. 자녀를 가르칠 때 부모의 감정이 고스란히 전달되어 오히려 가르치지 않는 것이 나은 경우가 적지 않다. 저학년 내용은 시간이 지나면 저절로 깨닫게 되니 불안해할 필요 없다. 계산이 빠른 아이는 속셈으로 하지만, 손가락이나 기타 도구를 활용해도 문제가 되지 않는다. 특히 교과서에 나오는 '수판'을 적극적으로 활용하길 권한다. 수판은 5개씩 두 줄로 구성되어 있어 십진법을 익히는 데 도움이 된다.

Q5. 교과서에 나오는 빼기의 두 가지 상황이 어떻게 다른지 설명해보자.

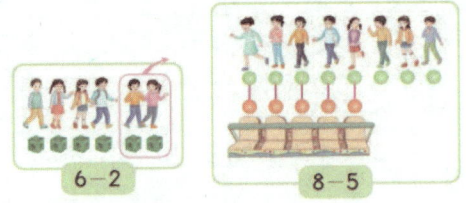

A5. 6-2=4, 8-5=3이다.

> **개념 확인 Point**
> 둘 다 뺄셈이지만 왼쪽은 '제거'하는 뺄셈이고, 오른쪽은 '비교'하는 뺄셈이다. 뺄셈 상황을 보고 뺄셈식을 만들 수 있어야 하는데, 아이들은 '상황'은 보지 않은 채 '뺄셈식'만 보고 계산할 수 있으니 잘 이해하고 있는지 질문을 해서 확인하는 게 중요하다. 특히 아이들은 제거하는 뺄셈은 쉽게 이해하지만 비교하는 뺄셈을 어려워하니 꼭 확인하자.

아이들의 실제 오답 사례 ———

아이들은 비교하는 상황을 빼기라고 바로 이해하지 못한다. 예를 들면 "오리 7마리가 연못에서 헤엄치다가 2마리가 연못 밖으로 나왔습니다. 연못에는 오리가 몇 마리 남아 있나요?"라는 질문에 식을 '7-2'로 세우고 답을 '5'라고 빠르게 말한다. 그런데 "꽃밭에 나팔꽃 9송이와 장미꽃 4송이가 피어 있습니다. 나팔꽃은 장미꽃보다 몇 송이가 더 많은가요?"라는 질문에는 식을 '9-4'로 세우지 못하고 머뭇거리는 경우가 많다. 질문을 던져봐야 아이가 잘 이해하고 있는지 확인할 수 있다. 질문과 더불어 제거는 '뺀 나머지'를 구하는 것이고, 비교는 '두 양의 차이'를 구하는 것이라고 잘 설명해주자.

1학년 2학기

1단원 **100까지의 수**

Q6. 짝수와 홀수란 무엇인가?

A6. 2, 4, 6, 8과 같이 둘씩 짝을 지을 수 있는 수를 짝수라 하고 1, 3, 5, 7, 9와 같이 둘씩 짝을 지을 수 없는 수를 홀수라고 한다.

개념 확인 Point 짝수와 홀수 개념을 어려워하는 아이가 꽤 있다. 그래서 10 이하의 수에서 짝수와 홀수 개념은 모른 채 암기해서 말하는 경우가 많다. 이런 아이는 29가 짝수인지 홀수인지 말하기 어려워한다. 둘씩 묶어보는 활동을 통해 경험을 쌓게 하자.

아이들의 실제 오답 사례

2, 4, 6과 같은 수를 짝수라고 한다. 짝수의 개념이 아닌 사례를 암기한 경우에는 12와 같이 수가 커지면 짝수인지 홀수인지 헷갈려한다. 둘씩 짝을 짓는 활동으로 설명하자.

5단원 시계 보기와 규칙 찾기

Q7. 4시, 8시 등을 무엇이라고 하는가?

A7. 시각이라고 한다.

개념 확인 Point

1학년에게 시각을 읽는 일은 쉬운 일은 아니다. 시계는 바늘이 3개인 데다 모두 움직이기까지 한다. 일상적으로 사용하지만 읽기 어려운 기구다. 우리는 십진법을 사용한다. 그래서 10을 단위로 세는 활동에 익숙해져 있다. 하지만 시계 읽기에서는 10이 아니라 12와 60을 단위로 시간과 분을 읽는다. 1학년 때 당장 제대로 읽지 못한다고 해서 조급해하지 말고 우선 '몇 시'와 '몇 시 30분' 정도만 이해시키자.

다음은 교육부에서 발행한 교사용 지도서에 나온 레이스(Robert E. Reys)의 시계 보기 활동이다. 이 내용을 참고해 지도해보자.

① 시침과 분침 그리고 그 바늘이 움직이는 방향을 안다.
② 몇 시라고 말하고(분침이 12 위에 있는 경우), 몇 시인 것을 보여주기 위해 시곗바늘을 돌린다.
③ 몇 시 '이후'를 안다(예 4시가 지났다).
④ 5분 단위로 시각을 재고 말한다(예 4시 20분). 분 단위로 시간을 말하기 위해 5의 배수로부터 1분씩 세어 나간다(예 25, 26, 27).
⑤ 몇 시 '이전'을 알고(예 10시 전이다), 몇 분 전인지를 말하기 위해 5와 1단위로 센다.
⑥ 디지털 형식으로 시각을 기록한다(예 4:20).
⑦ 디지털시계와 아날로그시계의 시각을 맞추어본다.

2학년 1학기

3단원 덧셈과 뺄셈

Q8. 15+6의 계산을 수 모형을 이용해 설명해보자.

A8. 일 모형 5개와 일 모형 6개를 더하면 일 모형 11개가 된다. 일 모형 11개는 십 모형 1개와 일 모형 1개로 바꿀 수 있다. 이제 십 모형이 2개, 일 모형이 1개가 되어 전부 21이 된다.

개념 확인 Point

받아올림이 있는 덧셈을 처음 계산하는 중요한 단원이다. 수 모형을 이용해 받아올림 개념을 이해하도록 지도하는 것이 핵심이다. 수 모형과 식의 관계를 이해할 수 있도록 여러 번 비교할 수 있게 도와주는 것이 좋다. 어떤 아이에게는 받아올림이 무척 어려운 개념일 수 있으니, 이해하는 데 어려움을 느끼는 경우 시차를 두고 여러 번 반복해서 지도한다.

Q9. 32-8의 계산을 수 모형을 이용해 설명해보자.

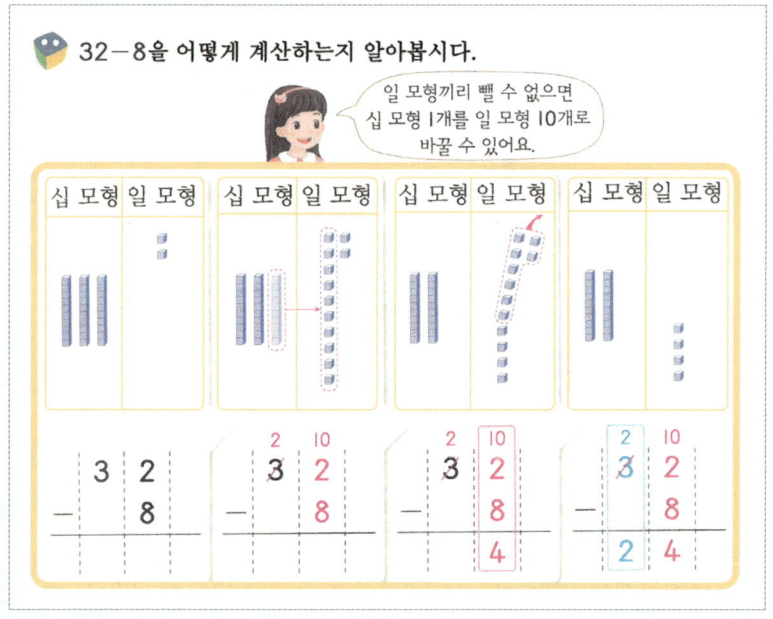

A9. 십 모형 1개를 일 모형 10개로 바꾸면 일 모형은 12개가 되어 12개에서 8개를 빼면 4개가 남고, 십 모형은 2개가 남으므로 32-8은 24다.

아이들의 실제 오답 사례

- 일의 자리에서 받아올림한 1이 실제 10이라고 생각하지 못하는 경우가 있다. 이때의 1은 낱개 10개의 한 묶음인 1이라고 설명하자.
- 받아올림한 1을 빼고 십의 자리를 계산하는 경우가 많다. 받아올림한 1은 작게 쓰므로 빼놓고 더하지 않도록 주의시킨다.

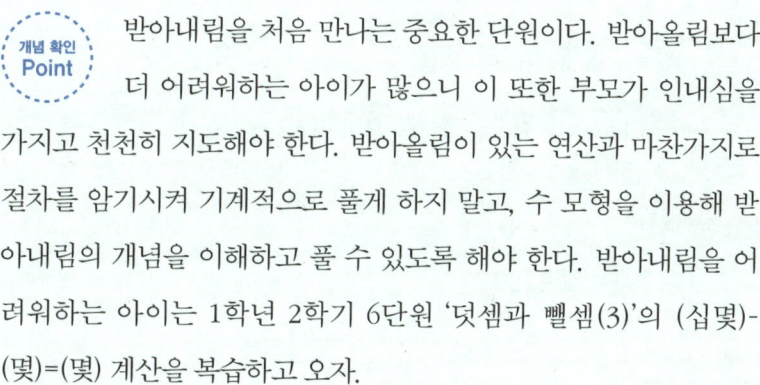

받아내림을 처음 만나는 중요한 단원이다. 받아올림보다 더 어려워하는 아이가 많으니 이 또한 부모가 인내심을 가지고 천천히 지도해야 한다. 받아올림이 있는 연산과 마찬가지로 절차를 암기시켜 기계적으로 풀게 하지 말고, 수 모형을 이용해 받아내림의 개념을 이해하고 풀 수 있도록 해야 한다. 받아내림을 어려워하는 아이는 1학년 2학기 6단원 '덧셈과 뺄셈(3)'의 (십몇)-(몇)=(몇) 계산을 복습하고 오자.

4단원 길이 재기

Q10. '1㎝'를 읽어보자.

A10. 일 센티미터.

> **개념 확인 Point**

의외로 ㎝(centimeter)를 정확히 읽는 사람이 많지 않다. 기호는 하나지만 사람마다 다르게 읽는다. '센치'라고 읽는 경우가 가장 많다. 그 외에 '센티', '센치미터'라고도 읽는다. '센티미터' 외에는 모두 틀린 발음이다. 용어의 개념을 이해하기 전에 용어를 정확히 읽는 것이 먼저다. 'cent'는 백을 의미한다. 따라서 meter의 $\frac{1}{100}$이 센티미터가 된다.

아이들의 실제 오답 사례

아이들은 부모 혹은 교사의 발음대로 센치, 센치미터, 센티라고 많이 읽는다. 아이 앞에서 정확히 발음하는 것이 중요하다.

6단원 곱셈

Q11. 2의 3배는 얼마인가?

2의 3배는 6입니다.

A11. 2의 3배는 6이다.

곱셈을 처음 배우는 단원이다. 이 단원에서는 구구단을 외우는 것이 전부라고 생각하기 쉽다. 하지만 곱셈을 이해하기 전에 '배'의 개념을 정확히 이해하는 것이 중요하다. 교과서에 나온 다양한 상황을 통해 배의 개념을 경험할 수 있게 하자.

2학년 2학기

2단원 곱셈구구

Q12. 0×(어떤 수)는 얼마인가?

원판을 돌려서 멈췄을 때 가 가리키는 수만큼 점수를 얻는 놀이를 하였습니다. 도영이가 원판을 6번 돌려서 얻은 점수를 알아봅시다.

• 빈칸에 알맞은 곱셈식을 써 보세요.

원판의 수	0	1	2	3
나온 횟수(번)	2	3	1	0
점수(점)			2×1=2	

• 0과 어떤 수의 곱은 얼마인가요?

A12. 0이다.

어른들은 0에 어떤 수를 곱하면 0이 된다는 사실을 알고 있다. 하지만 아이들은 어떤 수를 곱했는데 0이 나오는 사실을 직관적으로 이해하기 어려워한다. 이것은 교과서에 나오는 0점이 있는 원판으로 설명할 수 있도록 도와주면 좋다.

아이들의 실제 오답 사례

0×3=3이라고 말하거나 3×0=3이라고 말하는 경우가 있으니 확인해 보자.

4단원 시각과 시간

Q13. 오전과 오후를 설명하시오.

A13. 전날 밤 12시부터 낮 12시까지를 오전이라 하고, 낮 12시부터 밤 12시까지를 오후라고 한다.

의외로 오개념이 많은 용어다. 하루가 12시간이 아니라 24시간이라는 것을 이해하지 못하는 아이라면 오전과 오후 개념이 더욱 어렵다. 오전과 오후에 하는 일을 계획해서 하루 일과표를 작성해 오전과 오후를 구분해볼 수 있다.

아이들의 실제 오답 사례

오전과 오후 개념은 어른들도 헷갈리는 경우가 많다. 다음은 고학년의 오개념 사례다.

- 밤 12시부터 밤 11시 59분까지를 오전이라고 한다(11시 59분이 아니라 12시까지다).
- 해가 지고 다시 뜨기 전까지의 시간.
- 24시간 중 12시간.
- 12시 전까지의 시간.

3학년 1학기

2단원 평면도형

Q14. 각이란 무엇인가?

A14. 한 점에서 그은 두 반직선으로 이루어진 도형을 각이라고 한다.

각을 제대로 이해하는 아이가 정말 드물다. 3학년 때 처음 배우는 각을 제대로 이해하지 못하면 이후에 개념을 모른 채 넘어가게 된다. 아이들은 각이 도형의 한 종류라고 생각하지 않는다. 그런데 아래 정의를 보면 각이 도형임을 말하고 있다.

> 한 점에서 그은 두 반직선으로 이루어진 도형을 각이라고 합니다.
> 그림의 각을 각 ㄱㄴㄷ 또는 각 ㄷㄴㄱ이라 하고, 이때 점 ㄴ을 각의 꼭짓점이라고 합니다.
> 반직선 ㄴㄱ과 반직선 ㄴㄷ을 각의 변이라 하고, 이 변을 변 ㄴㄱ과 변 ㄴㄷ이라고 합니다.

4학년 때 '각도'에 대해서 배우는데, 각을 제대로 이해하지 못하는 아이는 각과 각도를 구분하지 못해 쉬운 문제도 자꾸 틀린다. 각을 이해하려면 앞에서 배우는 선분, 직선, 반직선도 정확히 알아야 한다. 각도 도형이므로 각을 이루는 반직선을 '변'이라고 할 수 있다. 아이들은 변은 삼각형, 사각형 같은 도형에만 붙일 수 있는 이름이라고 생각한다. 이후에 배우는 직각, 직각삼각형, 직사각형 등의 용어도 이러한 맥락에서 확인 질문을 하면 학습 효과를 높일 수 있다.

아이들의 실제 오답 사례

- 각을 도형이라고 생각하지 못하는 경우가 가장 많다.
- 한 도형의 모서리.
- 두 직선이 벌어지는 것.
- 선분과 선분이 만난 상태.
- 각도기로 잴 수 있는 것. 직각, 예각, 둔각이 있다.

3단원 나눗셈

Q15. '12÷4=3'에서 3을 무엇이라고 부르는가?

A15. 3은 12를 4로 나눈 '몫'이라고 한다.

개념 확인 Point 등호(=)의 개념을 정확히 모르는 아이들은 '=' 오른쪽에 있는 수를 흔히 '답'이라고 부른다. 이는 잘못된 개념이다. '=를 기준으로 양쪽 값이 같다'라고 알아야 한다. 특히 나눗셈식에서 등호 오른쪽은 답이 아니라 '몫'이라고 부른다. 이 개념은 이후에 계속 나오는데 3학년 때 제대로 이해하지 못하면 계속해서 오개념이 따라다닌다.

Q16. 나눗셈 단원을 보면 '같이 나누기' 활동이 두 번 나온다. 두 활동의 차이를 설명해보자.

A16. 처음에는 포함제, 두 번째는 등분제를 설명한다.

아이들의 실제 오답 사례

몫 대신 답이라고 부르는 경우가 많다. 몫이 답이 될 수도 있고 아닐 수도 있다.

> **개념 확인 Point**
>
> 이 부분은 너무 중요해서 62쪽에서 따로 다루었다. 나눗셈의 개념은 초등 수학에서 가장 까다로운 개념으로 교사들도 종종 혼동한다. 많은 사람이 분수를 배우면서 아이들이 수학에 흥미를 잃거나 수포자가 생겨나기 시작한다고 말한다. 하지만 분수 개념은 나눗셈 개념에서 생겨난 것이기 때문에 실질적으로 이 나눗셈 개념의 이해 여부에 따라 수학을 잘하는 아이와 그렇지 않은 아이로 나뉠 정도다.

6단원 분수와 소수

Q17. $\frac{1}{2}$이 무엇을 의미하는가?

A17. 전체를 똑같이 2로 나눈 것 중의 1을 $\frac{1}{2}$이라고 한다.

> **개념 확인 Point**
>
> 본격적으로 수학이 어려워지는 시기다. 분수 학습에서 가장 주의해야 할 점은 분수의 개념을 정확히 이해하는 것이다. 그런데 개념을 이해하기도 전에 문제집부터 집어 든다. 이 시기에는 교과서 내용을 완벽히 이해하는 것이 먼저고, 3학년 1학기 이후에도 수시로 복습을 해야 한다.

아이들에게 $\frac{1}{2}$의 개념을 물어보면 대부분 '전체를'이나 '똑같이'를 빼고 대답한다. 분수의 개념에서 이 부분이 차지하는 의미를 이해하지 못했기 때문이다. 3학년 이상 자녀가 있다면 이 부분을 확인해보자.

분수의 개념을 정확히 이해하면 분수의 덧셈이나 뺄셈에서 왜 분모는 더하거나 빼지 않고 분자만 더하고 빼는지 쉽게 설명할 수 있다. 같은 맥락으로 분수×자연수에서 자연수를 분모에 곱하지 않고 분자에만 곱하는 이유도 쉽게 설명할 수 있다. 자녀가 중고등학생이 되었을 때 비싼 사교육비를 들이지 말고 초등 3학년 때 분수를 닳도록 복습시켜야 한다. 수포자 백신이 되어줄 것이다.

아이들의 실제 오답 사례 ———

- $\frac{1}{2}$은 절반이다(완전히 틀렸다고 하긴 어렵지만 완전한 개념은 아니다).
- 2에 1이 한 번 들어감.
- 1을 2로 나눈 것.
- 자연수의 절반.
- 2의 반.

3학년 2학기

4단원 분수

Q18. 8의 $\frac{1}{2}$은 4이다. 왜 그런지 설명해보자.

A18. 전체 8을 똑같이 두 묶음으로 나누면 한 묶음은 4가 되기 때문에 8의 $\frac{1}{2}$은 4가 된다.

개념 확인 Point 이 부분은 분수의 곱셈으로 풀지 않지만 $8 \times \frac{1}{2}$의 풀이 개념을 내포하고 있다. 그렇다고 등분할 개념을 이용하지 않고 (자연수×분수)의 연산으로 풀어서는 안 된다. 등분할은 분수 개념의 기본적인 요소다. 즉, 나눗셈의 개념과 원리에 따라 계산하지 않고 절차만 암기한다면 분수의 개념이 갈수록 어려워질 수밖에 없다.

교과서에 제시된 문제는 겉으로는 단순해 보이지만 등분할을 통한 분수의 개념을 이해하는 활동이다. 따라서 이산량을 등분하거나 연속량을 등분하는 활동을 통해 전체에 대한 분수만큼이 얼마인지 알아보는 활동으로 구성되어 있다. 말만 들어도 머리가 아플 지경이다. 1학기 때 분수의 개념을 제대로 이해하지 못하고 2학기를 맞이한 아이들은 이러한 문제가 무척 어렵게 느껴진다. 부모가 모르는 사이에 아이들의 학습 결손이 차곡차곡 쌓이는 시기다.

문제는 이러한 학습 결손이 아이들의 시험 점수에는 잘 드러나지 않는다는 점이다. 이 시기의 시험은 개념을 묻는 문제보다는 단순 연산 문제가 많아 절차만 암기하면 어느 정도 점수가 나오기 때문이다. 최악은 현행학습 결손이 쌓인다는 것을 모른 채 선행학습을 시키는 경우다. 부실 공사로 계속 건물을 쌓아 올리는 상황이다. 그러면 언젠가는 반드시 무너진다.

문제집을 펼치기 전에 교과서를 통째로 외우겠다는 각오로 반복해서 보고 이해해야 한다. 3학년 2학기 분수까지 잘 넘기고 까먹지 않도록 복습한다면, 4학년 이후의 분수 계산도 어렵지 않아 초등학교 수학을 전체적으로 무사히 마칠 수 있다.

Q19. 가분수란 무엇인가?

A19. 분자가 분모와 같거나 분모보다 큰 분수를 말한다.

개념 확인 Point 　분자가 분모보다 큰 경우를 가분수라 한다는 건 아이들이 명확히 안다. 하지만 가분수의 개념을 명확히 이해하지 못한 아이들은 분자와 분모가 같을 때 혼란스러워한다. 분자가 분모와 '같거나' 분모보다 큰 분수임을 정확히 이해했는지 체크하자.

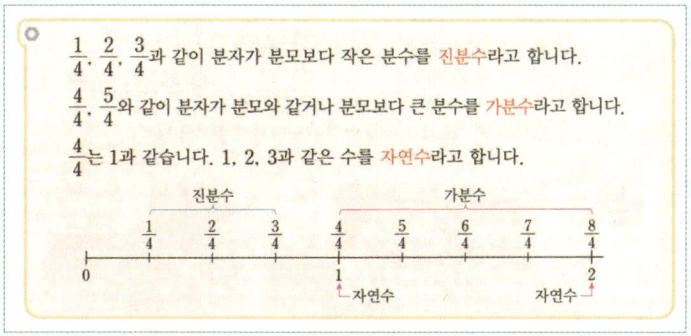

아이들의 실제 오답 사례

- 분자가 분모보다 큰 분수(이 경우가 대다수).
- 가짜 분수.

4학년 1학기

1단원 큰 수

Q20. 376415748724를 읽어보라.

A20. 3764억/1574만/8724(삼천칠백육십사억∨천오백칠십사만∨팔천칠백이십사)

개념 확인 Point   우리는 숫자를 4개씩 끊어 읽는다. 그래서 쓸 때도 네글자마다 띄어 쓴다. 하지만 대다수 나라는 3개씩 끊어 읽는다. 그래서 ',(콤마)'를 세 숫자마다 넣는다. 이를 명확히 구분해야 수를 정확히 읽을 수 있다.

아이들의 실제 오답 사례

네 자리씩 끊어 읽지 못해 자릿수를 헷갈리는 다양한 사례가 있다.

2단원 각도

Q21. 각도는 무엇인가?

A21. 각의 크기를 각도라고 한다.

각도는 각이라는 도형의 크기를 나타낸 것이다. 각과 각도를 명확히 구분하는지 알아보는 질문이다.

아이들의 실제 오답 사례

- 30°, 40° 등을 각도라고 한다(각도의 개념은 모르고 사례만 아는 경우).
- 한 도형의 모서리.
- 어떤 물체의 방향.

Q22. 1°는 무엇일까?

A22. 직각의 크기를 똑같이 90으로 나눈 것 중 하나를 말한다.

> **개념 확인 Point** 1°를 그림에서만 찾을 수 있는 것이 아니라 개념으로 설명할 수 있는지 점검한다. '직각의 크기'를 '90등분한' 것이라고 조건을 정확히 말해야 한다.

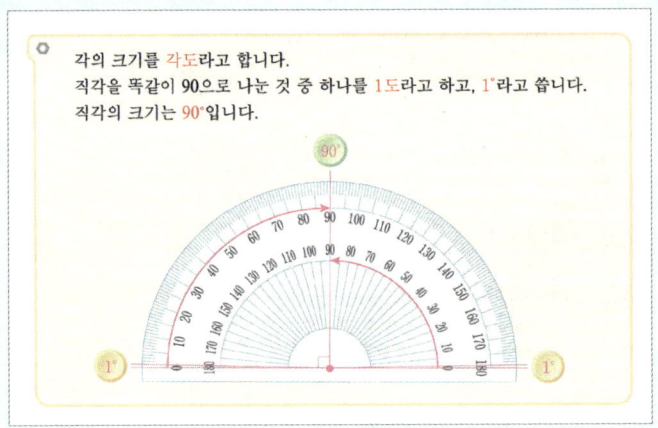

아이들의 실제 오답 사례 ———

각도기의 눈금(한 눈금이 정확히 어떻게 만들어졌는지 이해하지 못하는 경우).

Q23. 예각이란 무엇인가?

A23. 각도가 0°보다 크고 직각보다 작은 각을 말한다.

 쉬워 보이지만 개념을 정확히 말하는 아이는 드물다. '각도가 주어다. 아이들은 '0°'보다 크다는 조건을 잘 놓친다.

아이들의 실제 오답 사례

뾰족한 각.

4단원 평면도형의 이동

Q24. 평면도형의 밀기, 뒤집기, 돌리기는 무슨 뜻일까?

A24. 문제를 통해 개념을 익혀야 한다.

 일상생활에서의 밀기, 뒤집기, 돌리기와 달리 명확한 기준이 있어 동일한 답을 요구한다. 따라서 '밀기', '뒤집기', '돌리기'는 학습 개념어로 인식하고 새로운 개념으로 습득해야 풀 수 있다.

4학년 2학기

2단원 **삼각형**

Q25. 이등변삼각형과 정삼각형은 무엇인가?

A25. 이등변삼각형은 두 변의 길이가 같은 삼각형, 정삼각형은 세 변의 길이가 같은 삼각형이다.

개념 확인 Point 도형에서는 포함 관계가 중요하다. 개념을 정확히 이해하지 못하면 포함 관계를 명확히 알 수 없다. 정삼각형은 이등변삼각형일까? 일상생활에서는 아니다. 왜냐하면 세 변의 길이가 같기 때문이다. 하지만 수학에서 이등변삼각형의 정의는 "두 변의 길이가 같은"으로 '두 변 이상의 길이가 같은'이라는 의미로 쓰인다. 정삼각형도 이등변삼각형이 되지만 이등변삼각형은 정삼각형이 될 수 없다. 일상 용어와 수학 용어의 개념이 다른 학습 개념이다. 이런 내용은 교과서나 문제집 어디에도 없기 때문에 교과서를 꼼꼼하게 읽고 문제를 풀면서 습득해야 한다. 수학 용어를 일상 용어와 계속 연결 지어 해석하려고 하면 아이들이 혼란스러워한다.

아이들의 실제 오답 사례

- 변의 길이가 같다(몇 개의 변이 같은지 말하지 못하는 경우다).
- 세 변의 길이가 같다(정삼각형의 조건과 혼동한 경우다).

4단원 사각형

Q26. 수선이란 무엇인가?

A26. 두 직선이 서로 수직으로 만나면 한 직선을 다른 직선에 대한 수선이라고 한다.

개념 확인 Point 제대로 답하는 아이가 별로 없을 정도로 아이들이 어려워하는 개념이다. "두 직선이 서로 수직으로 만난다"는 조건을 제시하고, "한 직선을 다른 직선에 대해"라는 '관계'를 이해하고 있어야 정확히 표현할 수 있다. 수선은 상대적인 개념이다.

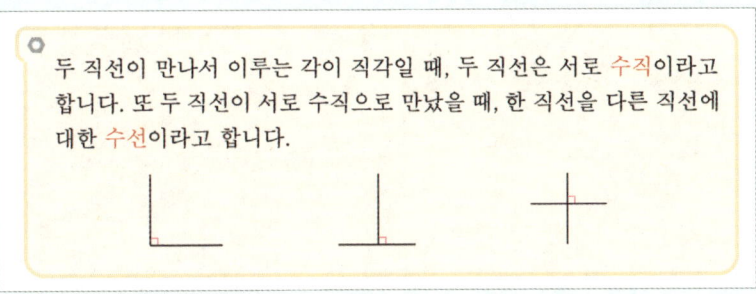

두 직선이 만나서 이루는 각이 직각일 때, 두 직선은 서로 수직이라고 합니다. 또 두 직선이 서로 수직으로 만났을 때, 한 직선을 다른 직선에 대한 수선이라고 합니다.

그래서 수선 문제는 반드시 먼저 기준이 되는 선을 제시하고, 그것을 기준으로 긋는 문제가 나온다.

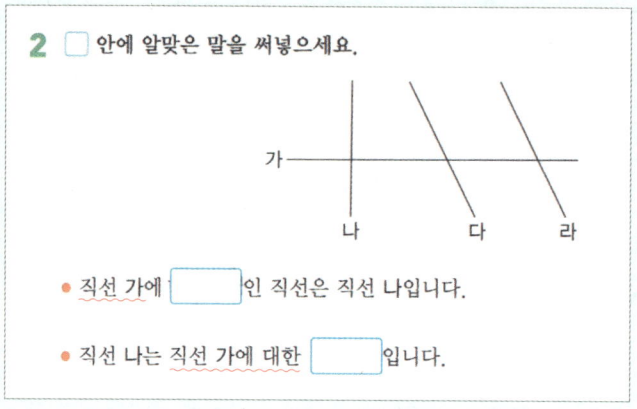

아이들의 실제 오답 사례

수선은 초등학생들이 가장 어려워하는 개념 중 하나다. 수선이 관계를 포함하는 개념이기 때문이다.

- 수직으로 곧게 뻗은 선이다.
- 수직으로 된 선이다.
- 두 선을 + 모양으로 그은 것이다.

Q27. '평행선 사이의 거리'란 무엇인가?

A27. 평행선의 한 직선에서 다른 직선에 수직인 선분을 긋는다. 이 선분의 길이를 '평행선 사이의 거리'라고 한다.

> **개념 확인 Point**
>
> 아이들이 직관적으로는 거리를 알지만 정확한 개념 설명은 힘들어한다. 우리가 일상생활에서 사용하는 거리와 수학에서 사용하는 거리는 의미가 조금 다르다. 수학에서의 거리는 '최단 거리'를 의미할 때가 많다. 그래서 한 직선에서 다른 직선에 '수직'으로 그은 선분의 길이만 거리가 될 수 있다. 같은 '거리'라는 말을 쓰지만 수학에서는 다른 의미로 쓰이는 학습 개념어다.

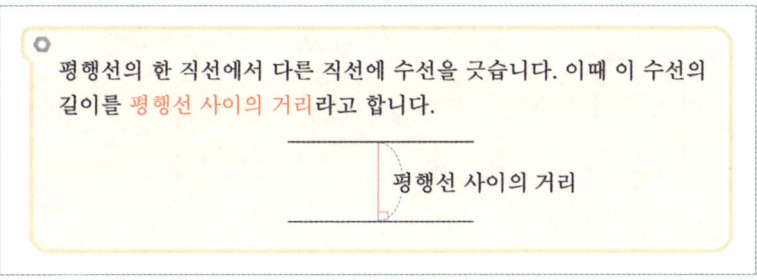

아이들의 실제 오답 사례

- 두 선 사이의 거리.
- 두 선을 연결한 선의 길이.

Q28. 사다리꼴은 무엇인가?

A28. 마주 보는 한 쌍의 변이 서로 평행한 사각형을 사다리꼴이라고 한다.

개념 확인 Point 마주 보는 한 쌍의 변이 서로 평행한 사각형을 사다리꼴이라고 하지만, 마주 보는 두 쌍의 변이 서로 평행해도 사다리꼴이다. 그러므로 마주 보는 변 '한 쌍 이상'이 서로 평행하면 사다리꼴이라고 볼 수 있다. 당연히 마주 보는 두 쌍의 변이 평행이어도 사다리꼴이라고 할 수 있으니 평행사변형도 사다리꼴이라고 말할 수 있다. 도형의 특징을 정확히 이해하고 따질 수 있어야 중학교 도형 단원과 고등학교 '기하'에도 잘 적응할 수 있다.

아이들의 실제 오답 사례

- 위의 선과 아래 선이 평행한 것.
- 사다리 모양과 비슷한 도형.
- 밑변과 윗변으로 이루어진 도형.
- 두 선의 길이는 다르지만 평행한 도형.
- 직사각형과 다르게 평행하지 않은 변도 있는 사각형.

5단원 꺾은선그래프

Q29. 꺾은선그래프란 무엇인가?

A29. 연속적으로 변화하는 양을 점으로 표시하고, 그 점들을 선분으로 이어 그린 그래프를 말한다.

아이들이 이미지로는 쉽게 찾으나 개념을 설명하기 힘들어한다. 이해하지 못하고 외우면 기억에도 남지 않는다.

5학년 1학기

1단원 자연수의 혼합 계산

Q30. 곱셈과 나눗셈이 섞여 있는 식의 계산 순서를 설명해보시오.

A30. 곱셈과 나눗셈이 섞여 있는 식에서는 앞에서부터 차례로 계산한다.

'24÷4×3'의 계산을 어려워하는 아이는 많지 않다. 그리고 곱셈과 나눗셈의 계산에서는 차례로 계산할 수 있다. 문제는 식의 계산이 아니라 그러한 식을 만드는 것을 어려워한다는 점이다. 다음 문제를 보자. 아이들이 싫어하는 소위 문장제 문제다.

문장을 보고 그 안에 들어 있는 식을 찾아 풀어야 한다. 이 단원에서는 혼합 계산 문제를 많이 풀기보다는 수학 교과서 문제를 통해 혼합 계산의 원리를 익히고, 그 원리에 따라 식을 만들 수 있는 능력을 키우는 데 초점을 맞춰 공부해야 한다. 교과서의 문제를 천천히 읽고, 문제를 분석한 후 만들어진 식과 비교해보는 활동을 많이 해야 한다.

대체로 혼합 계산은 다음 순서에 따라 학습한다.

(+), (-) → (×), (÷) → (+), (-), (×) → (+), (-), (÷) → (+), (-), (×), (÷).

2단원 약수와 배수

Q31. 약수란 무엇인가?

A31. 어떤 수를 나누어떨어지게 하는 수.

개념 확인 Point 약수의 개념은 단순하지만 이후에 '약분과 통분', '분수의 계산'에 이용된다. 이런 단순한 개념을 놓친다면 이후에 계속해서 개념의 혼란이 쌓여 새로운 개념을 받아들이기 어렵다. 1은 모든 수의 약수인데, 그것은 1이 모든 자연수를 나누어떨어지게 하기 때문이다.

약수의 개념을 물었을 때 예를 들어서 설명하는 것은 아직 개념을 명확히 모르기 때문이다. "예를 들어 12의 약수는 1, 2, 3, 4, 6, 12다"와 같이 말할 때 예를 들지 말고 약수의 개념을 다시 설명하도록 요구하자.

수학 용어는 대부분 한자어다. 이러한 한자어를 무조건 암기하는 것이 아니라 그 뜻을 알면 이해와 암기 모두에 도움이 된다. 약수는 일상생활에서 쓰지 않는 말이다. 이런 말들의 뜻을 찾아보는 수고가 개념을 정확히 이해하게 하고 수학 실력을 길러주는 밑거름이 된다. 다음은 네이버 한자 사전에서 찾은 약수의 '약'의 뜻이다. 뜻이 여러 개 있지만 수학과 관련된 것이 두 번째라는 사실을 알 수 있는 것도 꾸준한 연습에서 나온다.

約 맺을 약, 부절 요, 기러기발 적
★★★ 중학용 읽기5급॥ 쓰기4급॥ 대법원인명용
부수 糸 (실사변) 총 획수 9획 ▶획순보기
1. (맺을 약) 2. 맺다 3. 약속하다(約束—)

約數 약수
約 맺을 약 數 셈 수

관련한자 단어·성어

1. 어떤 정수(整數)를 나누어 떨어지게 하는, 0이 아닌 정수(整數).
   이때 원래(元來·原來)의 수(數)에 대하여 이르는 말.

> **약수**
> 어떤 수를 나머지 없이 나누는 수로, 나머지가 0이 되도록 나누어떨어지게 하는 수를 '약수'라고 한다. 약수는 한자로 約數(묶을 약, 셀 수)라고 쓴다. 約은 묶는다는 뜻으로 주어진 대상을 똑같은 묶음 여러 개로 나눈다는 뜻이다.(교사용 지도서, 163쪽)

아이들의 실제 오답 사례

- 다른 수를 나누는 수(나머지가 생길 수 있으니 '나누어떨어진다'는 의미가 있어야 한다).
- 6의 약수는 1, 2, 3, 6이다(개념 설명 대신 사례를 말하는 경우).

Q32. 최대공약수란 무엇인가?

A32. 최대공약수는 공약수 중에서 가장 큰 수다. 공약수는 어떤 수들의 공통된 약수이며, 약수는 어떤 수를 나누어떨어지게 하는 수다.

> **개념 확인 Point**

최대공약수를 이해하려면 공약수와 약수를 이해하고 있어야 한다. 지금 배우는 것은 중학교 1학년 1학기 3월에 다시 배울 소인수분해의 중요한 개념이다. 최대공약수와 마찬가지로 배수, 공배수, 최소공배수의 개념을 점검하며 개념을 정확히 이해하고 진도를 나가고 있는지 확인하자. 간혹 아이들이 최소공배수와 최대공약수에서 쓰는 小와 大를 헷갈린다. 이 또한 개념을 정확히 이해하지 못했기 때문이다.

아이들의 실제 오답 사례 ———
최대공배수와 최소공약수의 용어를 혼동.

4단원 약분과 통분

Q33. "분모와 분자를 각각 0이 아닌 같은 수로 나누면 크기가 같은 분수가 된다." 그 이유를 아래 수직선을 이용해 설명해보시오.

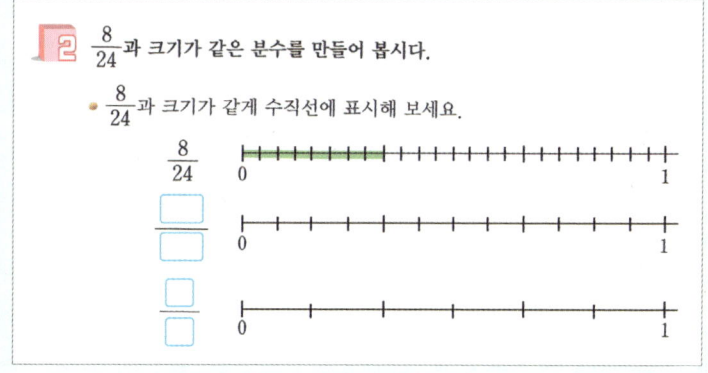

A33. 수직선에서 각각 $\frac{8}{24}$은 8칸, $\frac{4}{12}$는 4칸, $\frac{2}{6}$는 2칸이지만 칸의 길이는 모두 같다. 따라서 '$\frac{8}{24}=\frac{4}{12}=\frac{2}{6}$'라고 할 수 있다. 그리고 $\frac{8}{24}$은 $\frac{8÷2}{24÷2}=\frac{4}{12}$이므로 분자, 분모를 같은 수로 나누어 계산할 수 있다. 하지만 0으로 나누면 분자, 분모 모두 0이 되어 계산할 수 없게 되므로 "분모와 분자에 각각 0이 아닌 같은 수로 나누면 크기가 같은 분수가 된다"라고 말할 수 있다.

> **개념 확인 Point**
>
> 위 개념은 무척 중요하다. 이후에 배울 '약분'과 '기약분수', '분수의 계산' 등에 쓰이는 필수 개념이기 때문이다. 약분과 기약분수 등이 헷갈리는 아이는 '크기가 같은 분수를 알아보는 활동'을 소홀히 했기 때문이다. 어떤 기본 용어를 헷갈리고 여러 번 설명해주어도 이해하지 못하는 아이는 당장 학원에 보낼 것이 아니라, 그 개념이 나오기까지의 여러 활동을 다시 복습할 수 있는 경험을 제공해주어야 한다.

Q34. 약분 개념을 설명하시오.

A34. 약분은 분모와 분자를 공약수로 나누어 간단한 분수로 만드는 것을 말한다.

개념 확인 Point   약분을 설명하려면 '분자와 분모를 동시에' '공약수로 나누어' '간단한 분수'로 나타낼 수 있어야 한다. 단순해 보이지만 제대로 대답하는 아이는 많지 않다. 개념을 명확히 알게 하자. 앞에서 '왜 공약수로 나누어도 같은 분수가 되는지' 설명했다. 이처럼 여러 수학적 개념이 계속 이어지고 있어 제대로 복습하지 않고 수업을 들으면 학습 결손이 누적되어 '분수는 어렵다'는 생각이 들게 된다. 특히 고학년인 5학년부터는 수학 용어가 많이 등장하므로 용어의 뜻과 의미를 정확히 이해하고 암기하고 있어야 한다.

아이들의 실제 오답 사례

- 분수를 수로 나누어 간단히 만드는 것.
- 분모, 분자를 나누어 작은 수로 만드는 것.

두 오답에는 공약수로 나눈다는 개념이 없다.

Q35. 기약분수의 개념을 설명하시오.

A35. 분모와 분자의 공약수가 1뿐인 분수를 말한다.

개념 확인 Point   단순한 개념이다. 하지만 아이들에게 물어보면 정확히 대답하는 아이가 생각보다 적어 놀란다. 수학은 개념으로 쌓아 올리는 건물이다. 한 글자도 소홀히 하지 않는 습관이 상위권을 만든다.

5단원 분수의 덧셈과 뺄셈

Q36. 분모가 다른 분수의 덧셈을 하는 방법을 설명하시오.

A36. 분모가 다를 때는 통분하면 된다. 통분은 분모가 다른 분수를 같게 하는 것이기 때문이다.

> **개념 확인 Point**
>
> 통분을 할 수 있는 아이에게 그다음에 나오는 분수의 덧셈과 뺄셈은 교사의 설명 없이도 혼자서 풀 수 있을 만큼 어렵지 않은 단원이다. 반대로 통분의 개념을 이해하지 못한 아이에게는 분수의 덧셈과 뺄셈이 복잡한 수식처럼 보일 수 있다. 이후 분수의 계산은 계속해서 복잡해지지만, 그 원리는 분수와 통분의 개념에서 벗어나지 않는다. 수학 문제를 푸는 것은 늘 개념과 그 개념의 응용 과정일 뿐이다. 아이가 분수의 계산을 기계적으로 하지 않도록 개념을 이해하고 있는지 확인해야 한다. 어떤 계산을 할 때 '왜 그렇게 계산하는지' 물어 개념을 생각해보는 기회를 갖도록 하자.

> **핵심은 첫 페이지에 있다!**
>
> 분수의 덧셈과 뺄셈은 다음과 같은 과정을 거치며 복잡해진다.
> - 분모가 다른 진분수의 덧셈.
> - 받아올림이 있는 분모가 다른 진분수의 덧셈.
> - 받아올림이 있는 분모가 다른 대분수의 덧셈.
> - 분모가 다른 진분수의 뺄셈.
> - 받아내림이 없는 분모가 다른 진분수의 뺄셈.
> - 받아내림이 없는 분모가 다른 대분수의 뺄셈.
> - 받아내림이 있는 분모가 다른 대분수의 뺄셈.
>
> 위와 같이 복잡한 과정도 분수(진분수, 대분수, 가분수)와 통분의 개념을 이해하면 어렵지 않다. 그런데 이러한 개념은 교과서의 첫 페이지에 나온다. 문제는 아이들이 교과서 활동을 소홀히 한다는 것이다. 교과서의 첫 페이지는 옷의 첫 단추와 같다. 시작이 반이다. 수학 교과서 첫 페이지부터 꼼꼼하게 공부하는 습관이 필요하다.

6단원 다각형의 넓이

Q37. 1cm²란 무엇인가?

A37. 한 변의 길이가 1cm인 정사각형의 넓이를 말한다.

cm²는 넓이의 단위다. 아이들은 가로와 세로를 곱했기 때문에 cm에 2가 붙었다고 착각하는 경우가 많다. cm²에서의 '2'는 2차원의 넓이를 나타내는 것이지 두 번 곱한 것과는 아무 상관이 없다. 그리고 단위는 곱할 수 있는 성질도 아니다. kg을 두 번 곱한다고 제곱킬로그램이 되지 않듯 말이다.

Q38. (밑변×높이=평행사변형의 넓이)이다. 직사각형의 넓이 구하는 방법을 이용해 평행사변형의 넓이를 다음 식으로 풀 수 있는 이유를 설명해보자.

A38. 평행사변형의 모양을 잘라 직사각형을 만들 수 있다. 평행사변형을 잘라 직사각형을 만들면 밑변이 직사각형의 가로와 같고, 높이는 직사각형의 세로와 같아서 결국 밑변의 길이(가로)×높이(세로)의 공식이 나온다.

> **개념 확인 Point**
>
> 핵심은 공식을 암기하는 것이 아니라, 직사각형의 넓이를 이용해서 공식을 만들어 풀 수 있는지 확인하는 것이다. 모든 도형의 넓이는 단위 넓이(1㎠)를 가지고 만든 직사각형의 넓이를 응용해 식을 만들어낸다. 따라서 평행사변형, 삼각형, 마름모, 사다리꼴 이후 원까지, 모든 도형의 넓이는 직사각형에서 변형된 것이므로, 각각의 도형을 직사각형으로 변형하고 원래 직사각형의 가로와 세로에 해당하는 부분을 적용해 식을 만들 수 있다는 원리를 이해하고 있어야 한다.

도형의 넓이는 기하와 대수를 결합한 융합적인 특성이 있는 단원이다. 단순히 공식을 암기하지 않도록 해야 하며, 개념과 원리를 통해 식을 만들고 계산하는 습관을 들여야 한다. 이러한 습관은 중고등학교로 이어져 수학 강자가 되게 할 것이다. 다음 교과서 그림을 보면 평행사변형을 잘라 직사각형을 만드는 과정을 보여준다. 삼각형, 사다리꼴, 마름모, 원의 넓이도 동일한 방법으로 이해할 수 있다.

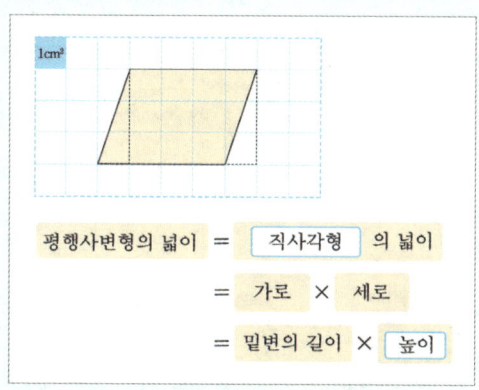

5학년 2학기

1단원 수의 범위와 어림하기

Q39. 올림이란 무엇인가?

A39. 올림이란 '구하려는 자리 아래 수를 올려서' 나타내는 방법을 말한다.

> **개념 확인 Point**
>
> 올림 개념의 핵심은 '구하려는 자리가 어디인지 기준을 정하는 일'이다. 이러한 기준이 없으면 아이들이 엉뚱한 곳을 올리게 되어 문제를 맞히지 못한다. 그냥 "수를 올린다"라고 말하는 것은 개념을 정확히 아는 것이 아니니 확인해야 한다.

> 204를 십의 자리까지 나타내기 위하여 십의 자리 아래 수인 4를 10으로 보고 210으로 나타낼 수 있습니다. 이와 같이 구하려는 자리의 아래 수를 올려서 나타내는 방법을 **올림**이라고 합니다.
>
> 올림하여 십의 자리까지 나타내면   올림하여 백의 자리까지 나타내면
> 20**4** → 210   **2**04 → 300

(204 → 210) 여기에서 나타내려고 하는 자리는 얼마인가? 십의 자리다. 그래서 일의 자리에서 올림한 것이다. 한편 (204 → 300)의 경우 올림해서 백의 자리까지 나타낸 것이다. 아이들이 많이 틀리는 문제다. 버림, 반올림도 같은 방법으로 확인할 수 있다. 쉽다고 생각한 것을 틀리는 것은 실수가 아니다. 늘 정확한 개념을 이해하고 암기하는 태도가 필요하다.

아이들의 실제 오답 사례 ———

나타내기 위한 수를 올림하는 경우, 예를 들어 4235를 올림해서 십의 자리까지 나타내면 4240인데 이를 십의 자리를 올림해서 4300으로 나타내는 경우. 이러한 오류는 특히 소수의 어림값을 나타낼 때 더욱 자주 나타난다.

Q40. 지혜는 전체 보자기의 $\frac{4}{5}$ 중에서 $\frac{1}{3}$ 을 사용했다. 지혜가 사용한 보자기의 양을 구하는 방법을 설명하시오.

A40. $\frac{4}{5}$ 중에서 $\frac{1}{3}$ 이므로 $(\frac{4}{5} \times \frac{1}{3})$ 을 하여 구한다.

개념 확인 Point 위 문제는 쉬운 문제인가, 아니면 어려운 문제인가? 이 문제의 핵심은 $(\frac{4}{5} \times \frac{1}{3})$ 을 계산하는 것이 아니라, 위 식을 보고 $(\frac{4}{5} \times \frac{1}{3})$ 로 식을 세울 수 있는지 여부다.

아이들은 분수의 덧셈보다 분수의 곱셈을 더 쉽게 생각한다. 분수의 덧셈은 통분을 해야 하는데 분수의 곱셈은 분모는 분모끼리, 분자는 분자끼리 곱하기만 하면 되기 때문이다. 여기에서 "왜 분자의 곱셈은 분자는 분자끼리, 분모는 분모끼리 곱하여 계산하는가?"라고 물으면 상황이 달라진다. 대답이 쉽지 않다.

왜 아이들은 위 문제(소위 문장제 문제)를 보고 식을 쉽게 떠올리지 못할까? 그것은 분수의 곱셈에 대한 개념이 바로 서 있지 않기 때문이다. 분수의 곱셈을 구구단 수준으로 생각하고 있기 때문에 굳이 개념과 원리를 배우려고 하지 않는다. 연산은 수학을 위한 도구 정도로 생각할 뿐 그 자체가 수학이라는 생각을 하지 못하는 교사도 많다.

많은 아이와 학부모가 문장제 문제를 푸는 방법은 따로 있으며, 별도의 훈련이 필요하다고 생각한다. 물론 문장제 문제를 많이 풀면 도움이 된다. 그러나 그것은 정확한 대책이 아니다. "어떤 것을 잘하기 위해 그것을 많이 해봐라"라는 말과 다르지 않기 때문이다. 우리는 좀 더 효율적으로 쉽게 하는 방법을 원하기 때문이다.

만일 분수의 곱셈이 '분자는 분자끼리, 분모는 분모끼리 곱하여 계산'하면 된다고 하면, 왜 수학 교과서에서는 그 많은 분량을 할애해 다양한 방법으로 분수의 곱셈을 이해시키려 하겠는가? 수학 교과서를 살펴보자. 분수의 곱셈을 위해 얼마나 자세히, 얼마나 많은 시간을 들여야 하는지 알 수 있다. 다음은 교사용 지도서에 나온 분수의 곱셈에 대한 조언이다. 식을 세우고 문장제 문제를 능숙하게 풀 수 있길 바란다면 꼭 새겨야 한다.

> 분수의 곱셈 표준 알고리즘은 '분자는 분자끼리 곱하고 분모는 분모끼리 곱한다'로 비교적 단순하다. 그러나 분수의 곱셈에서 분자는 분자끼리 곱하고 분모는 분모끼리 곱하는 이유를 알고, 분수 곱셈의 의미 및 알고리즘을 개념적으로 이해하기 위해서는 매우 복잡한 사고 과정이 필요하다. 먼저 문제 상황에 대한 양적 추론을 통해 분수의 곱셈은 어떤 상황이며, 피승수와 승수에 해당하는 양이 어떤 의미를 갖는지 이해해야 하며, 각각의 양을 분할하고 모델을 조작하는 경험을 통해 분수의 곱셈 알고리즘을 이해해야 한다.
>
> —초등 수학 지도서 중에서

3단원 합동과 대칭

Q41. 합동이란 무엇인가?

A41. 모양과 크기가 같아서 포개었을 때 완전히 겹치는 두 도형을 서로 합동이라고 한다.

> **개념 확인 Point**

늘 그렇듯이 어떤 개념을 정확히 안다는 것은 그 개념 설명에 필요한 조건들을 하나도 빠뜨리지 않는 것을 말한다. 여기에서도 '모양' 그리고 '크기'가 아이의 입에서 나와야 한다. 또한 합동은 관계의 개념이다. 따라서 '두 도형이 서로'라는 표현을 생략해서는 안 된다. 확인해보자.

아이들의 실제 오답 사례

- 모양이 같은 두 도형을 합동이라고 한다(모양은 같아도 크기가 다를 수 있다).
- 크기가 같은 두 도형을 합동이라고 한다(크기는 같아도 모양은 다를 수 있다).

한 가지 개념의 조건이 여러 가지일 때, 조건을 한두 가지 놓치는 경우다.

5단원 직육면체

Q42. 직육면체에서 밑면은 모두 몇 개인가?

A42. 직육면체에서 평행한 면이 세 쌍 있고, 이 평행한 면은 각각 밑면이 될 수 있으므로 밑면은 모두 6개가 될 수 있다.

개념 확인 Point 반복해서 설명하는데도 아이들이 혼동하는 개념이다. 특히 밑면은 일상 언어와 혼동까지 주어 더욱 오개념을 유발한다. 밑면을 '안다'는 선입견으로 보면 수학에서 말하는 밑면의 개념을 이해하기 어렵다. 수학에서 밑면은 일상 언어의 밑면과 아무런 관련이 없다. 자녀가 밑면의 개념을 제대로 이해하지 못하고 있다면 수학적 학습 습관을 바꾸어야 한다. 이 부분은 학습 개념어에서 충분히 설명했으니 다음 교과서 설명을 읽어보자.

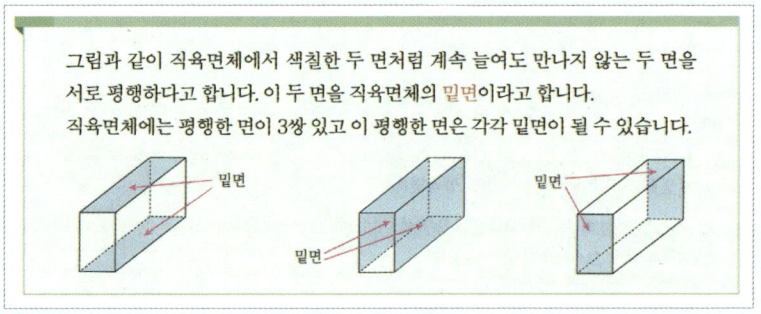

아이들의 실제 오답 사례

- 밑면은 밑에 있는 면 1개다.
- 바닥에 닿은 면과 마주 보는 면만이 밑면이다.
- 바닥에 닿은 면이 밑면이다.

Q43. 직육면체에서 옆면은 무엇인가?

A43. 직육면체에서 밑면과 수직인 면을 직육면체의 옆면이라고 한다.

> **개념 확인 Point**
>
> 옆면도 밑면과 마찬가지로 일상 언어인 '옆면'과 아무런 관련이 없다. 직육면체에서 옆면은 밑면과 수직인 면이므로 밑면이 달라지면 옆면도 달라진다. 상황에 따라 옆면이 달라질 수 있다는 의미다. 아이가 그냥 "옆에 있는 면"이라고 말한다면 공부 습관을 바로잡을 적기다.

아이들의 실제 오답 사례

- 옆면은 옆에 있는 면이다.
- 바닥에 닿은 면과 수직인 면 4개가 옆면이다.

두 오답 모두 옆면이 고정되어 있다는 일상 언어에서 벗어나지 못하고 있다. 옆면은 밑면과의 상대적인 관계에서 정해지므로 어떤 면이든 기준에 따라 옆면이 될 수 있다.

6학년 1학기

1단원 분수의 나눗셈

Q44. $\frac{7}{5} \div 3 = \frac{7}{5} \times \frac{1}{3}$이다. 그 이유를 설명해보시오.

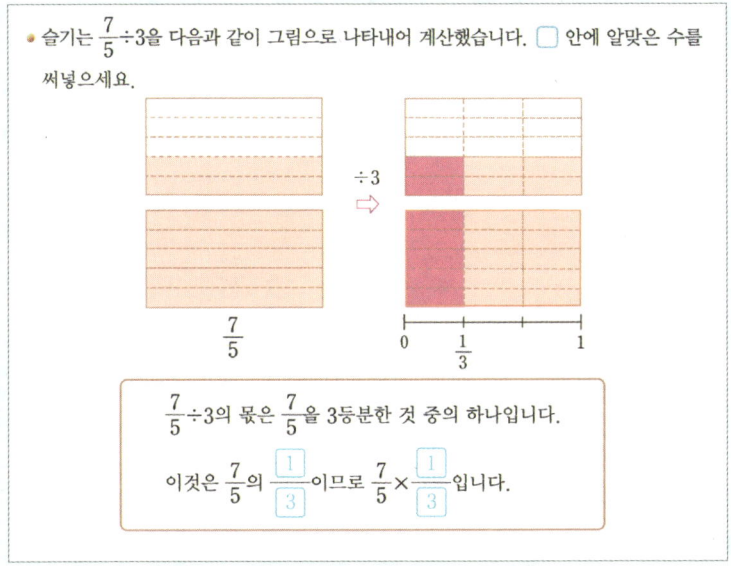

A44. $\frac{7}{5} \div 3$의 몫은 $\frac{7}{5}$을 3등분한 것 중 하나다. 이것은 $\frac{7}{5}$의 $\frac{1}{3}$이므로 $\frac{7}{5} \times \frac{1}{3}$이다.

개념 확인 Point

일반적으로 사교육 교사들은 초등 수학 전공자가 아니라서 분수의 나눗셈 계산을 모두 아는 방법, 즉 ÷를 ×로 바꾸고 × 뒤에 있는 수를 역수로 만들어서 풀도록 가르친다. 이렇게 풀어도 분수의 나눗셈을 할 수 있다. 하지만 이는 개념과 원리에 대한 이해 없이 절차(알고리즘)만 암기해서 푸는 전형적인 예다.

이와 같이 분수의 나눗셈을 푼 아이들에게 왼쪽 문제는 무척 어려울 수 있다. 교과서를 보면 개념과 원리를 익혀 분수를 계산할 수 있도록 자세히 안내하고 있다. 계산 방법만 암기한 아이들은 이러한 분수의 나눗셈의 개념과 원리를 배우는 것을 귀찮아하고 힘들어한다. 개념과 원리가 중요하다고 모두 강조하지만 막상 가르칠 때는 절차만 암기시키는 경우가 많다. 수학 교과서는 개념과 원리의 보물 창고다. 위 문제를 설명할 수 없다면 다시 복습해야 한다.

아이들의 실제 오답 사례 ———

교과서에서는 나눗셈의 개념과 원리로 분수의 나눗셈을 가르치지만, 이미 역연산 계산을 암기한 아이들은 새로운 개념을 배우는 걸 힘들어한다. 앞에서 설명했듯이 나눗셈에는 등분제와 포함제 두 가지 개념이 있다. 교과서에서는 등분제로 설명하고 있다. 나눗셈 개념이 없는 아이들에게 등분제로 가르치려면 초3 때 가르친 나눗셈을 다시 설명해야 한다.

2단원 **각기둥과 각뿔**

Q45. 각기둥에서 밑면의 뜻을 설명하시오.

A45. 각기둥에서 서로 평행하고 합동인 두 면을 밑면이라고 한다.

개념 확인 Point   밑면은 일상 언어에서도 사용해 혼동을 주는 대표적인 용어다. 수학 교과서에 나온 개념을 정확히 읽고 이해하지 않으면 밑면의 개념을 오해하게 되고, 이와 관련된 수학 문제를 틀리게 된다. 밑면의 핵심 개념은 서로 '평행'하다는 조건과 '합동'이라는 조건을 말할 수 있어야 한다. 이 조건을 확인해보자.

각기둥에서 면 ㄱㄴㄷ과 면 ㄹㅁㅂ과 같이 서로 평행하고 합동인 두 면을 밑면이라고 합니다. 이때 두 밑면은 나머지 면들과 모두 수직으로 만납니다.

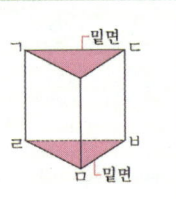

밑면의 정의에 따르면 위쪽에 있는 면을 왜 밑면이라고 하는지 알 수 있다. 수학에서의 밑면은 '밑에 있는 면'이라는 일상적 해석과 전혀 상관이 없다. 이러한 학습 개념어를 정확히 알고 있어야 심화학습이 가능하다.

아이들의 실제 오답 사례

- 각기둥 밑에 있는 면.
- 위에서 아래로 수직으로 만나는 것.
- 평행한 두 면 중 사각형인 것.
- 옆면을 제외한 나머지 면.

4단원 비와 비율

Q46. 비의 뜻을 설명해보자.

A46. 두 수를 나눗셈으로 비교하기 위해서 기호 :을 사용해 나타낸 것을 비라고 한다.

개념 확인 Point '비와 비율'은 초등학교 수학 중에서 가장 어려운 개념이다. 비를 제대로 설명하면 상위권 아이라고 짐작하곤 한다. 수학적으로도 잘 이해하고 꼼꼼하게 공부해야 정확히 말할 수 있다.

비의 개념 바로 앞에서 두 수를 비교하는 방법으로 뺄셈과 나눗셈을 제시한다. 비는 그중에서 나눗셈으로 비교하기 위한 기초 개념이다. 따라서 비의 개념을 설명할 때는 '두 수를 나눗셈으로 비교하기 위하여'라는 조건이 반드시 포함되어 있어야 한다. 6학년 자녀가 있다면 한 번 확인해보자. 비와 관련해서 대부분 비를 읽는 방법에만 초점을 맞추는데, 이보다 비의 정의를 더 정확히 알고 있어야 한다. 비의 개념은 이후에 배울 비율, 원의 넓이, 비례식, 정비례 반비례의 개념을 이해하는 데 기초가 된다. 따라서 비와 비율을 정확히 이해하지 못하면 수학에서 점점 멀어지게 된다. 초등 수학에서는 '나눗셈', '분수', '비와 비율'을 3대 고난도 개념 단원이라고 생각하면 된다. 이 세 가지 개념을 정확히 이해해야 중학교에 가서도 큰 어려움 없이 수학 공부를 할 수 있다.

아이들의 실제 오답 사례 ———

- 3:4, 4:5 이런 것(개념을 설명하지 못하고 예시를 드는 것이 대표적이다).
- 기호 :을 사용해 나타낸 수.
- 몇 대 몇으로 나타낸 것.

단순히 계산에만 익숙한 아이들에게는 6학년 수학이 무척 어렵게 느껴진다. 중고등학교 수학은 먼저 개념을 정의하고 이를 연역적으로 적용하는 순서로 학습하는데, 개념학습에 익숙지 않은 아이들은 개념은 대충 학습하고 문제 풀이 위주로 학습을 한다.

어떤 개념이든 정확히 이해하고 설명할 수 있는 수준까지 학습해야 다양한 수준의 문제를 풀 수 있다. '비'의 개념을 정확히 아는지 확인하기 위해 다음과 같이 질문할 수 있다.

Q47. 비는 왜 만들었는가?

A47. 비는 '두 수를 나눗셈으로 비교'해 '몇 배인지 알아보기 위해' 만들었다.

Q48. 비와 비율의 차이는 무엇인가?

A48. 비는 두 수를 나눗셈으로 비교하기 위해 두 수를 쌍점(:)으로 묶어놓은 것이고, 비율은 그 두 수를 실제로 나누어 계산한 값이다.

Q49. 비에 사용하는 기호 :의 이름은 무엇인가?

A49. 흔히 '대', '땡땡'이라고 가르치기도 하지만 그런 이름은 없다. 쌍점이라고 부른다.

Q50. 비를 읽는 방법 네 가지를 말해보자.

A50. 교과서 설명 참고(교과서마다 조금씩 다를 수 있다).

> 두 수를 나눗셈으로 비교하기 위해 기호 :을 사용하여 나타낸 것을 비라고 합니다. 두 수 3과 2를 비교할 때 3:2라 쓰고 3 대 2라고 읽습니다.
> 3:2는 "3과 2의 비", "3의 2에 대한 비", "2에 대한 3의 비"라고도 읽습니다.
> 비 3 : 2에서 기호 :의 오른쪽에 있는 2는 기준량이고, 왼쪽에 있는 3은 비교하는 양입니다.

Q51. 비에는 왜 기준량과 비교하는 양이 있을까?

A51. 비는 두 수를 나눗셈으로 비교해 몇 배인지 알아보기 위한 연산이다. 따라서 몇 배인지 알아보려면 기준이 있어야 하고, 그 수를 기준으로 비교하는 수를 나눠야 하기 때문이다.

Q52. 비율이란 무엇인가?

A52. 기준량에 대한 비교하는 양의 크기를 비율이라고 한다.

> **개념 확인 Point**
>
> 비율은 하나의 값으로 나타낸다. 비율은 출산율, 이자율, 확률, 속력, 인구밀도 등 일상생활에서도 많이 쓰이는 중요한 용어다. 비율의 개념은 중고등학교에서 계속 쓰이므로 정확히 공부하고 넘어가야 한다.

'기준량에 대한 비교하는 양의 크기'는 기준이 되는 수로 비교하는 수를 나누어 몇 배인지 수로 나타내어 보라는 의미다. 아이가 개념을 정확히 이해하고 있는지 확인해보자. 개념을 대충 공부하고 문제만 푸는 습관을 들이면 상위 학년으로 갈수록 수학과 멀어진다.

아이들의 실제 오답 사례

비율의 개념이 아닌 비율을 구하는 식을 답하는 사례가 대표적이다.
- (비교하는 양)÷(기준량).

- 비와 같다.
- 비율은 분수로 나타낸다.

Q53. 띠그래프란 무엇인가?

A53. 전체에 대한 각 부분의 비율을 띠 모양에 나타낸 그래프를 띠그래프라고 한다.

> **개념 확인 Point** 개념을 정확하게 이해하지 못한 아이는 띠그래프를 '띠로 나타낸 그래프'라고 말할 가능성이 높다. 그래프는 대부분 백분율로 나타낸다. 따라서 백분율에 대해 정확히 모르면 그래프를 해석하기 어렵다. 그래서 띠그래프의 개념이 '전체에 대한 각 부분의 비율'을 띠 모양으로 나타낸 것이다. 이 조건을 정확히 이해하는 것이 핵심이다.

아이들의 실제 오답 사례 ────

- 띠로 그린 그래프.
- 띠 모양의 그래프.

6학년 2학기

1단원 **분수의 나눗셈**

Q54. "$\frac{3}{4} \div \frac{1}{4}$을 구할 때 $\frac{3}{4}$에서 $\frac{1}{4}$을 몇 번 덜어낼 수 있나요?"라는 질문이 나오는 이유는 무엇인가?

A54. 덜어내는 활동이 나눗셈의 개념에서 나왔기 때문에 몇 번 덜어낼 수 있는지를 통해 분수의 나눗셈을 구할 수 있다.

개념 확인 Point   분수의 나눗셈은 보통 두 가지 변환을 이용해서 푼다. 즉, ÷는 ×로 바꾸고, ÷ 뒤에 있는 분수는 역수로 바꾸어 계산한다. 따라서 ($\frac{3}{4} \div \frac{1}{4}$)의 계산은 ($\frac{3}{4} \times \frac{4}{1}$)로 바꾸어 분모는 분모끼리, 분자는 분자끼리 곱한다. 이러한 분수의 나눗셈 계산 '절차만 암기한' 아이라면 위 질문을 이해하기 힘들다.

위 질문의 핵심은 '몇 번 덜어낼 수 있나'이다. 나눗셈에서 갑자기 몇 번 덜어내는지를 묻는 이유가 무엇일까? 이에 대한 답은 3학년 때 배우는 나눗셈의 원리에서 찾을 수 있다. 나눗셈의 개념 중 한 가지가 몇 번 덜어내는지(포함되어 있는지)를 담고 있기 때문이다. 예를 들어 '6에서 2를 몇 번 덜어낼 수 있는가'를 알아보는 활동이 나눗셈이고 6÷2를 계산해 답을 얻는다. 3학년 때 배운 나눗셈의 개념을 기억하고 있다면 이 질문을 쉽게 이해할 수 있다. 분수의 나눗셈은 자연수의 나눗셈 계산 원리에서 자연수가 분수로 바뀌었을 뿐이다.

아이들의 실제 오답 사례 ———

대부분의 아이가 덜어내는 활동이 나눗셈과 관련이 있다는 것을 모른다.
- $\frac{3}{4}$에서 $\frac{1}{4}$을 빼야 하는데 왜 빼는지는 모르겠다.
- 덜어내는 이유를 알 수 없다.

4단원 비례식과 비례배분

Q55. 비례식이란 무엇인가?

A55. 비율이 같은 두 비를 기호 '='를 사용해 6:4=18:12와 같이 나타낼 수 있다. 이와 같은 식을 비례식이라고 한다.

개념 확인 Point

비례식의 핵심 개념은 '비율이 같은 두 비'를 등호(=)를 사용해서 나타낸 식이다. '비율이 같은 두 비'란 조건을 반드시 포함해서 설명할 수 있는지를 확인하자. 두 비를 등호로 나타내지만 실제로는 비의 값인 비율의 관계를 나타낸 식이다. 이 개념이 혼동되는 아이는 6:4를 $\frac{6}{4}$과 같다고 생각한다. 그렇지 않다. 6:4는 비고 $\frac{6}{4}$은 비율이기 때문에 '6:4=$\frac{6}{4}$'이라고 표기하지 않는다.

아이들의 실제 오답 사례

- 두 비율을 '='로 연결한 것(실제로는 두 비를 등호로 나타낸 것).
- 2:3=2:4와 같이 표시한 것(비율이 같은 두 비를 =를 사용해서 나타낸 것을 이해하지 못함).

Q56. 원주율이란 무엇인가?

A56. 원의 지름에 대한 원주의 비율을 원주율이라고 한다. 원주율은 비율의 한 종류로서 기준량은 지름이고 비교하는 양은 원주라고 할 수 있다.

원주율의 개념을 정확히 모르는 아이는 위 질문에 "원주율은 3.14다"라고 말한다. 3.14는 원주율을 어림한 값이지 원주율의 개념이 아니다.

개념을 이해하고 암기해야지 암기만 하고 문제를 풀어서는 좋은 결과를 기대할 수 없다. 풀이 절차나 공식만 암기해서 문제를 푸는 습관이 생기면, 개념을 정확히 이해하는 것을 귀찮게 여기게 된다. 이렇게 되면 중고등학교로 갈수록 개념 이해력이 부족해 수학이 힘들어진다.

아이들의 실제 오답 사례

- 3.14다(원주율은 비율의 한 종류다. 따라서 기준량과 비교하는 양이 있어 두 수를 나누어 나온 값임에도 불구하고 그냥 그 어림값인 3.14라고만 대답하는 아이가 너무 많다).
- 지름÷원주의 계산 값.

참고문헌

- 《학습과학 77: 모든 교사, 학부모가 꼭 알아야 할》 브래들리 부시·에드워드 왓슨 지음, 신동숙 옮김, 교육을바꾸는사람들, 2020
- 《메타생각: 생각의 2중 스캐닝 기법》 임영익 지음, 리콘미디어, 2014
- 《마인드셋: 스탠퍼드 인간 성장 프로젝트 원하는 것을 이루는 태도의 힘》 캐럴 드웩 지음, 김준수 옮김, 스몰빅라이프, 2017
- 《10대를 몰입시키는 뇌기반 수업원리 10》 배리 코빈 지음, 이찬승·김은영 옮김, 교육을바꾸는사람들, 2020
- 《완전학습 바이블: 배운 것을 100% 이해하는 후천적 공부머리의 비밀》 임작가 지음, 다산에듀, 2020
- 《생각은 기술이다: 메타인지 학습법》 이승호 지음, 인간사랑, 2015
- 《폴리매스: 한계를 거부하는 다재다능함의 힘》 와카스 아메드 지음, 이주만 옮김, 안드로메디안, 2020
- 《수학 교사용 지도서》 교육부, 2019

참고 사이트

- 학교알리미 https://www.schoolinfo.go.kr/Main.do
- 세바시 인생질문 [성장문답] 초딩자녀 공부로 걱정하는 당신이 반드시 들어야 할 대답 https://www.youtube.com/watch?v=FjgSMQerp_U&t=41s